数智时代

视觉媒体设计

AGE OF DIGITAL INTELLIGENCE

VISUAL MEDIA DESIGN

AGE OF DIGITAL INTELLIGENCE
VISUAL MEDIA DESIGN

张 凯
许 娟
主编

数智时代视觉媒体设计

化学工业出版社
·北京·

内容简介

在数智技术重塑设计范式的今天，视觉媒体设计正经历从思维到实践的系统性变革。本教材以“认识论—方法论”双维框架为核心，上卷构建理论认知体系，下卷探索实践创新方法，为数字智能时代的设计教育提供兼具学术深度与应用价值的系统性指南。

上卷以“认知进化”为主线，系统解析视觉媒体设计的底层逻辑。通过梳理其从传统媒介到数字载体的发展脉络，揭示虚实融合背景下设计边界的动态扩展；提出“叙事转向”理论，剖析技术驱动下从线性叙事到多模态交互的逻辑转型；结合后结构主义与社交货币理论，重构用户体验中的“身体在场”与价值生成机制；整合认知心理学、行为主义等学科，构建人-机-环境心理互动模型，为设计评价提供科学化工具。

下卷聚焦技术驱动的四大方法论：信息可视化设计打通数据建模与视觉叙事的转化路径；新媒体展示设计融合AR、VR与全息成像技术构建空间交互框架；智能服务设计通过文化探测、用户旅程与原型迭代形成闭环流程；品牌全栈设计整合交互、实时与多屏战略，重塑数字生态中的品牌价值体系。

本书可作为普通高等院校视觉传达、数字媒体、交互设计等专业的核心教材，也可为文创设计、互联网、新零售等领域从业者提供方法论支持。

图书在版编目（CIP）数据

数智时代视觉媒体设计 / 张凯，许娟主编. -- 北京 : 化学工业出版社，2025. 11. -- ISBN 978-7-122-49057-5

Ⅰ. J062-39

中国国家版本馆CIP数据核字第20257GL640号

责任编辑：李彦玲　　文字编辑：李　双

责任校对：边　涛　　装帧设计：王晓宇

出版发行：化学工业出版社

（北京市东城区青年湖南街13号　邮政编码100011）

印　　装：中煤（北京）印务有限公司

787mm×1092mm　1/16　印张13¾　字数328千字

2026年1月北京第1版第1次印刷

购书咨询：010-64518888　　售后服务：010-64518899

网　　址：http://www.cip.com.cn

凡购买本书，如有缺损质量问题，本社销售中心负责调换。

定　　价：49.80元

Preface 前言

在人工智能、物联网与元宇宙技术交织的浪潮中，视觉媒体设计正经历从工具到生态的范式跃迁。信息媒介从物理实体向虚实融合的智能系统迁移，用户体验从单向感知演化为多模态交互，设计思维的核心从“形式追随功能”转向“智能赋能价值”。这一变革不仅重构了设计的底层逻辑，更催生出跨学科、跨维度的知识体系。本书的编写，正是为了回应这一时代命题，构建兼具理论深度与实践价值的设计框架，为教育与实践提供前瞻性指南。

一、数智时代视觉媒体设计的现状与挑战

数字技术正以颠覆性力量重塑视觉设计的边界——AR将信息层叠加于物理世界，生成式人工智能以秒速完成创意原型，大数据驱动设计决策从经验转向科学。然而，技术赋能的另一面是认知与方法的双重挑战，比如传统“视觉美学主导”的单一视角，难以应对人机协同创作的需求；另如平面、交互、服务等学科边界消融，亟须跨领域知识整合；再如用户从“接受者”转为“共创者”，迫使设计者重构叙事权力与伦理边界。同时，技术的双面性和复杂性又暴露了设计教育的断层，既缺乏对技术逻辑的深度理解，也缺失跨学科理论的吸纳。本书即以认知升级与方法创新为双轴，试图弥合这一鸿沟。

二、教材的核心逻辑与结构创新

在认知层面，本教材以“解构—重构”回应设计哲学转向，通过梳理视觉设计从“物理媒介”到“智能场域”的演化，重新定义设计为“人、技术、环境的意义连接器”。书中深度剖析技术叙事、具身体验等命题，如AR技术如何将包装转化为“交

互入口”、虚拟偶像如何重构情感连接逻辑、脑机接口如何颠覆用户体验评价范式。这一体系整合认知心理学、计算机科学等多学科理论，并通过技术批判与伦理反思框架，引导建立数智时代的设计价值观。

在方法层面，教材聚焦“工具化”与“系统化”创新，以前沿技术链覆盖数据采集、可视化、智能设计到多维呈现的全流程，如生成式人工智能、Unity引擎等工具的应用；同时以“服务设计蓝图”“品牌全栈策略”整合碎片化技术，形成商业与社会问题的系统解法，这种“工具理性与人文精神并重”的架构，使教材既能应对产业快速迭代需求，又能支撑智慧城市、数字遗产等战略命题。

三、面向未来的设计教育革新

在人工智能逐步接管程式化工作的今天，设计师的核心价值正从“视觉美化者”转向“体验架构师”与“意义策划者”。本书的终极目标，是培养具备三种关键能力的新一代设计人才，即技术理解力——掌握算法逻辑与智能工具，人文洞察力——深挖用户情感与文化基因，系统思维力——驾驭复杂场景与生态关系。通过培养兼具技术工具能力与人文思辨力的复合型人才，推动中国视觉媒体设计教育的数字化转型与高质量发展，为数字文明时代的创新实践注入新动能。我们相信，当设计教育突破技法训练的窠臼，真正拥抱数智时代的底层逻辑，视觉媒体设计必将成为连接物理世界与数字文明的核心桥梁。

本教材突出三大创新，首先是跨学科理论整合，融汇传播学、认知科学、计算机科学的前沿成果；其次是数智化实践方法，涵盖生成式人工智能、实时渲染、情感计算等技术工具的应用范式；再次是知行合一的教学设计，通过理论阐释与案例解析，构建从理论到工具再到实践的螺旋式学习路径。

本书由张凯与许娟共同主编，杨成立、郑静、卞玉洁参与了部分章节内容的编写，同时也得到了夏燕靖、汪铭等师友的倾情帮助和鼎力支持，本书的完稿与出版得益于化学工业出版社的支持，在此谨表谢忱。感谢江苏省本科品牌专业建设项目对本书出版工作的大力支持。本书的疏忽缺漏或不当之处，欢迎广大读者批评指正。

本书既是对数智变革的回应，亦是对设计未来的叩问。期待它能成为高校学子探索智能设计的航标、从业者升级方法体系的工具、研究者开拓理论边疆的基石，共同推动中国设计在数字文明浪潮中走向纵深。

编者

2025 年 7 月

Contents 目录

上卷

数智时代视觉媒体设计认识论

Chapter 1

第一章

下卷

数智时代视觉媒体设计方法论

Chapter
7
第七章

上卷

数智时代

视觉媒体设计认识论

数智时代

视觉媒体设计

Chapter 1

第一章

视觉媒体设计的基本概念发展

第一节 视觉媒体设计的概念、特征与分类

一、视觉媒体设计的概念

视觉媒体设计是一个涵盖广泛领域的概念，它融合了艺术、技术、传播学等多个学科的知识，旨在通过视觉元素和媒介来传达信息、激发情感、引导行为或解决问题。在数字化时代，视觉媒体设计不仅限于传统的平面设计（如海报、杂志、广告），还扩展到了网页设计、用户界面设计、移动应用设计、动画设计、视频制作、虚拟现实、增强现实以及数字艺术等多个领域。这一领域的核心在于利用视觉语言——包括色彩、形状、线条、图像、文字、布局等元素——来创造既美观又有效传达信息的作品。

1. 视觉媒体设计的基本原则

视觉媒体设计，作为连接信息与观众的桥梁，其核心在于通过精心策划的视觉元素有效传达信息，同时激发情感、引导行为。这一过程并非随意为之，而是遵循着一系列基本原则，确保设计既美观又实用，能够精准触达目标受众。

① 目的明确性。视觉媒体设计的首要原则是明确设计目的。无论是提升品牌知名度、促进产品销售、教育公众还是娱乐大众，设计的目标应清晰界定。这要求设计师在设计之初就深入理解客户需求，明确设计要解决的问题或达成的目标。目的明确不仅指导设计方向，也是评估设计成功与否的标准。

② 可读性与可理解性。设计的本质是传达信息，因此，确保信息的可读性和可理解性是至关重要的。这意味着设计应避免过度复杂或晦涩难懂，而应追求简洁明了。设计师需精心选择字体、颜色、图像和布局，确保信息层次分明，易于识别和理解。特别是在数字媒体设计中，考虑到不同设备和屏幕尺寸，响应式设计成为确保信息普遍可读的关键。

③ 视觉吸引力。美观的设计能够迅速吸引观众的注意力，激发他们的兴趣，进而促进信息的接受与记忆。视觉吸引力来源于对色彩、形状、线条、图像等元素的巧妙运用，以及整体设计的和谐与平衡。设计师需具备艺术敏感度，能够创造出既符合审美趋势又具个性化的视觉风格，使设计作品在众多信息中脱颖而出。

④ 一致性。一致性是建立品牌识别度和增强设计专业性的关键。在设计中，保持字体、色彩、图形样式等元素的一致性，可以营造出统一而连贯的视觉体验。这不仅有助于提升品牌形象，还能增强用户对品牌的记忆点。一致性并不排斥创新，而是在统一的框架内寻求变化，使设计既稳定又富有活力。

⑤ 用户中心设计。用户中心设计（user-centered design，UCD）强调以用户为中心，将用户的需求、偏好和行为习惯作为设计的出发点。这意味着设计师需深入了解目标用户群体，通过调研、测试等方法收集用户反馈，确保设计符合用户的实

际需求和期望。用户中心设计不仅能提升用户体验，还能增加设计的成功率和用户满意度。

⑥ 创新与独特性。在遵循设计原则的同时，创新是使设计脱颖而出的关键。独特的设计往往能吸引更多关注，给用户留下深刻印象。创新可以体现在设计理念、技术应用、视觉风格等多个方面。设计师应保持好奇心，勇于尝试新技术、新材料和新方法，不断探索设计的边界，创造出令人耳目一新的作品。

⑦ 适应性与可持续性。随着数字媒体的普及，设计的适应性变得尤为重要。设计需考虑不同平台、设备和屏幕尺寸的兼容性，确保在各种环境下都能保持良好的视觉效果和用户体验。同时，可持续性设计也是未来趋势，设计师应关注环保材料、节能减排等议题，通过设计促进资源的合理利用和环境的可持续发展。

2. 视觉媒体设计的关键元素

视觉媒体设计，作为信息传达与美学表达的艺术，依赖于一系列关键元素的巧妙组合与运用。这些元素不仅是设计的基石，也是设计师创造视觉冲击力、引导观众情感、传达特定信息的工具。以下是对视觉媒体设计中几个关键元素的深入解析。

色彩是视觉媒体设计中最具表现力的元素之一。它不仅能够吸引观众的注意力，还能强烈影响人的情绪和感知。色彩的选择和运用需基于色彩理论，如色彩对比（明暗、冷暖对比）、色彩和谐（如三色原则、邻近色搭配）等，以及考虑品牌色调、文化背景和受众偏好。正确的色彩运用能够增强设计的视觉冲击力，传达特定的情感氛围，如红色代表激情与危险，蓝色则象征平静与信任。

字体作为信息传达的直接载体，其选择与设计至关重要。不同的字体风格（如衬线体、无衬线体、手写体）能够传达不同的情感和特质，如正式、休闲、复古等。字体的可读性、大小、间距以及字体间的搭配，都直接影响到信息的清晰度和阅读体验。设计师需根据设计目的和受众特点，精心挑选并调整字体，确保信息传达的准确性和美观性。

图像和图形是视觉设计中不可或缺的元素，它们能够迅速抓住观众的注意力，比文字更直观地传达信息。高质量的摄影图片、插画、图标以及数据可视化图表，都能增强设计的吸引力和信息量。在设计时，图像应与主题紧密相关，图形则需简洁明了，避免过度装饰，以确保信息传达的准确性和效率。

布局是设计中各元素排列组合的方式，它决定了信息的层次结构和观众的视线流动。良好的布局设计能够引导观众按照设计师的意图浏览信息，使重点突出，避免视觉混乱。布局需考虑元素间的空间关系、对齐方式、比例和平衡，以及视觉重量等因素，确保整体设计的和谐与美感。

空间在视觉设计中同样重要，它包括正负空间的运用。正空间是被设计元素占据的区域，而负空间则是元素周围的空白区域。合理的空间运用能够创造视觉层次，避免设计过于拥挤，使信息“呼吸”，增强整体的视觉效果和阅读体验。设计师需学会在设计中“留白”，给予观众视觉休息的空间，使设计更加优雅和高效。

在数字媒体设计中，交互元素如按钮、链接、滑动条、表单等，是用户与界面进行互动的关键。这些元素的设计需考虑用户习惯、易操作性以及反馈机制，确保用户能够轻松理解并完成任务。交互元素的设计不仅要美观，更要注重用户体验，通过视觉和触觉反馈，提升用户的参与感和满意度。

随着数字媒体技术的发展，动态效果如动画、视频、过渡效果等，在视觉媒体设计中的应用越来越广泛。动态效果能够吸引观众的注意力，增强设计的互动性和沉浸感。然而，过度使用或不当使用动态效果可能导致视觉疲劳或干扰信息传达。因此，设计师需根据设计目的和受众特点，审慎地选择和运用动态效果，确保其既美观又有效。

3. 视觉媒体设计的应用领域

视觉媒体设计，作为一门融合了艺术、技术与传播学的综合性学科，其应用领域广泛且多样，几乎涵盖了现代社会信息与文化传播的每一个角落。从传统的平面媒体到新兴的数字媒体，从商业广告到文化艺术，视觉媒体设计以其独特的视觉语言和创意表达，为各行各业注入新的活力与魅力。

品牌设计与标识系统是视觉媒体设计的重要应用领域之一。它包括企业标志（Logo）设计、品牌色彩体系、字体选择以及品牌视觉形象的整体规划。一个成功的品牌设计能够准确传达品牌的核心价值、理念与个性，增强品牌的识别度和市场竞争力。通过统一的视觉识别系统（VI），企业可以在各种媒介和场合中保持形象的一致性，加深消费者对品牌的记忆和认同。

广告是视觉媒体设计最传统的应用之一，也是商业传播中不可或缺的一环。无论是线上还是线下广告，如海报、杂志广告、电视广告、网络广告等，都需要通过吸引人的视觉设计来吸引目标受众的注意力，传达产品或服务的信息，激发目标受众的购买欲望。在数字营销时代，社交媒体广告、搜索引擎优化（SEO）中的视觉元素设计，以及内容营销中的图文、视频制作，都成为视觉媒体设计的重要组成部分，助力品牌实现精准营销和高效推广。

用户界面（UI）设计成为数智时代视觉媒体设计的热门领域。优秀的界面设计不仅要美观大方，更要注重用户体验（UX），确保网站导航清晰、内容易于访问、交互流畅。界面设计涉及软件、游戏等数字产品的操作界面设计，要求设计师在有限的屏幕空间内，通过合理的布局、色彩搭配和交互设计，创造出既实用又富有吸引力的用户界面。

数字媒体设计涵盖了动画、视频制作、虚拟现实（VR）、增强现实（AR）以及数字艺术等多个领域。随着技术的发展，这些新兴媒体形式为视觉设计提供了更广阔的创作空间。动画和视频设计能够动态展示信息，增强故事的叙述力；VR 和 AR 技术则创造了沉浸式的互动体验，让用户仿佛置身于虚拟世界之中。数字艺术，如数字绘画、3D 建模等，则展现了艺术与科技结合的无限可能，为视觉艺术领域带来了新的表达方式。

包装设计与产品设计是视觉媒体设计在实体产品领域的应用。包装设计具有保护和提升竞争力的双重功能，而提升竞争力主要通过吸引人的外观和品牌元素来实现。产品设计则涉及产品的外观、结构、材质选择等多个方面，设计师需考虑产品的功能性、美观性以及用户体验，通过创新的设计理念，使产品在众多同类产品中脱颖而出。

公共艺术与空间设计是视觉媒体设计在社会文化层面的应用。这包括城市雕塑、壁画、展览、室内装饰等的设计，它们不仅美化环境，还能提升公共空间的文化氛围，促进社区交流与互动。公共艺术设计往往具有强烈的社会性和文化性，设计师需考虑作品与周围环境的和谐共生，以及如何通过设计传达特定的文化信息或社会议题。

在信息爆炸的时代，教育与信息可视化也成为视觉媒体设计的重要任务。通过图表、信息图、动画等视觉手段，将复杂的信息以直观、易懂的方式呈现，有助于提升学习效率和信息传播效果。教育领域的视觉媒体设计还需考虑不同年龄段学习者的认知特点，设计符合其学习需求的教学资源和界面。

二、视觉媒体设计的特征

视觉媒体设计，作为连接创意、技术与传播的桥梁，其独特魅力在于通过视觉元素的有效组合与创新应用，创造出既具有审美价值又能精准传达信息的作品。这一领域不仅融合了艺术的美感与科学的理性，还随着技术的进步和社会文化的变迁而不断演进。

① 创意与个性化。创意是视觉媒体设计的灵魂。在信息爆炸的时代，平庸的设计很难吸引受众的注意力。因此，设计师需具备独特的创意视角，能够将平凡的信息以新颖、有趣的方式呈现。个性化则是创意的延伸，它要求设计作品能够反映品牌或个人的独特性格与价值观，与受众产生情感共鸣。无论是通过色彩的大胆运用、图形的创新设计，还是通过故事化的叙事手法，视觉媒体设计都力求在众多信息中脱颖而出，给受众留下深刻印象。

② 技术与工具的融合。视觉媒体设计的发展紧密依赖于技术的进步。从传统的手绘、印刷技术，到如今的数字设计软件、虚拟现实技术、增强现实技术，技术的革新不断拓宽设计的边界，为设计师提供了更多创作工具和表现手法。设计软件如 Adobe Creative Suite（包括 Photoshop、Illustrator、InDesign 等）让设计师能够高效地处理图像、创建矢量图形和设计版面；而动态设计软件如 After Effects、Premiere Pro 则支持高质量的动画和视频制作。技术的融合不仅提升了设计的效率和精度，还激发了设计师的创造力，使设计作品更加生动和具有互动性。

③ 跨学科性与综合性。视觉媒体设计不是孤立的艺术创作，而是多学科交叉的结果。它融合了平面设计、工业设计、心理学、市场营销、计算机科学等多个领域的知识。设计师需要具备广泛的知识背景和跨学科的思维方式，能够理解不同领域的需求，将美学、功能性与用户体验相结合。例如，在设计用户界面（UI）时，设计师不仅要考虑界面的美观性，还要研究用户行为，确保界面易于导航和操作；在设计广告时，则需结合市场策略，确保信息传达的有效性和针对性。

④ 动态与互动性。随着数字媒体的发展，视觉媒体设计不再局限于静态的图像和文本，而是越来越多地融入动态效果和互动元素。动画、视频、滚动页面、交互式图表等，都使设计作品更加生动、有趣，增强了观众的参与感和沉浸感。互动性设计，如触摸屏幕、语音识别、手势控制等，更是将用户从被动接受者转变为内

容的创造者和参与者，极大地提升了用户体验。动态与互动性成为视觉媒体设计不可或缺的特征，也是未来设计的重要方向。

⑤ 文化与社会责任。视觉媒体设计不仅是艺术与技术的结合，更是文化与社会责任的体现。设计作品往往承载着特定的文化意义和价值观，能够影响人们的观念和行为。因此，设计师在设计过程中需考虑文化敏感性，尊重不同文化的差异，避免文化误解和冲突。同时，设计还应承担社会责任，倡导正能量，关注社会议题，如环保、公平、多样性等，通过设计传递积极的信息，促进社会进步。

⑥ 持续优化与迭代。视觉媒体设计并非一次性完成的工作，而是一个持续优化与迭代的过程。设计作品发布后，设计师需通过数据分析、用户反馈等方式，评估设计的效果，识别存在的问题，并进行相应的调整和优化。特别是在数字媒体领域，用户测试等方法成为评估设计有效性的重要手段。持续优化不仅能够提升设计作品的质量，还能使设计更加贴近用户需求，增强用户体验。

三、视觉媒体设计的分类

视觉媒体设计，作为一个广泛且多元的领域，涵盖了从传统到现代、从静态到动态、从二维到三维的各种设计形式。根据设计目的、媒介特性、表现手法等因素，视觉媒体设计可以被划分为多个类别，每个类别都有其独特的风格、技术要求和应用场景。

1. 平面设计

平面设计是视觉媒体设计的基础，主要涉及二维空间内的视觉元素布局与组合，包括文字、图形、色彩、版式等。平面设计的作品广泛应用于印刷媒体（如海报、杂志、报纸、书籍封面）、广告（如户外广告）、品牌标识（如Logo、VI）、包装设计等领域。平面设计强调视觉信息的清晰传达和审美价值的创造，要求设计师具备扎实的艺术基础、敏锐的审美眼光和良好的排版技巧。

2. 动态设计

动态设计包括动画设计、视频制作、运动图形设计等，是视觉媒体设计中充满活力和创意的领域。动画设计通过连续的画面变化，创造出动态视觉效果，广泛应用于电视广告、电影特效、网络视频、游戏设计等领域。视频制作则涉及视频拍摄、剪辑、特效处理等多个环节，是传达信息、讲述故事的重要手段。运动图形设计结合了平面设计与动画技术，通过图形的动态变化，创造出富有节奏感和视觉冲击力的视觉效果，常用于品牌宣传、产品演示等场合。

3. 三维设计

三维设计是利用三维建模软件如Blender、3ds Max、Maya等，创造三维空间内的物体、场景和动画的设计过程。三维设计广泛应用于产品设计、建筑可视化、影视特效、游戏开发等领域。产品设计通过三维建模，可以直观地展示产品的外观、结构和功能，辅助产品开发和市场推广。建筑可视化则通过三维渲染技术，将建筑设计方案转化为逼真的视觉效果，帮助设计师和客户更好地理解项目。影视特效和游戏开发中的三维设计，则通过创造逼真的虚拟世界和角色，为观众和玩家提供沉浸式的体验。

4. 品牌设计

品牌设计是视觉媒体设计中专门针对品牌形象塑造的设计领域，包括品牌标识、品牌色彩、品牌字体、品牌视觉风格等的设计。品牌设计的目标是建立品牌的独特识别度和市场定位，通过一致的视觉传达，增强品牌记忆和忠诚度。视觉传达则是品牌设计的延伸，涉及品牌在各个媒介和场景中的视觉表现，如广告、包装、店面设计等，确保品牌形象的一致性和连贯性。

5. 公共艺术与装置艺术设计

公共艺术与装置艺术设计是视觉媒体设计中较为特殊的一类，它们通常存在于公共空间，如城市广场、公园、博物馆等，通过艺术化的视觉设计，提升公共空间的文化氛围和审美价值。公共艺术可以是以雕塑、壁画、装置等形式呈现的艺术作品，也可以是结合数字媒体技术的互动艺术装置，旨在引发公众的思考和互动，促进社会文化的交流与传播。

6. 信息设计

信息设计是将复杂信息以清晰、直观的方式呈现的设计过程，包括图表、信息图、地图、仪表盘等。数据可视化则是信息设计的一个分支，专注于将大量数据转化为视觉图形，帮助人们快速理解数据之间的关系和趋势。信息设计与数据可视化广泛应用于新闻报道、科学研究、商业分析等领域，是信息时代不可或缺的设计技能。

7. 包装设计

包装设计是视觉媒体设计中与产品紧密相关的领域，涉及产品的外包装、内包装、标签、说明书等的设计。包装设计不仅要保护产品，还要通过吸引人的视觉设计和品牌元素的融入，提升产品的市场吸引力和竞争力。优秀的包装设计能够准确传达产品的特点、价值和品牌形象，激发消费者的购买欲望。

8. 交互设计

交互设计关注人与产品或服务之间如何进行有效的互动，是视觉媒体设计中越来越受重视的领域。交互设计不仅限于数字产品如手机应用、网站等，也扩展到实体产品，如智能家居、可穿戴设备等。交互设计要求设计师深入理解用户的需求和行为，通过设计创造流畅的互动体验，提升产品的易用性和用户满意度。

第二节　视觉媒体设计的发展沿革

视觉媒体设计，作为人类传达信息、表达情感和创造美学的重要手段，其发展历程与人类文明史紧密相连，随着技术的进步和社会需求的变化而不断演变。以下是对视觉媒体设计发展沿革的概述。

一、原始时期：视觉表达的萌芽

在原始时期，人类尚未发展出成熟的文字系统，因此视觉表达成为了沟通、记录和传播信息的主要方式。这一时期的视觉媒体设计，主要体现在原始人的日常生活、宗教仪式和社会活动中。

洞穴壁画是原始时期视觉媒体设计的杰出代表。在欧洲的法国、西班牙等地，发现了大量史前洞穴壁画，这些壁画以动物、人物和抽象符号为主要内容，通过简单的线条和色彩，生动地描绘了原始人的生活场景和宗教信仰。这些壁画不仅展示了原始人的绘画技巧，更体现了他们对自然和世界的独特理解。此外，原始人还在岩石、骨骼等自然材料上进行雕刻，创作出具有装饰性和象征意义的艺术品。这些雕刻作品虽然简单，但已经具备了视觉媒体设计的基本要素，如构图、线条、色彩等。

原始时期的装饰艺术也是视觉媒体设计的重要组成部分。原始人通过在陶器、武器、饰品等物品上添加图案、线条和色彩，使其更加美观和具有实用价值。这些装饰艺术不仅展示了原始人的审美观念，还体现了他们对自然和世界的观察和想象。

原始时期的视觉媒体设计虽然简单粗糙，但为后来的视觉媒体设计奠定了重要基础。首先，它展示了人类对视觉表达的独特理解和创造力，为后来的艺术创作和设计实践提供了灵感和借鉴。其次，它体现了人类利用视觉媒体进行沟通和交流的能力，为后来的信息传播和文化传承提供了重要手段。最后，它展示了人类对自然和世界的观察和想象能力，为后来的科学探索和文化发展提供了重要启示。

二、古典时期：艺术与设计的融合

古典时期随着文字系统的不断完善，文字本身成为了一种重要的视觉媒体设计元素。无论是古埃及的象形文字、古希腊的字母体系，还是中国的甲骨文、金文，这些文字不仅承载着信息传递的功能，更以其独特的形态和排列方式，展现出了极高的艺术价值。

古典时期的雕塑和建筑也是视觉媒体设计领域的两大亮点。古希腊的雕塑作品，如《掷铁饼者》等，以其对人体结构的精准刻画和动态美的捕捉，成为了后世雕塑艺术的典范。同时，古典时期的建筑风格，如古埃及的金字塔、古希腊的庙宇、中国的宫殿和园林，都通过巧妙的布局、精致的装饰和宏大的规模，展现了人类对空间美学的深刻理解和创造力。

同样，绘画在古典时期也取得了极高的成就。无论是古埃及的墓室壁画、古希腊的瓶画，还是中国的卷轴画，这些作品都以其细腻的笔触、丰富的色彩和深刻的主题，记录了当时的社会生活、宗教信仰和神话故事。壁画作为公共空间的装饰艺术，更是承担着叙事和教化的功能，如中国的敦煌壁画、意大利的文艺复兴壁画等，都是视觉媒体设计史上不可多得的瑰宝。

此外，古典时期随着纸张的发明和印刷术的进步，书籍成为了视觉媒体设计的新领域。手抄本、羊皮卷等书籍形式，不仅注重内容的编排和版面的设计，还通过精美的插图、边框和装饰元素，提升了书籍的艺术性和阅读体验。印刷术的发明，特别是活字印刷术的推广，更是极大地促进了书籍的流通和知识的传播，为视觉媒体设计的商业化奠定了基础。

古典时期的视觉媒体设计，既是艺术与技术的完美结合，又是人类文化与精神的生动体现。它记录了人类文明的辉煌成就，传承了丰富的历史和文化信息，为后世的视觉媒体设计提供了宝贵的灵感和借鉴。同时，古典时期的视觉媒体设计也推动了艺术与科学的交融，促进了人类审美观念和创造能力的提升。在当今社会，我们依然可以从古典时期的视觉媒体设计中汲取营养，探索新的设计理念和表现手法，为视觉媒体设计的未来发展注入新的活力。

三、工业革命时期：商业化与标准化

随着蒸汽机的普及、电力的广泛应用，以及印刷技术、摄影技术等的快速发展，工业革命时期的视觉媒体设计迎来了前所未有的变革。印刷机的改进和普及，使得书籍、报纸、杂志等印刷品得以大量生产，视觉媒体设计的市场需求急剧增加。同时，摄影技术的发明和应用，为视觉媒体设计提供了新的表现手段和传播方式，图像和照片开始成为视觉媒体设计中的重要元素。

随着市场经济的兴起和商业竞争的加剧，视觉媒体设计逐渐从艺术创作走向商业化运作。企业开始注重品牌形象的塑造和广告宣传的效果，视觉媒体设计成为商品推销和市场开拓的重要手段。为了满足大规模生产的需求，视觉媒体设计开始追求标准化和规范化，设计元素、色彩搭配、字体选择等都被纳入统一的标准体系之中。这种标准化的设计流程，不仅提高了生产效率，也促进了视觉媒体设计的普及和发展。

除了商业上的突出表现外，视觉媒体设计在社会生活中扮演着越来越重要的角色。它不仅承担着信息传递和广告宣传的功能，还成为政治宣传、文化教育和艺术欣赏的重要载体。海报、招贴画、广告牌等视觉媒体形式，被广泛用于政治竞选、社会动员、文化推广等活动中，成为影响公众舆论和社会风气的重要力量。同时，随着城市化进程的加速和公众文化水平的提高，视觉媒体设计也开始注重审美价值和艺术品位，追求形式与内容的和谐统一，呈现出多样化的风格和流派。一方面，传统的装饰艺术风格仍然占据一定地位，如巴洛克风格、洛可可风格等，这些风格以其华丽的装饰和精致的细节受到贵族和富人的青睐。另一方面，随着工业生产和商业竞争的加剧，简洁明快、易于识别和记忆的设计风格逐渐兴起，如工艺美术运动、新艺术运动等，这些风格强调手工艺的重要性，反对工业化生产的机械化和标准化，追求自然、真实和个性化的设计表达。

此外，随着国际贸易和交流的加强，视觉媒体设计也开始呈现出全球化趋势。不同国家和地区之间的设计风格、技术和材料相互交流和融合，形成了具有跨文化特征的视觉媒体形式。同时，随着殖民主义的扩张和西方文化的影响，一些国家和地区的视觉媒体设计逐渐被西方化或现代化，失去了自身的传统特色和文化内涵。

工业革命时期的视觉媒体设计，不仅推动了视觉媒体设计技术的革新和商业化进程，也深刻影响了视觉媒体设计的形式、内容和传播方式。它促进了视觉媒体设计在社会生活中的广泛应用和普及，提高了公众的文化素质和审美水平。同时，工业革命时期的视觉媒体设计也为后来的现代主义设计、后现代主义设计等流派的发展奠定了基础，为视觉媒体设计的未来发展提供了重要的启示和借鉴。

四、现代主义时期：创新与突破

现代主义时期是视觉媒体设计历史上一个极具革新与探索精神的阶段，它紧随工业革命之后，伴随着社会、科技、文化的全面变革，尤其是艺术领域的深刻革命，催生了全新的设计理念、风格和技术手段。20世纪初，现代主义运动的兴起，为视觉媒体设计带来了革命性的变化。设计师们开始摒弃传统的设计规范和美学观念，追求形式上的简洁、抽象和几何化。包豪斯学派、构成主义、未来主义等设计流派纷纷涌现，推动了视觉媒体设计的创新和突破。这一时期的设计作品，如俄国构成主义的海报、德国包豪斯学派的产品设计，都以其独特的视觉语言和表现形式，成为了现代设计史上的经典。

现代主义设计的核心原则是功能决定形式，强调设计的实用性和效率，去除一切不必要的装饰，使设计回归其最本质的功能。现代主义设计追求形式的简洁和抽象，通过几何形状、线条和色彩的纯粹组合，创造出具有强烈视觉冲击力的作品。现代主义设计追求技术与艺术的结合，随着新材料如钢铁、玻璃、塑料等的出现，现代主义设计充分利用这些材料的特性，探索新的设计可能，实现设计与技术的完美结合。现代主义设计追求民主化与大众化，致力于使设计服务于更广泛的人群，通过批量生产和标准化，降低设计成本，让更多人能够享受到设计带来的便利和美感。

现代主义设计孕育出不少代表人物与风格。首先是包豪斯学派。作为现代主义设计的摇篮，德国包豪斯（Bauhaus）学校强调设计应基于科学原理，追求形式、功能、材料的和谐统一。其代表人物有沃尔特·格罗佩斯、马塞尔·布鲁尔等，他们的作品影响了整个现代主义设计的发展方向。其次是极简主义。它以密斯·凡·德·罗的“少即是多”为设计理念，追求设计的极致简化，通过最少的元素表达最丰富的意义。再次是构成主义。它起源于俄国，强调设计的社会性和政治性，倡导通过设计改变社会，其代表人物有塔特林、马列维奇等，他们的作品充满了未来感和动态美。

现代主义设计对视觉媒体设计产生了深远影响。在平面设计领域，如海报、广告设计，现代主义设计师运用简洁的构图、强烈的色彩对比和抽象的图形语言，创造出具有强烈视觉冲击力和时代感的作品。在产品设计领域，现代主义设计推动了工业设计的革新，如汽车、家具、电子产品等，都体现了现代主义设计的原则。此外，现代主义设计还影响了建筑设计、服装设计、包装设计等多个领域，推动了整个设计行业的现代化进程。尽管现代主义设计带来了设计理念的革新和技术的进步，但其过分强调功能性、理性化，有时忽视了人的情感需求和文化的多样性。随着后现代主义设计的兴起，人们开始对现代主义设计进行反思，探索更加人性化、多元化、有温度的设计方向。

现代主义时期的视觉媒体设计推动了设计从传统向现代的转型，为后来的设计实践提供了宝贵的理论支持和实践经验。同时，现代主义设计所倡导的功能主义、简洁美学、技术与艺术的结合等原则，至今仍对视觉媒体设计乃至整个设计领域产生着深远影响。

五、后现代主义时期：多元与融合

后现代主义时期是视觉媒体设计领域中一个充满反叛、多元与融合的阶段，它紧随现代主义之后，对现代主义的理性、统一和功能性提出了疑问，并试图通过更加复杂、多元和包容的设计理念来反映后工业社会的复杂性。

20世纪60年代末至70年代初，随着西方社会进入后工业时代，消费主义、多元文化、信息技术等新兴现象对人们的生活方式和价值观念产生了深远影响。在这样的背景下，现代主义设计的单一性、理性化和功能性开始受到挑战。后现代主义设计应运而生，它强调设计的多样性、复杂性和文化性，试图打破现代主义的束缚，探索更加自由、开放和包容的设计语言。

首先，后现代主义设计倡导设计的多元化和包容性，鼓励设计师打破传统的设计规则和审美标准，尝试不同的设计风格和材料，以反映社会的多样性和文化的多元性。后现代主义设计对现代主义的理性主义和功能性提出了疑问，通过解构现代主义的设计元素和形式，创造出具有反叛精神和独特个性的作品。后现代主义设计注重设计的叙事性和象征意义，通过设计元素和形式的组合，传达出特定的文化、历史或社会信息，使设计具有更深层次的含义和价值。后现代主义设计强调技术与艺术的融合，充分利用新技术和新材料，探索设计与艺术的边界，推动设计与科技的深度融合，创造出具有创新性和艺术性的作品。

其次，后现代主义设计常常采用拼贴和混搭的手法，将不同风格、材料或图像组合在一起，创造出具有冲击力和独特性的视觉效果；后现代主义设计不追求简洁和统一，而是强调复杂与混乱，通过复杂的构图、多变的色彩和混乱的元素排列，表现出社会的复杂性和不确定性；后现代主义设计善于运用隐喻和象征的手法，通过设计元素和形式的巧妙组合，传达出特定的文化意义或社会批判。

后现代主义设计对视觉媒体设计产生了深远影响。在平面设计领域，如海报、广告设计，后现代主义设计师通过拼贴、混搭、复杂构图等手法，创造出具有强烈视觉冲击力和文化深度的作品。在产品设计领域，后现代主义设计推动了产品的个性化和差异化发展，使产品不再仅仅是功能性的载体，而是成为文化和艺术的表达。此外，后现代主义设计还影响了建筑设计、服装设计、包装设计等多个领域，推动了整个设计行业的多元化和创新。

尽管后现代主义设计带来了设计理念的革新和表现手法的多样化，但其过分强调反叛和解构，有时可能导致设计的过度复杂和难以理解。同时，后现代主义设计的商业化和消费化倾向也受到了批评。随着时代的发展，人们开始对后现代主义设计进行反思，探索更加可持续、环保和人性化的设计方向。此外，后现代主义设计所倡导的文化多样性、社会批判性、技术与艺术的融合等原则，至今仍对视觉媒体设计乃至整个设计领域产生着深远影响。在后现代主义的影响下，视觉媒体设计不断突破传统界限，探索新的表现方式和设计理念，为人们的生活和文化注入了新的活力和色彩。

六、当代时期：视觉媒体设计的数字化与融合

当代时期是视觉媒体设计历史上一个极具活力、创新与融合的阶段，它紧随后现代主义之后，伴随着互联网、人工智能等新兴数字技术的飞速发展，以及全球化、多元化的社会文化背景，呈现出前所未有的丰富性和多样性。

当代视觉媒体设计的最大特点，莫过于数字技术的广泛应用。计算机图形设计、数字摄影、3D 建模、虚拟现实（VR）、增强现实（AR）、动态影像、交互式媒体等技术的出现，极大地拓宽了设计的边界，使得设计师能够创造出更加逼真、生动和互动性强的视觉作品。数字技术不仅提高了设计的效率和精度，更赋予了设计前所未有的表现力和感染力。

移动互联网的快速发展使得视觉媒体设计的传播方式和受众范围发生了根本性变化。设计作品不再局限于传统的印刷品、广告牌等物理媒介，而是通过网络平台，如社交媒体、在线画廊、视频分享网站等，迅速传播到全球各地。互联网还促进了设计师与受众之间的即时互动，使得设计更加贴近用户需求，实现了设计的个性化和定制化。

同时，在全球化的大背景下，当代视觉媒体设计呈现出明显的多元化趋势。不同文化、不同地域的设计元素和风格相互交融，形成了独特的“混搭”风格。设计师们从世界各地的艺术、传统、自然中汲取灵感，创造出既具有国际视野又不失本土特色的设计作品。多元文化的交流也促进了设计理念的更新和创新，推动了设计行业的国际化发展。

更为重要的是，人工智能（AI）技术的快速发展，为视觉媒体设计带来了

新的可能。AI 可以辅助设计师进行创意构思、图像生成、色彩搭配等工作，提高设计的效率和质量。AI 还能根据用户的行为和偏好，自动生成个性化的设计方案，实现设计的智能化和个性化。展望未来，随着 AI 技术的不断进步，视觉媒体设计将更加智能化、自动化，为人们的生活带来更加便捷、个性化的视觉体验。

当然，当代视觉媒体设计也面临着诸多挑战，如技术更新迅速、市场竞争激烈、用户需求多变等。然而，这些挑战也孕育着巨大的机遇。设计师们可以通过不断学习新技术、关注市场动态、深入了解用户需求，来提升自己的设计能力和竞争力。当代视觉媒体设计也承担着传递信息、引导舆论、塑造品牌形象、推动社会进步等多重职责。在未来的发展中，当代视觉媒体设计将继续发挥其重要作用，为人们的生活和社会的发展贡献更多的智慧和力量。

第三节　视觉媒体设计的发展趋势

视觉媒体设计，作为连接艺术与技术的桥梁，正随着科技的飞速进步和消费者需求的不断变化而展现出新的发展趋势。

一、个性化与定制化

随着消费者对个性化需求的增加，视觉媒体设计的定制化趋势将愈发明显。设计师将利用大数据、人工智能等技术，深入分析用户的兴趣、行为和偏好，提供量身定制的设计方案。个性化广告和推荐系统可以根据用户的历史浏览记录和偏好，自动调整视觉展示内容，提供更加符合个人口味的设计元素。这种趋势将不仅限于广告领域，还将渗透到品牌形象设计、UI/UX 设计等多个方面。

第一，随着消费者自我意识的觉醒和消费水平的提升，个性化需求日益凸显。人们不再满足于千篇一律的设计作品，而是希望获得能够体现个人品位和风格的定制化设计。这种趋势在视觉媒体设计中尤为明显，如网站设计、应用程序界面设计、品牌形象设计、广告宣传、包装设计等领域，个性化与定制化已成为吸引用户、提升品牌竞争力的关键。

第二，人工智能、大数据等先进数字技术的应用，为视觉媒体设计的个性化与定制化提供了强大的技术支持。设计师可以利用这些技术，对用户的行为、偏好进行深度分析，从而为用户提供更加精准、个性化的设计服务。例如，通过 AI 算法，设计师可以自动生成符合用户喜好的设计作品，实现设计的智能化和个性化。

第三，个性化与定制化趋势也推动了设计理念的转变。设计师不再局限于传统的设计框架和规则，而是更加注重用户的体验和感受，以用户为中心进行创意设计。这种设计理念的转变，使得设计作品更加贴近用户需求，更加具有吸引力和感染力。

第四，个性化与定制化趋势还促进了视觉媒体设计与其他领域的融合。例如，在品牌设计中，设计师需要与市场营销、产品研发等部门紧密合作，共同打造符合品牌定位和用户需求的设计作品。这种跨领域的融合，不仅提升了设计作品的质量和效果，也推动了设计行业的创新发展。

第五，个性化与定制化设计虽然带来了诸多机遇，但也面临着一些挑战。例如，如何平衡个性化与标准化之间的关系，如何确保设计作品的质量和效率，如何保护用户的隐私和数据安全等。然而，这些挑战同时也为设计师提供了更多的创新空间和发展机遇。设计师可以通过不断探索和实践，找到解决这些问题的有效方法，推动个性化与定制化设计的健康发展。

二、沉浸式体验与互动设计

虚拟现实和增强现实技术的发展，为视觉媒体设计带来了前所未有的沉浸式体验。设计师将利用这些技术，创造出能够与用户产生深度互动的设计作品。例如，品牌可以通过 VR 技术设计虚拟试衣间，让用户在家中就能体验不同服装的穿着效果；或者通过 AR 技术，在实体店铺中叠加虚拟元素，提升购物体验。此外，动效设计和微交互设计也将成为提升用户体验的重要手段，通过流畅的转场、提示和反馈，增强用户与界面的互动。

在当代视觉媒体设计领域，沉浸式体验与互动设计正以前所未有的速度发展，成为推动设计创新的重要力量。这一趋势不仅深刻改变了用户与媒体内容的交互方式，也极大地丰富了视觉设计的表现形式和内涵。

沉浸式体验是指通过高度逼真的模拟环境，使用户仿佛置身于一个全新的虚拟世界，从而获得身临其境的感受。在视觉媒体设计中，沉浸式体验主要通过虚拟现实、增强现实、混合现实（MR）等技术实现。这些技术打破了传统媒体的界限，使用户能够在三维空间中自由探索、互动，获得更加丰富、真实的视觉体验。随着 VR、AR、MR 等技术的不断成熟和普及，沉浸式体验在视觉媒体设计中的应用越来越广泛。例如，在广告设计中，设计师可以利用 VR 技术创建虚拟场景，让用户身临其境地体验产品特点和优势；在游戏设计中，通过高度逼真的虚拟环境，玩家可以获得更加沉浸式的游戏体验。

互动设计强调用户与媒体内容的交互性，使用户能够参与到内容创作中，从而获得更加个性化、有趣的体验。在视觉媒体设计中，互动设计主要通过触控技术、语音识别、手势识别等技术实现。这些技术使得用户可以通过简单的操作，与媒体内容进行实时互动，从而获得更加生动、有趣的体验。随着触控技术、语音识别、手势识别等技术的不断发展，互动设计在视觉媒体设计中的应用也越来越广泛。例如，在网站设计中，设计师可以添加触控元素，让用户通过滑动、点击等操作，与页面内容进行互动；在移动应用设计中，通过语音识别技术，用户可以用语音指令控制应用，从而获得更加便捷的操作体验。

沉浸式体验与互动设计并不是孤立的两个领域，它们在视觉媒体设计中往往相互融合、相互促进。通过融合沉浸式体验与互动设计，设计师可以创造出更加丰富、有趣的视觉媒体作品。例如，在虚拟博物馆中，用户不仅可以身临其境地浏览展品，还可以通过触控技术、语音识别等技术与展品进行互动，从而获得更加深入、全面的了解。

三、极简主义与细节打磨

极简主义作为一种长期流行的设计风格，将在未来继续占据主导地位。然而，与以往不同的是，未来的极简设计将更加注重细节的打磨。设计师将在追求简洁的同时，通过微小的动效、独特的排版方式、精致的纹理等细节元素，提升设计的艺术感和情感共鸣。这种趋势将体现在网站设计、应用程序界面设计、品牌形象设计等多个领域，旨在以简洁而不失功能性的设计，吸引用户的注意力并引导他们与品牌或产品进行互动。

尽管极简主义强调简洁，但这并不意味着设计中的元素要变得单调乏味。相反，细节打磨成为提升极简主义设计品质的关键。比如，通过微小的动效、独特的排版方式等手段，使整个设计看起来既清爽又充满细腻的艺术感。在 UI 设计中设计师可以通过微妙的阴影、渐变效果等细节处理，提升界面的立体感和视觉冲击力。又如，负空间的应用是极简主义设计的一个重要组成部分，通过巧妙地运用负空间，设计师可以创造出更强的视觉对比和深度感，使设计看起来既简约又有深度。同时，负空间的应用也有助于提升界面的可读性和用户体验。再如追求情感共鸣，通过精心设计的细节处理，设计师可以传达出品牌或产品的核心价值和情感诉求，从而与用户建立更加紧密的情感连接。

四、可持续性与环保设计

随着环保意识的增强，可持续性将成为视觉媒体设计的重要方向。设计师将更加注重使用环保材料和技术，减少设计过程中的资源浪费和环境污染。同时，视觉媒体设计还将在包装、广告和品牌传播中注重绿色环保理念的传递。首先是绿色设计理念的普及。绿色设计理念将成为视觉媒体设计领域的主流趋势。设计师将更加关注设计作品对环境的影响，积极采用环保材料和技术手段，实现设计作品的绿色、环保、可持续发展。其次是技术创新与应用。随着科技的进步，新的环保材料和设计技术将不断涌现。设计师将积极探索这些新技术在视觉媒体设计中的应用，推动可持续性与环保设计的发展。可持续性与环保设计需要跨领域的合作与整合。设计师将与其他行业的专家合作，共同探索环保设计的新路径。例如，与材料科学、环境科学等领域的专家合作，共同研发环保材料和新技术。再次是消费者需求的推动。随着消费者环保意识的提高，对绿色设计产品的需求也将不断增加。这将推动视觉媒体设计领域更加注重可持续性与环保设计的发展。最后是政策法规的支持。政府和相关机构将出台更多支持可持续性与环保设计的政策法规。这些政策法规将为设计师提供更多的支持和指导，推动可持续性与环保设计的发展。

五、跨领域合作与融合创新

数智时代，视觉媒体设计将更加注重技术与艺术的深度融合。设计师将利用人工智能、虚拟现实、增强现实等新兴技术，创造出具有创新性和前瞻性的设计作品。他们还将不断探索艺术表现的新形式和新语言，以更加直观、生动的方式传达信息和情感。这种趋势将推动视觉媒体设计向更加多元化和个性化的方向发展，满足用户不断变化的审美需求。同时，设计师将与其他领域的专家合作，共同探索新的设计理念和表现手法。例如，与建筑师合作设计具有创新性的空间布局和装饰风格，与时尚设计师合作推出融合科技与时尚的设计作品等。这种跨领域的合作将为视觉媒体设计带来更多的灵感和可能性，推动行业向更加多元化和综合性的方向发展。

在跨领域合作的基础上，视觉媒体设计呈现出融合创新的发展趋势。这种趋势主要体现在以下几个方面。

首先是技术与艺术的融合。随着智能技术的发展，视觉媒体设计不再局限于二维平面，而是逐渐向三维空间、沉浸式体验等领域拓展。设计师与技术人员紧密合作，将先进的技术手段融入设计作品中，创造出令人惊叹的视觉效果。

其次是多学科交叉的整合。视觉媒体设计不再仅仅是设计师的工作，而是需要多学科交叉的整合。这种多学科交叉的整合不仅提升了设计作品的质量和效果，也推动了视觉媒体设计的创新发展。

再次是跨界合作的深化。跨领域合作不再局限于设计行业内部，还涉及与其他行业的深度合作。例如，在影视制作中，视觉媒体设计师与导演、编剧、摄影师等团队成员紧密合作，共同创造出令人震撼的视觉盛宴。这种跨界合作的深化不仅推动了视觉媒体设计的边界扩展，也为用户带来了更加丰富、多元的视觉体验。

最后是关注用户心理健康。随着人们对心理健康问题的关注不断增加，视觉媒体设计也将开始关注对用户心理健康的影响。设计师将注重设计作品的色彩搭配、布局排版、动画效果等方面对用户心理的影响，力求创造出既美观又健康的视觉环境。例如，通过使用柔和的色彩和舒适的布局，减少用户的视觉疲劳和心理压力；通过设计积极向上的动画效果，调整用户的情绪和提升幸福感等。这种趋势将有助于增强设计的人文关怀内涵和社会责任感。

六、数据驱动的设计决策

随着大数据技术的不断发展，数据驱动的设计决策将成为视觉媒体设计的重要趋势。设计师将利用数据分析工具和方法，深入挖掘用户行为和偏好背后的数据规律，为设计决策提供科学依据。例如，通过分析用户点击率、停留时间等数据，优化网站布局和导航设计；通过分析用户购买历史和反馈数据，改进产品包装和广告设计等。这种趋势将有助于提高设计的针对性和有效性，提升用户体验和品牌价值。

在视觉媒体设计中，数据驱动决策的重要性首先体现在精准定位用户需求上，通过收集和分析用户行为数据，设计师可以更精准地了解用户需求和偏好，从而创作出更符合用户期望的设计作品。其次是优化用户体验，数据驱动决策可以帮助设计师识别设计中的痛点和不足，从而进行有针对性的优化，提升用户体验。再次是提升设计效率，基于数据的分析，设计师可以更快速地做出设计决策，减少试错成本，提升设计效率。

在视觉媒体设计领域，随着数据分析技术的不断发展，越来越多的数据分析工具被应用于视觉媒体设计中。这些工具可以帮助设计师快速收集、分析数据，为设计决策提供有力支持。设计师不仅关注用户的基本信息，还深入挖掘用户行为数据，如点击率、停留时间、转化率等，以更全面地了解用户需求和偏好。不仅如此，人工智能和大数据技术的深度融合为视觉媒体设计带来了更多可能性。AI 算法可以通过分析大量数据，自动优化设计方案，提升设计效率和质量。而在此基础上，基于数据的分析，设计师可以更精准地了解用户需求和偏好，从而创作出更符合用户期望的个性化设计作品。这种个性化设计不仅提升了用户体验，也增强了设计的市场竞争力。由此所形成的数据驱动决策强调设计的持续迭代与优化，设计师通过收集用户反馈数据，不断调整设计方案，以提升设计作品的质量和效果。

第四节　视觉媒体的边界重塑

在数字化和智能化时代，视觉媒体设计正经历着前所未有的变革，其边界被不断拓展。与传统设计相比，这种变革不仅体现在表面的技术手段更新上，更深入设计理念、创作流程、用户交互以及市场表现等多个层面。

一、技术手段的革新：从静态到动态，从平面到立体

传统视觉媒体设计主要依赖于手绘、印刷等静态、平面的技术手段，设计作品往往以海报、杂志、广告等形式呈现。然而，在数字化和智能化时代，计算机图形图像技术、虚拟现实、增强现实、人工智能等技术的兴起，彻底改变了这一局面。

首先，数字技术使得设计作品不再局限于静态图像，而是可以包含动画、视频、音效等多媒体元素，实现动态展示和交互体验。这种变化不仅丰富了设计表现形式，也极大地提升了用户体验。

其次，VR 和 AR 技术将设计从二维平面拓展到三维空间，甚至创造出完全沉浸式的虚拟环境。设计师可以构建出具有深度感和立体感的场景，让用户仿佛置身于设计之中，感受前所未有的视觉冲击力。

二、设计理念的转变：从形式美到用户体验，从单一到多元

传统设计往往注重形式美和装饰性，而在数字化时代，用户体验成为设计的核心。设计师需要深入了解用户需求、习惯和行为模式，通过数据分析和用户反馈来指导设计决策，确保设计作品能够满足用户的期望和需求。

此外，数字技术使得设计作品可以更加多元化和个性化。设计师可以根据不同的用户群体、市场需求和场景需求，创作出具有独特风格和特色的设计作品。同时，AI 技术还可以实现设计的自动化和个性化定制，满足用户的个性化需求。

三、创作流程的变革：从孤立到协作，从线性到迭代

传统设计往往由单一设计师完成，而在数字化时代，设计团队需要包含产品经理、工程师、数据分析师等多个角色。团队成员之间需要紧密协作，共同推动项目的进展。同时，设计流程也需要不断优化，以提高效率和质量。

数字技术使得设计作品的迭代和优化变得更加容易和快速。设计师可以通过数据分析和用户反馈，及时发现设计中的问题和不足，并进行有针对性的改进。这种迭代和优化的过程成为设计创作的常态，有助于不断提升设计作品的质量和用户体验。

四、用户交互的升级：从被动接受到主动参与，从单向传播到双向互动

传统设计往往是用户被动接受的过程，而在数字化时代，用户可以主动参与设计过程，与设计作品进行双向互动。用户可以通过触摸屏、语音识别等技术手段，与设计作品进行交互操作，实现更加自然和流畅的用户体验。

与此同时，数字技术还使得设计作品更加容易在社交媒体上进行传播和共享。用户可以通过社交媒体平台分享自己的设计作品或参与设计讨论，形成更加广泛和深入的用户群体互动。

五、市场表现的变革：从单一渠道到多渠道，从线下到线上线下融合

传统设计往往通过单一的渠道进行传播和营销，而在数字化时代，设计师可以利用多种渠道进行作品的展示和推广。例如通过社交媒体、在线平台、移动应用等渠道，实现设计作品的广泛传播和精准营销。数字技术还使得线上线下融合体验成为可能。设计师可以通过 AR、VR 等技术手段，将线上设计作品与线下实体场

景相结合，创造出独特的融合体验。这种融合体验不仅丰富了设计表现形式，也拓展了设计作品的市场应用空间。

数智时代视觉媒体设计已经突破了传统的二维限制，进入了三维空间。设计师可以利用三维建模、渲染等技术，创造出具有深度感和立体感的视觉作品。虚拟现实（VR）技术的兴起，使得设计师能够创造出完全沉浸式的虚拟环境，为用户提供前所未有的视觉体验。增强现实（AR）技术通过将虚拟信息叠加到现实世界中，为用户提供了更具互动性和沉浸式的视觉体验。设计师可以利用AR技术，将虚拟元素与现实场景相结合，创造出独特的视觉效果。混合现实（MR）技术则进一步融合了虚拟现实和增强现实的特点，为用户提供了更加真实、立体的混合现实体验。在智能化时代，人工智能（AI）和机器学习技术的应用，为视觉媒体设计带来了全新的可能性。设计师可以利用AI算法，实现自动化设计、智能排版、色彩搭配等功能，提高设计效率和质量。机器学习技术还可以通过分析大量数据，帮助设计师更好地理解用户需求和偏好，从而创作出更加符合市场需求的设计作品。随着移动互联网的普及，视觉媒体设计已经不再局限于单一的屏幕或平台。设计师需要考虑如何在不同设备、不同操作系统、不同屏幕尺寸之间实现一致性和连贯性。多屏互动技术的发展也使得设计师能够创造出更具互动性和有趣的视觉体验。

数字化和智能化时代对视觉媒体设计产生了深刻的影响。技术手段的革新、设计理念的转变、创作流程的变革、用户交互的升级以及市场表现的变革共同推动了视觉媒体设计的边界拓展和创新发展。设计师需要积极拥抱这些变化，不断提升自己的专业技能和创新能力，以适应数字化和智能化时代对视觉媒体设计的新要求。同时，企业和社会各界也需要加强对视觉媒体设计的支持和引导，共同推动这一领域的健康发展和创新进步。

Chapter 2

第二章

视觉媒体设计的叙事转向

第一节 从图像叙事到技术叙事——以包装设计为例

一、技术文化视域下的技术叙事

技术是人类在利用和改造自然过程中所积累的方法、技能、手段的总和，这不仅决定了技术与自然之间的密切联系，同样也深刻影响并渗透入人类的文化深层。技术在创造和改造物质世界的同时，也通过技术环境不断改变人类的思想观念和社会组织模式，从而影响人的精神世界，逐渐形成独立的技术文化并发挥其文化功能，本质上说，技术实践应理解为人们在生活世界的实践活动中，通过把过去—现在—未来的，技术的、自然的、社会的、个人的，认知的、利益的、政治的、情感的等要素接合（articulation）起来，生产、体验和重构技术物及相关活动的意义的文化实践过程。事实上，自20世纪中期技术在现代社会中开始自我加速，并成为社会资本主导和日常生活主线的超能现象以来，技术便具有了叙事功能。换句话说，既然日常生活蕴含着历史意识和叙事实践，而技术作为主导性元素参与并形塑了日常生活，那么其呈现方式必然也是叙事的。技术叙事，并不仅仅狭义地指运用最新的科学技术，创造出传统叙事形态所不具备的效果，如电影和游戏领域中运用虚拟现实或增强现实技术所造就的全新影像呈现方式，更是从后结构主义视角，对技术研究做文化转向，将技术本身视为文本，以揭示作为社会群体代表的人与技术之间如何相互参照而建构不同意义，通过技术对人类的进化过程和生存环境的描述，并设法以此来解释人类的各种活动和社会文化现象。

二、包装设计叙事形态转型的实质

长期以来，包装设计中采用最多的叙事形态是基于视觉文化语境的图像叙事，主要手法是“空间的时间化”。设计者或是采用最能体现产品信息的代表性图像，如地域形象、产品主题、关键工艺等，呈现诸如摄影家布列松所说的“决定性瞬间”，唤起观者的期待视野；或是将文字也视为图形，通过图文版式编排，让观者形成错觉反应；或是利用系列图像，借助单线性或多线性情节安排，讲述与产品有关的事件，形成类似连环画叙事效果，让人在图像系列中感觉到某种内在逻辑、时间关系或因果关联（否则就只是多幅图像的杂乱堆砌）。包装设计中图像叙事的优点在于直观性和通俗性，无论是绘制图像还是照片，其中所包含的瞬间力量能够对观者的视觉神经产生强烈冲击，让人获得“眼见为实”的情感体验和共鸣；同时图像中所含信息也能够迅速被观者捕获，超越文字信息能指与所指间的复杂关系，更容易在人们大脑中建构直观形象。此外，图像还具有一定的象征性和隐喻性，能够带给观者丰富的联想，体现出产品的文化价值和社会价值。

然而，包装设计中图像叙事的缺点也非常明显，即其以视觉文化为逻辑起点，以超高强度支配着人们的认知。人与世界、自然的信息传播是有多种渠道的，而视觉文化裹挟着图像将人的感知从理性形态转向感性。由于图像的强势使得人的其他感知被屏蔽，无法呈现完整的生活图景，原本传递丰富信息的图像开始变得廉价和不真实，甚至过度的图像会让人觉得烦躁和厌倦。货架上琳琅满目的产品包装各自展现着丰富多彩的图像，极尽所能地通过各种图像元素抢夺观者的目光，观者在视觉冲击带来的短暂愉悦后，陷入了浅层感性思维所带来的不稳定情绪，逐渐变得冷淡和厌倦。

包装设计的叙事形态从图像叙事转向技术叙事，实质在于其逻辑起点从视觉文化转向技术文化，从视觉观看的包装设计转向整体体验的包装设计。当然，近代技术迅猛发展，特别是借助科学的力量后，产生了诸如环境污染、资源短缺、安全危机等技术异化问题，甚至威胁到人类的生存，技术与自然，技术与人的关系一度走向对立。海德格尔在《技术的追问》中从技术实体论视角探讨人与技术本质的关系，认为“当我们特别地向技术之本质开启自身时，我们发现自己出乎意料地为一种开放的要求占有了”，即技术时代的人类无论在哪里都不再碰到自身，亦即他的本质。可见技术实体论者是将技术视为一种脱离了人的控制，并构造了人的世界的自主文化体系。

与之不同的是，技术整体论者则在继承海德格尔和马尔库塞技术批判理论基础上，结合了建构主义方法论，形成了更为积极有效且具有更宽广视域的技术本质观。技术整体论认为技术的本质是包含了人与自然、社会、技术的统一体，彼此是在动态演化中相互构造的，是多层次的、综合的、变动的和待确定的，是以一种积极的姿态，坚持把人视为技术发展的主导因素，使得人对技术的态度不至于深陷悲观主义深渊，其代表性学说便是安德鲁·芬伯格的生态技术理论。因此，包装设计叙事形态的技术转向，既不是对图像的否定或对艺术的抛弃，转而单一地将包装设计视为工程技术的产物，也不是沉迷在技术中寻找技术的意义，鼓吹技术决定论，异化技术的价值；而是从整体视角将包装设计的叙事手法从单一追寻图像符号的局限，转向包含着自然生态、人文道德、审美意识等在内的身体与技术的经验关系上来，用切身体验代替视觉观察，用混合场域代替传统叙事情景，用交互参与代替单一叙事主体，用动态生成代替单维叙事时间，以形成具有技术文化特征的复合叙事能力。

三、包装设计叙事形态转型的表现

1. 叙事感知的具身性转向

在经典认知科学看来，人的感知与承载它的身体无关，感知只是一种对信息的加工与表征。而具身性理论则破除了主客体对立思维，将身体作为认知与环境互动的中介，强调身体知觉的主动性和基础作用，将认知存在视为身体感知和行动相向映射的过程。它源于胡塞尔、海德格尔基于现象学对身体与环境关系的探讨，衍生出如梅洛·庞蒂的具身图式、约翰·杜威的具身经验，以及理查德·舒斯特曼的具身美学等多元含义。20 世纪末，具身理论被引入叙事学研究，特别是丹尼尔·庞德明确提出身体叙事学，开拓了叙事学的身体维度，通过重新审视身体与环境的关系、叙事在环境中的自适应，打破了传统叙事在身体感知上的缺失。具身理论在关于人与技术关系上的体现，来自唐·伊德从技术现象学视角揭示的四组关系，即体现关系、释义关系、背景关系、改变关系。他在著作《技术与生活世界：从伊甸园到尘世》（*Technology and the Lifeworld: From Garden to Earth*）中提出了人与技术的“具身关系”（embodiment relations），认为它可以帮助人们创造一种“真实”的体验，弱化了传统媒体在物理和心理上的清晰边界。

在包装设计技术叙事中，对叙事主题的感知由视觉性转向具身性，其特征可以体现为两种相反的推进方式。第一种是正向感知，即包装使用者在体验包装时的认知思维和身体行为是一致的，通过二者间的同频共振推动事件发展。如 2015 年的 Pentawards（全球包装设计大奖赛）金奖获奖作品之一，是由俄罗斯设计师设计的一款“Naked”化妆品包装。该包装不仅在瓶身造型上采用不规则起伏形状来打破常规，而且在瓶身表面涂上了感温变色材料，当使用者触碰瓶身时，触碰区域便会形成均匀过渡的粉红色，好像细腻的肌肤上泛起红晕。又如 2021 年该项赛事的钻石奖获奖作品“Eminente Reserva”朗姆酒包装（图 2-1），以朗姆酒的原产地古巴鳄鱼岛为灵感，仿效鳄鱼皮肤肌理，将玻璃瓶身表面处理为复杂的浮雕纹理。当使用者手握瓶身倒酒时，手感所触不断与头脑中朗姆酒原产地的鳄鱼预设进行信息建构，并且随着手感压力与时长的变化而变化，形成身体感知和叙事情节的双向机制。

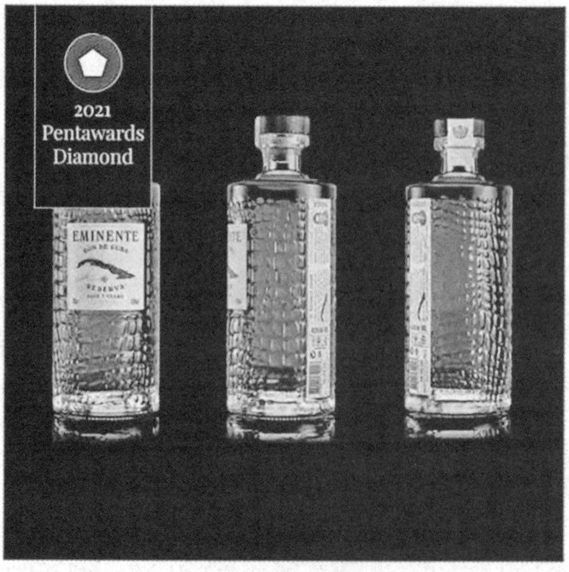

图 2-1

第二种则是非正向感知，即使用者在体验包装时身体感知和思维感知是不一致的。比如德国 Kolle Rebbe（科勒・雷贝）公司设计的一款奶酪产品包装，不仅将奶酪做成铅笔造型，而且在包装上标注刻度以及制作不同菜肴需要削多少“铅笔”，甚至还有所削“铅笔”对应的卡路里量。使用者在体验中身体感知到的是削铅笔，而头脑认知的却是奶酪数量，二者间的“错觉”成为事件开展的关键元素，形成特殊的驱动效应。可见，在包装设计技术叙事中具身性是基础也是首要特征。技术引导下的受众主体所形成的具身性感知叙事，要比单一的图像或文字叙事更为整体，也产生了完全不同于传统的叙事效果。它意味着引发和推动技术文本推进的不再只是观者的抽象想象和精神感受，而是包含体验者情绪波动、肌肉状态、神经感知、动作频率在内的身体认知。由于人的身体行动有着丰富复杂的连续性，从而推动故事的延续性或跳跃性发展，身体就此取代精神成为策动事件情节的源动力。

2. 叙事空间的场域性转向

布尔迪厄将场域定义为位置间客观关系的一个网络或一个构型，很显然，在包装设计中图像叙事是缺乏构建场域能力的。在人的认知发生过程中，图像对应的是启发式认知系统，它利用大脑惰性原则获得被优先加工的特权，但问题在于这种由视觉单维度传递的信息只能停留在大脑浅层。由于图像能指与所指关系的游离与浮动，观者迫切需要找寻与图像相对应的文字进行信息锚定。而一旦出现文字与图像在信息传递中发生冲突的情况，人们又会毫不迟疑地抛弃图像而选择相信文字，其结果反而会造成对图像甚至产品本身的质疑。比如：方便面包装上食材丰富的图片是否涉嫌虚假广告宣传，一直是人们热议的一个话题。因此，包装设计图像叙事只能是一种视觉单向且需要文字确定的信息传递。与此相比，技术整体论告诉我们，技术是预设于自然与社会的大系统中，除了具有技术自身要素外，还包含生态、审美等与内外环境有关的非技术要素。技术体系不是简单地与环境的限制相协调，而是将这些限制内在化，使它们在一定意义上成为机械的一部分。比如某些食品类包装设计中引入了香溢技术，伴随着使用者感官维度的增加，人与包装之外的环境也被纳入体验系统中，形成了一定规模的场域。

包装设计中每多一种感官的参与，都包含着其背后复杂多样的认知，多种感官间再形成叠加效应，书写多重叙事的同时也使场域中的能量不断聚集，达到远超过产品或包装本身所含信息的效果。2015 年 Pro Carton ECMA 的年度大奖颁给了一款自然皮肤护理产品 Ambuja 的包装设计（图 2-2），这款包装创新了开启和闭合机制，充分调动人的多感官维度参与到包装体验中，让使用者仿佛置身于某种场域中与叙事对象形成持续性交流。正如评审团在颁奖词中对它的评价：这是一个令人乐意与之互动的盒子。它之所以能够给评审团留下深刻印象，不仅在于其光滑宜人的手感，还在于当你打开盒子翻盖后，包装的其他部分能够沿着褶角完美地展开，很好地展示出盒内产品。最关键的是，当纸盒合上时能发出悦耳的“咔哒”声，翻盖闭合时仿佛具有弹性。正是在包括声音在内的多种感官共同参与和作用下，这款包装变得趣味无穷。

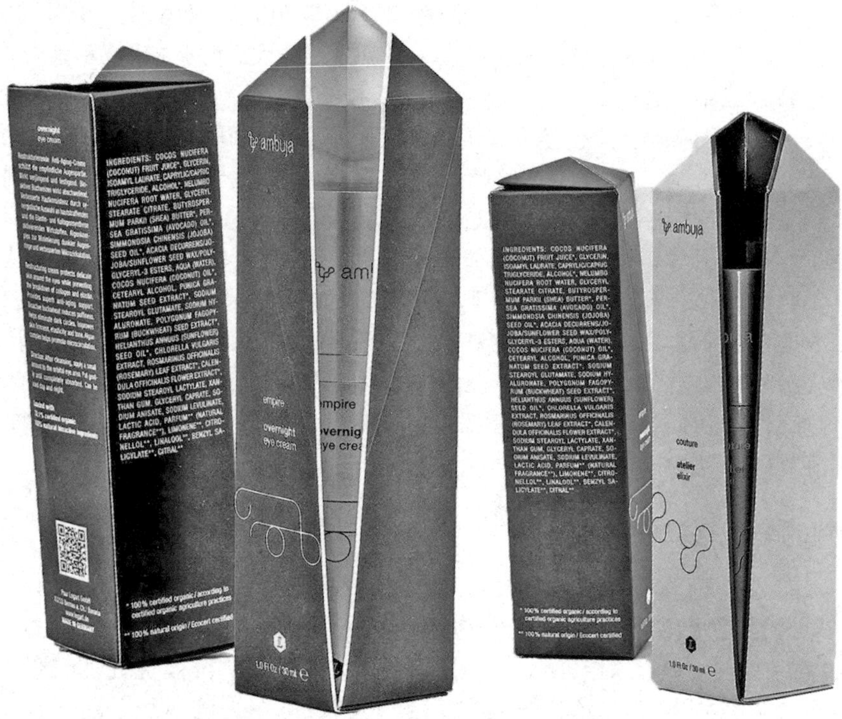

图 2-2

而日本设计师斋藤友则（Tomonori Saito）和泽田翔平（Shohei Sawada）则为稻叶基大的糖果设计了名为“心安寺石庭”的包装，竟然将禅宗的默照思想纳入包装之中，内盒左侧放有不规则岩石状糖果，右侧布满类似庭院细砂石的砂糖。使用者品尝前将石头糖果随心放入砂糖庭院，再用附赠的木耙耙出圆形波纹，完成近乎仪式般的操作后，糖果与砂糖俨然组成了富有禅意的枯山水。外观毫不起眼的食品包装却隐藏着对生命存在和对宇宙本源的拷问，使用者的身体和行为成为场域构建的契机，其中蕴含的能量彻底消解了使用者与包装之间的边界，赋能于使用者并带来认知的飞跃。这种体验是由技术串联起来的“心流”，只有产生有效心流体验的混合空间才能生成场域，发生“心性的行为”。

3. 叙事进程的阐释性和共时性转向

经典叙事学是以形式主义和结构主义作为学术背景的，包括以故事为对象的研究层面和以话语为对象的研究层面，它继承了从亚里士多德《诗学》以来对于叙事完整性的强调，遵循线性因果律推进方式，明确作品与作品以外的界限，注重作品内在结构的挖掘与建构。图像叙事则区分了故事中的事和图像中的事，前者属于时间而后者属于空间，经典叙事中时间的序列性和事件的因果律开始淡化，但依然被坚守，我们只有给图像恢复或重建一个语境，只有把空间性的图像重新纳入时间的流程之中，才能达到“模仿”动作，也即达到叙事的目的。因此，我们说空间的时间化正是图像叙事的本质。

相较于此，技术叙事则是经典叙事学的彻底出走。首先，其叙事进程是从文学叙事的“叙述进程”到图像叙事的“展示进程”，进而转向了受众的“阐释进程”，“技术—身体”的交互作用使得叙事的逻辑完全依赖于受众自身对产品的逻辑建构，不再存在恒定的客观性评判模式。比如 chalk it up 粉笔包装直接采用黑底加边框形式，让使用者用粉笔在框内任意绘制并最终形成自己描绘的包装形象，在这个过程中叙事的主动权完全交给受众，包括了受众的绘画技术和感知能力，因果律让位于受众的即时体验。

其次，技术的赋能使得叙事进程的推进从技术本身转向技术之外，特别是当互联网、人工智能、虚拟信息在包装设计中的运用让叙事对象发生偏离。比如 AR 智慧包装中的增强现实技术，让受众的焦点转向包装以外的虚拟游戏或营销信息上。意大利面酱品牌弗朗西斯科·里纳尔迪（Francesco Rinaldi）包装上的 AR 标签，能够在受众手机扫描后与品牌代言人里纳尔迪夫人互动；可口可乐在巴西里约奥运会期间推出了可实现 AR 互动游戏的产品包装；百事可乐则是与腾讯合作，开发了 emoji 表情的 AR 动画；而吉百利巧克力包装也通过 AR 识别，增加了类似打地鼠的趣味小游戏。

再次，从历时性叙事进程转向共时性叙事进程，即从一段时间感受到的稳定连续要素关系，转向特定时间同时感受到的即时碎片要素关系。正如前文所述，科技发展让叙事突破了过去－现在－未来的三向一维线性时间观，过去和未来都可以显现于当下，这使得事件的发展进程不再仅受到文本固定结构的限制，而更多取决于使用者在技术体验中的感受，可随时重新定义和编排进程。有学者将这种虚拟环境中的叙事称为“涌现叙事”，即“读者的故事”，读者在与故事世界的交互中演绎出新的情节，其中充满了突发性和体验间隙的偶然性。比如小米连续两年在中秋月饼礼盒包装中均融入科技元素，既有铃声播放也有录音功能，还能够进行打击乐演奏。使用者在体验过程中的感受和评价是无法预测的，共时性感受到的碎片既可能在身体理性下形成秩序，推进故事向既定目标前进，也可能触发积极或消极效应，随时中止进程或演化出多重化身。因此，某种程度而言，新媒体技术叙事的目标就是实现人的全方位身体感知与互动。

四、包装设计叙事形态转型的意义

1. 有助于重塑“体验”作为包装设计固有品质的重要地位

在视觉文化甚嚣尘上的今天，看图读图早已成为人们习以为常且心安理得的事情，图像在疯狂激增且获得前所未有统治地位的同时，也在改变着人们的感知方式和创造活动。

在包装设计中，图像的地位举足轻重，图像叙事依然是宣扬品牌文化、产品文化、地域文化的重要手段，但由此所形成的路径依赖和惯性思维却让包装设计在表现形式上越走越窄，追求图像的新奇精巧和刺激力度似乎成为包装设计的代名词，但图像不应该成为包装设计的唯一取值。如果仅从概念出发，包装的主要功能是保护产品、便于储运与促进销售，三个功能的同一指向在于人的体验，也就是说包装设计的原点和终点都是肉体的完整感知和经验，而这里的身体行为已然内化了技术，是技术化了的身体或者是技术的身体化，技术不仅是一种工具，而是人造物与使用者的一个共生体。更为重要的是，一旦我们确立了包装设计的体验品质，我们就拥有了统一人、技术、自然的整体观，可以从更深层次化解包装设计的现实困境，弥补视觉文化统治造成的缺陷。

2. 有助于推动包装设计中技术、生态、人文关系的深层思考

其实比图像的大肆扩张更加引起人们警惕的是现代技术的飞速发展，海德格尔便将现代技术视为现代形而上学的极端完成状态，贝尔纳·斯蒂格勒更是在此基础上提出现代技术确实是形而上学的完结。然而，今天的人类发展已然不可能主动放弃技术退回到原始自然状态，人与自然的关系不可能再出现浑然一体的状态。二者的裂痕是因为技术而产生也必将通过技术来弥补，我们要做的是建立以人为主导，协调好其存在过程中的人文、道德与生态价值，克服对技术负面效应的片面认识。

其实海德格尔已经提出了人类克服现代技术危险性的方法，即对现代技术的本质进行类似于艺术一样的根本性沉思。“由于技术之本质并非任何技术因素，所以对技术的根本性沉思和对技术的决定性解析必须在某个领域里进行，此领域一方面与技术之本质有亲缘关系，另一方面却又与技术之本质有根本不同。……这样一个领域乃是艺术。”反观包装设计领域，我们与其夸大技术的异化和负效应，强调艺术设计的人文背景，从而采取浪漫性的逃避，不如从技术文化视角将设计向技术敞开，探索构建人、自然、技术之间和谐发展的路径。比如在针对儿童和老人的包装中更多地从使用者的身体体验出发，运用材料、工艺、结构创新，借助人体工程学方法在包装便利性和安全性上进行针对性设计，减少对于视觉的追求和依赖。

3. 有助于完善包装设计中的叙事研究

美国认知科学家丹尼尔·丹尼特在《意识的解释》中提出了“叙事的重心”，认为意识是在人一系列行为集合成的叙事中产生的，也就是说叙事体验不断改变着人自身的意识以及人与世界的联系。一直以来，包装设计中的相关叙事研究并没有得到充分重视，人们习惯于将叙事囿于文学、历史学、语言学等学科范畴，而将其排斥在设计领域之外。其实叙事研究在经过几次重大转型之后，早已不再只是讲故事和描述情节，它已从原来再现或复制一系列事件转而成为对事件的主观建构和阐释，成为人们不可回避的一种社会化认知工具。

包装设计的发展趋势必将越来越重视人的主体地位，重视包装与人之间的互动效应。单一依赖图文编排设计的包装尽管能够在短时间内让人眼前一亮，但随着受众接触次数的增多，图文的吸引度必然减弱，互动性也会趋向衰竭，这就需要我们在设计中通过技术叙事，充分运用身体所引发的交互性和具身性叙事活动，调动受众的身体特质、生活阅历、性格品行等，不断激发出新的体验。包装设计在其过程中始终预设着受众的行为体验，而不同的技术处理又能够让这种体验形成不同的

效应，无论是传统的结构设计还是今天的智能设计，技术文化的叙事特征已然赋予了包装。

包装设计应该建立起完整的叙事研究体系，将图像叙事和技术叙事视为设计的重要认知和基础。特别是随着智能数字技术的不断迭代，VR、AI 等技术普及运用到包装设计上指日可待，这些都将会对包装设计的叙事研究带来新的亟待解决的问题。我们唯有积极面对，深入探索和研究，才能够设计出更具有时代意义的包装。

第二节　从线性叙事到后线性叙事

一、视觉媒体设计中的线性叙事艺术

在视觉媒体设计的广阔领域中，线性叙事作为一种经典且行之有效的叙事方式，扮演着举足轻重的角色。它以其清晰的时间顺序、连贯的情节发展和直观的理解路径，引领观众逐步深入设计作品的核心，传达设计师的意图与情感。本文将从线性叙事的基本概念出发，探讨其在视觉媒体设计中的应用、特点、优势以及面临的挑战，并展望其未来的发展趋势。

线性叙事，顾名思义，是指按照时间顺序或逻辑顺序排列的一系列事件或情节，它们之间存在着明确的因果关系，构成了一个连续、直线型的故事线索。在视觉媒体设计中，线性叙事通常通过图像、文字、声音等多媒体元素，以视觉化的方式展现一个完整的故事或信息流程。观众沿着这条预设的“线路”，逐步接受信息，体验情感，最终达到设计师所期望的传达效果。

线性叙事在视觉媒体设计中有着广泛应用，比如在广告设计中，线性叙事常被用来构建引人入胜的故事情节，以吸引观众的注意力并传达品牌信息。通过一系列精心设计的画面和文案，广告能够讲述一个完整的故事，从而在观众心中留下深刻印象。另如电影和动画也是线性叙事的典型代表。它们通过连续的镜头和场景，讲述一个个跌宕起伏的故事，引导观众进入虚拟的世界，体验不同的情感和人生。再如在网页设计中，线性叙事常用于引导用户浏览页面，通过滚动或点击的方式，逐步展示信息内容，确保用户能够按照设计师的意图，有序地接受信息。同样，虽然游戏设计往往包含复杂的交互性和非线性叙事，但线性叙事仍然是游戏故事推进的重要方式之一。通过设定明确的任务和目标，游戏引导玩家沿着特定的路径前进，体验游戏世界的魅力。

1. 线性叙事在视觉媒体设计中的优势

首先是易于理解与接受。线性叙事遵循时间顺序，从开端、发展、高潮到结局，结构清晰明了。这种叙事方式符合观众的认知习惯，使得观众能够轻松理解故事的发展和情节的变化。同时，线性叙事注重情节的因果性和连贯性，事件之间存在明确的因果关系，没有断裂或跳跃。这有助于观众更好地跟随故事线索，沉浸在故事中。

其次是增强沉浸感与代入感。线性叙事严格按照现实的时间向度来组织安排故事，使得观众能够按照时间顺序清晰地理解故事的发展。这种叙事方式有助于观众更好地跟随角色的步伐，更深入地投入故事中去。线性叙事通过完整的故事情节和角色发展，能够引发观众的情感共鸣。观众能够更容易地理解角色的情感变化，从而产生更强的代入感。

再次是推动情节发展与表达主题。线性叙事通过刻意制造的冲突与戏剧性巧合来推动故事情节的发展，使故事更加紧凑和引人入胜。这种叙事方式有助于保持观众的观看兴趣，提高故事的吸引力。此外，线性叙事有助于更好地表达故事的主题和人物的性格。观众在欣赏故事的同时，能够得到深刻的思考和感悟，从而加深对故事内涵的理解。

最后是广泛应用与经典传承。线性叙事是电影、文学、动画等多种艺术形式中最为常见且应用广泛的叙事手法。在视觉媒体设计中，线性叙事也是不可或缺的一部分。线性叙事作为一种经典的叙事手法，已经历了长时间的检验和传承。许多经典作品都采用了线性叙事方式，证明了其在视觉媒体设计中的独特魅力和价值。

拓展阅读

苹果公司于北京时间 2024 年 9 月 10 日凌晨 1 点在加利福尼亚州库比蒂诺的 Apple Park 以线上直播形式举办了新产品发布会。Apple 产品发布会在运用线性叙事方面展现出了高超的技巧，通过精心设计的叙事结构，将产品的特点、优势和创新点逐一呈现给观众，营造出强烈的期待感和震撼力（图 2-3）。

第一步，开场设定情境，引发兴趣。Apple 产品发布会的开场通常会通过一段精心制作的视频或现场演示，设定一个引人入胜的情境，引发观众的兴趣。例如，通过展示产品在日常生活中的应用场景，或者通过讲述一个与产品相关的故事，将观众带入产品的世界中。这种开场方式有助于为后续的产品介绍奠定情感基础，使观众更加容易接受和记住产品信息。

第二步，逐步揭示产品特点，构建期待。在发布会中，Apple 会按照精心设计的顺序，逐步揭示产品的特点、优势和创新点。这种逐步揭示的方式类似于电影中的悬念设置，通过不断抛出新的信息点，引发观众的期待和好奇心。同时，通过对比、演示等方式，突出产品的独特之处，使观众对产品产生强烈的兴趣和购买欲望。

第三步，强调产品价值，提升认同感。在介绍产品特点的同时，Apple 还会强调产品的价值，包括其带来的便利、提升的生活品质、创新的设计理念等。这种强调产品价值的方式有助于提升观众的认同感，使他们更加容易接受和认可产品。通过讲述产品背后的故事、设计理念等，Apple 还能够进一步加深观众对产品的情感连接，使产品不仅仅是冷冰冰的科技产品，更是具有情感价值的陪伴者。

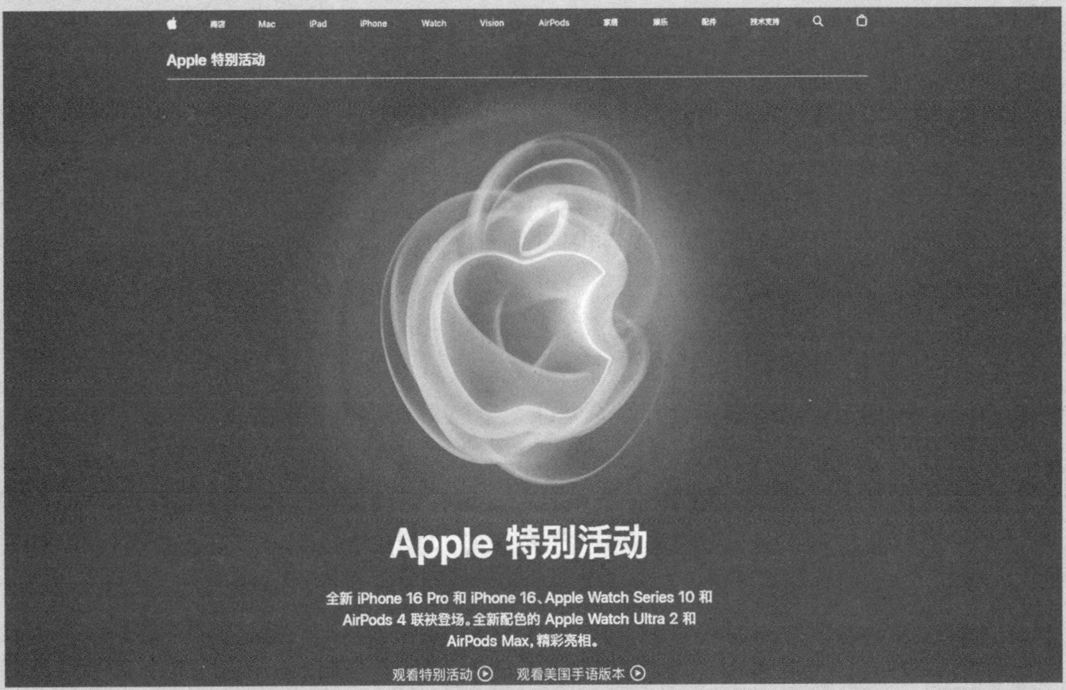

图 2-3

第四步，高潮部分展示核心产品，营造震撼力。在发布会的高潮部分，Apple 通常会展示其核心产品，通过震撼的视觉效果和现场演示，将产品的特点、优势和创新点推向极致。这种高潮部分的展示有助于营造强烈的震撼力，使观众对产品产生深刻的印象和记忆。同时，通过与其他品牌的同类产品进行对比，Apple 还能够进一步突出其产品的独特之处和优势。

第五步，结尾总结归纳，加深印象。在发布会的结尾部分，Apple 会对整个发布会的内容进行总结归纳，强调产品的独特之处、优势和创新点。这种总结归纳的方式有助于加深观众对产品的印象和记忆，使他们更加清晰地了解产品的特点和价值。通过提出产品的购买方式、上市时间等信息，Apple 还能够进一步激发观众的购买欲望。在运用线性叙事的同时，Apple 还非常注重与视觉元素的结合。通过精心设计的幻灯片、现场演示、视频等视觉元素，Apple 能够将产品的特点、优势和创新点以更加直观、生动的方式呈现给观众。这种结合方式有助于提升观众的观看体验，使他们更加容易理解和接受产品信息。

2. 线性叙事在视觉媒体设计中的缺点

第一，缺乏新鲜感与创新性。线性叙事遵循严格的时间顺序和因果关系，这种固定的叙事模式容易使观众产生审美疲劳。在视觉媒体设计中，如果过度依赖线性叙事，可能会使作品显得平淡无奇，缺乏新意。相比之下，非线性叙事通过打破时间顺序和因果关系，能够创造出更加新颖和独特的叙事效果，从而吸引观众的注意力。

第二，限制观众的思考空间。线性叙事通常按照预定的情节发展轨迹进行讲述，观众在观看过程中往往只能被动接受信息，缺乏主动参与和思考的空间。这种叙事方式可能会限制观众的想象力和创造力，使观众无法充分发挥自己的主观能动性。而非线性叙事则通过提供多线索、多结局等叙事方式，鼓励观众主动参与和思考，从而增强观众的参与感和满足感。

第三，难以处理复杂情节。线性叙事在处理复杂情节时可能会显得力不从心。由于它必须严格按照时间顺序和因果关系进行讲述，因此很难在有限的时间内充分展现多个情节线索和角色关系。这可能会导致作品情节过于简单或过于复杂难以理解。相比之下，非线性叙事通过打破时间顺序和因果关系，能够更加灵活地处理复杂情节和角色关系，使作品更加丰富多彩。

第四，难以适应多元化观众需求。随着观众审美需求的日益多元化和个性化，线性叙事已经难以满足所有观众的需求。不同观众可能对故事的情节、角色、主题等方面有不同的偏好和期待。而线性叙事通常只能提供一种固定的叙事模式和情节发展轨迹，无法满足不同观众的个性化需求。相比之下，非线性叙事通过提供多线索、多结局等叙事方式，能够更好地适应多元化观众需求，扩大作品的受众面和影响力。

第五，难以展现非线性时间结构。线性叙事强调时间的连续性和因果关系，这使得它在展现非线性时间结构时显得力不从心。然而，在现代视觉媒体设计中，非线性时间结构已经成为一种重要的叙事手段。它在处理复杂情节和角色关系时更具灵活性，最终使作品效果更为优质。如果视觉媒体设计只采用线性叙事方式，可能会错过这种重要的叙事手段，限制作品的表现力和感染力。

第六，难以表达复杂情感和内心世界。线性叙事通常注重情节的连贯性和外部事件的展现，而难以深入挖掘角色的内心世界和复杂情感。这使得它在表达某些深刻主题和情感时显得力不从心。相比之下，非线性叙事通过打破时间顺序和因果关系，能够更加自由地展现角色的内心世界和复杂情感，使作品更加具有深度和内涵。

二、视觉媒体设计中的后线性叙事艺术

1. 后线性叙事的概念

后线性叙事，这一概念源自数字媒体与叙事艺术的交汇点，是对传统线性叙事模式的一次深刻颠覆与创新。在传统线性叙事中，故事遵循着一条明确的时间线，从起点经由发展、高潮直至结局，观众作为旁观者，沿着这条预设的路径被动接受故事的全貌。然而，后线性叙事则打破了这一固有模式，它不再局限于单一、连续的时间流向，而是构建了一个多维度、多分支、可交互的叙事空间。

后线性叙事的核心在于其“后线性”属性，即叙事不再是一成不变的直线

进程，而是允许观众（或用户）在一定程度上参与到叙事过程中，通过选择、决策甚至创造来影响故事的走向和结局。这种叙事方式充分利用了数字媒体技术的优势，如超链接、互动界面、数据追踪等，使得每个观众都能获得独一无二的叙事体验。在后线性叙事中，时间不再是单一的、线性的流动，而是可以被回溯、跳跃，甚至重置的。故事线可能分叉成多个路径，每个选择都导向不同的情节发展和结局，从而形成一个庞大的叙事网络。这种叙事结构的复杂性，要求创作者不仅要精心设计每个情节节点，还要预见并规划不同选择之间的逻辑关系，确保整个叙事体系的连贯性和完整性。此外，后线性叙事还强调观众的主体性和参与度。观众不再仅仅是故事的接受者，而是成为了叙事过程的积极参与者，他们的每一次点击、每一个选择都在为故事增添新的色彩。这种参与感极大地增强了观众的沉浸感和代入感，使得叙事体验更加生动、有趣且富有挑战性。后线性叙事的应用范围广泛，从电子游戏、交互式电影到虚拟现实体验，都能看到它的身影。它不仅为创作者提供了更为广阔的创作空间，也为观众带来了前所未有的叙事体验。然而，后线性叙事也面临着诸多挑战，例如，如何平衡叙事的自由度与故事的连贯性，如何确保观众在庞大的叙事网络中不迷失方向等。由此可见，后线性叙事是数字媒体时代叙事艺术的一次重要革新，它打破了传统叙事的界限，为观众提供了更加多元化、个性化的叙事体验。随着技术的不断进步和创作手法的日益成熟，后线性叙事必将在未来的视觉媒体设计中占据越来越重要的地位。

2. 后线性叙事的特征

后线性叙事，作为数字媒体与叙事艺术融合创新的产物，正逐渐改变着人们接受和理解故事的方式。它打破了传统线性叙事从开端到结局的单一直线进程，构建了一个多维度、多分支、可交互的叙事空间，让观众成为故事的一部分，通过选择、决策甚至创造来影响故事的走向和结局。

后线性叙事最显著的特点在于其高度的观众参与性和互动性。在传统线性叙事中，观众通常是故事的旁观者，被动接受着创作者设定好的情节和结局。然而，在后线性叙事中，观众被赋予了前所未有的决策权，他们的选择和行为能够直接影响故事的进展和结果。这种参与和互动不仅增强了观众的沉浸感和代入感，还使得每次叙事体验都变得独一无二，满足了现代人对于个性化和定制化内容的追求。

后线性叙事不再局限于单一的时间和空间，而是巧妙地融合了多个时空和线索，构建了一个错综复杂的叙事网络。在这个网络中，故事可以在不同的时间点上跳跃，也可以在不同的空间场景中展开，各个线索之间相互交织、相互影响，共同推动着故事的发展。这种多时空与多线索的交织，不仅丰富了叙事的内容层次，还为观众提供了更加多元的视角和解读空间，使得故事更加立体和饱满。

后线性叙事打破了传统叙事中时间的连续性和线性，采用了一种更加灵活和非线性的时间结构。在这种结构中，时间可以被回溯、跳跃，甚至重置，故事的发展不再遵循严格的因果逻辑和时间顺序。这种非线性时间结构为创作者提供了更大的自由度，使得他们能够自由地穿梭于不同的时间节点和情节之间，创造出更加新颖和独特的叙事效果。同时，它也要求观众具备更加开放和灵活的思维方式，去理解和接受这种非传统的叙事方式。

后线性叙事的另一个重要特点是其多结局和开放性。由于观众的参与和决策，故事的发展会呈现出多种可能性，每个选择都可能造成不同的结局。这种多结局的设计不仅增加了叙事的趣味性和可玩性，还使得观众能够根据自己的喜好和选择来定制属于自己的故事结局。同时，后线性叙事也往往具有开放性，留给观众无限的想象空间和解读可能性，鼓励观众进行深入的思考和探索。

后线性叙事的实现离不开数字媒体技术的支持。超链接、互动界面、数据追踪等技术的应用，为后线性叙事提供了强大的技术支持和实现手段。同时，后线性叙事也要求创作者具备更高的艺术素养和创新能力，以应对叙事过程中的复杂性和不确定性。技术与艺术的融合，使得后线性叙事成为了一种具有独特魅力和无限潜力的叙事方式。

拓展阅读

院线交互式电影《夜班》（*Late Shift*）是一部开创性的作品，它不仅将观众从被动观影的角色转变为故事的积极参与者，还通过运用后线性叙事的手法，为观众带来了前所未有的沉浸式体验。

首先是观众决策影响剧情走向。在《夜班》中，观众在观影过程中会面临一系列的选择题。这些选择题通常出现在关键情节节点上，如角色应该采取何种行动、如何回应他人的话语等。观众的选择会直接影响故事的走向和结局。例如，主角在面临危险时，观众可以选择逃跑、反击或是寻求帮助，每种选择都会造成后续剧情的不同发展。这种观众决策影响剧情走向的设计，正是后线性叙事的核心特征之一。它打破了传统线性叙事中故事发展的单一性和确定性，赋予了观众更多的自主权和参与感。

其次是多结局与分支剧情。由于观众的决策会影响剧情走向，《夜班》自然呈现出了多结局和分支剧情的特点。根据观众的不同选择，电影会导向不同的情节发展和结局。据官方介绍，《夜班》共有数百个剧情分支和多个结局，这意味着每位观众都有可能获得独一无二的观影体验。这种多结局与分支剧情的设计，不仅增加了电影的观赏性和可玩性，还鼓励观众多次观看以探索不同的剧情走向和结局。

再次是非线性时间结构与回溯机制。在《夜班》中，观众的选择不仅会影响剧情的走向，还可能造成时间线的跳跃或回溯。例如，在某些选择之后，故事可能会回到之前的某个节点，但情节已经因为观众的选择而发生了改变。这种非线性时间结构与回溯机制的设计，使得电影的故事更加灵活多变，也增加了观众对剧情的掌控感和沉浸感。同时，它也要求观众在观影过程中保持高度的专注力和记忆力，以应对可能出现的时间跳跃和情节变化。

最后是技术与艺术的巧妙结合。《夜班》的成功不仅仅在于其创新的叙事手法，还在于它将技术与艺术巧妙结合的能力。电影采用了先进的互动视频技术，实现了观众与电影之间的实时交互。同时，电影还通过精心的剧情设计和角色塑造，为观众呈现了一个引人入胜的故事世界。这种技术与艺术的巧妙结合，使得《夜班》不仅是一部具有创新性的交互式电影，也是一部值得细细品味的艺术作品。

3. 后线性叙事在视觉媒体设计中的应用

后线性叙事作为一种新兴的叙事手法，正在视觉媒体设计中发挥着越来越重要的作用。它打破了传统线性叙事的时间顺序和逻辑框架，通过多线索、多结局、互动性和观众参与等特点，为视觉媒体设计带来了更多的创新性和多样性。

① 多线索叙事增强故事复杂性。在后线性叙事中，故事往往不是按照单一的时间线进行展开，而是通过多个线索同时推进，这些线索之间可能相互交织、相互影响，共同构建出一个复杂而丰富的故事世界。在视觉媒体设计中，这种多线索叙事手法可以应用于电影、电视剧、广告、动画等多种媒介中，通过不同视角、不同场景的切换，让观众在多个线索之间自由穿梭，从而增强故事的复杂性和观赏性。

② 多结局设计提升用户参与感。后线性叙事以观众互动为核心，在观众做出选择的同时，改变故事的进程和结果。这种多结局设计在视觉媒体设计中具有广泛的应用前景，特别是在互动电影、游戏电影、虚拟现实等新型媒介中，观众的选择将直接决定故事的后续发展，这种高度互动性不仅提升了用户的参与感，还增强了作品的吸引力和可玩性。

③ 互动性增强用户体验。后线性叙事强调互动性，通过观众的决策和行为来影响故事的进程和结局。在视觉媒体设计中，这种互动性可以通过各种技术手段实现，如触摸屏、体感控制、语音识别等。通过这些技术手段，观众可以更加直接地参与到故事中，与角色进行互动，甚至改变故事的走向和结局。这种互动性不仅提升了用户的体验，还增强了作品的沉浸感和代入感。

④ 非线性时间结构打破传统框架。后线性叙事打破了传统线性叙事的时间顺序和逻辑框架，通过非线性时间结构来展现故事的发展。在视觉媒体设计中，这种非线性时间结构可以应用于各种媒介中，如动画、广告、电影等。通过倒叙、插叙、平行蒙太奇等手法，将不同时间点的情节交织在一起，从而打破传统叙事的框架，创造出更加新颖和独特的叙事效果。

⑤ 技术与艺术的融合创新叙事方式。后线性叙事在视觉媒体设计中的应用离不开技术的支持。通过虚拟现实、增强现实、人工智能等先进技术的应用，可以创造出更加沉浸式和互动性的叙事体验。同时，这些技术也为艺术家们提供了更多的创作手段和表现方式，使得他们能够以更加自由和创新的方式来呈现故事。此外，在后线性叙事的应用中，交互式叙事可以通过观众的决策和行为来影响故事的进程

和结局，使得每个观众都能获得独一无二的观影或游戏体验。玩家可以通过操作和选择来推动故事的发展，从而能够更加深入地参与到游戏中，体验到更加真实的游戏世界。

4. 后线性叙事在视觉媒体设计中的运用趋势

后线性叙事，作为一种打破传统线性叙事结构的叙事手法，在视觉媒体设计中正展现出日益显著的趋势。这种叙事方式不仅为创作者提供了更广阔的创作空间，也为观众带来了更加沉浸式和个性化的体验。

首先，随着数智技术的快速发展，后线性叙事在视觉媒体设计中的应用变得更加丰富和多样。这些技术为创作者提供了前所未有的叙事工具和手段，使得他们能够以更加直观、生动的方式呈现复杂的故事情节和多元结局。例如，在VR游戏中，玩家可以通过自己的选择和行为来影响故事的走向，体验不同的剧情分支和结局。

其次，后线性叙事强调观众的参与和互动，通过提供多个结局和分支剧情，让观众在观影过程中做出选择，从而影响故事的走向和结局。这种高度互动性不仅提升了观众的参与感，也增强了作品的吸引力和传播力。在视觉媒体设计中，创作者可以利用触摸屏、体感控制、语音识别等技术手段，为观众提供更加便捷和自然的互动方式。例如，在某些交互式电影中，观众可以通过选择不同的情节节点来改变故事的发展轨迹。

再次，后线性叙事不再局限于单一媒体形式，而是逐渐向跨媒体叙事发展。通过不同媒体形式的相互融合和互动，创作者可以构建出更加丰富和立体的故事世界。例如，在电影、游戏、社交媒体等多个平台上发布相关的故事片段和线索，观众可以通过在不同平台上的互动和探索来拼凑出完整的故事。这种跨媒体叙事的方式不仅增加了故事的复杂性和趣味性，也提高了观众的参与度和黏性。

然后，后线性叙事强调为观众提供个性化的叙事体验。通过收集和分析观众的数据和偏好，创作者可以为他们量身定制故事情节和结局。例如，在某些交互式游戏中，游戏系统可以根据玩家的游戏行为和选择来动态调整游戏的难度和剧情走向，从而提供更加个性化的游戏体验。这种个性化叙事体验不仅提高了观众的满意度和忠诚度，也为创作者提供了更多的商业机会和盈利空间。

最后，随着后线性叙事在视觉媒体设计中的广泛应用，叙事伦理和社会责任也成为了不可忽视的问题。创作者需要在追求叙事创新和观众参与的同时，考虑到故事的社会影响和道德标准。例如，在某些交互式电影中，创作者需要避免呈现过于暴力或不良的内容，以免对观众产生负面影响。创作者还需要关注作品的版权问题和隐私保护问题，确保观众的权益得到保障。

当然，后线性叙事在视觉媒体设计中的应用虽然带来了诸多创新和机遇，但同时也面临着一系列挑战。这些挑战不仅涉及技术层面，还包括叙事结构、用户体验、内容创作等多个方面。

其一，技术实现的复杂性。后线性叙事要求视觉媒体设计能够支持多线索、多结局和高度互动性的叙事方式，这对技术实现提出了极高的要求。在交互式作品中，需要实现复杂的分支剧情和动态场景切换；在虚拟现实游戏中，需要构建逼真的虚拟环境和流畅的用户交互体验。这些技术挑战要求开发者具备深厚的编程、图形渲染和用户体验设计能力，同时也需要投入大量的研发资源和时间。

其二，叙事结构的复杂性。后线性叙事打破了传统线性叙事的结构，使得故事的发展具有更多的不确定性和复杂性。这要求创作者在构建叙事结构时，需要考虑到多种可能的情节走向和结局，以及如何合理地连接和呈现这些不同的故事线索。这种复杂性不仅增加了创作的难度，也要求创作者具备更高的叙事能力和创意水平。

其三，用户体验的一致性。后线性叙事强调观众的参与和互动，但同时也需要保证用户体验的一致性。在交互式操作过程中，如果观众在不同的情节节点上做出不同的选择，那么他们需要能够在不同的故事线索之间保持一致的视觉和听觉体验。这要求创作者在设计交互元素和剧情分支时，需要考虑到用户体验的连贯性和一致性，避免出现突兀或断裂的情况。

其四，内容创作的难度。后线性叙事要求创作者能够创作出丰富多样的故事情节和结局，以满足观众的不同需求和偏好。然而，这也增加了内容创作的难度。创作者需要在有限的时间和资源内，构思出多个具有吸引力和逻辑性的故事线索和结局，同时还要保证这些故事线索和结局之间的连贯性和一致性。这要求创作者具备更高的创作能力和想象力。

其五，商业模式的探索。后线性叙事在视觉媒体设计中的应用也涉及版权和隐私保护的问题。例如，在交互式电影中，如果观众可以上传自己的视频或音频素材来影响故事的走向和结局，那么就需要考虑到这些素材的版权问题。同时，传统的一次性购买或订阅模式可能不再适用于这种高度互动性和个性化的叙事方式。创作者需要探索新的商业模式，如基于观众行为的数据分析、广告植入、虚拟商品销售等，以实现作品的商业化和盈利。

第三节　从媒介依赖到场域重构

一、媒介依赖的概念

媒介依赖理论（media dependency theory），又称“媒介系统依赖论”，是由美国学者梅尔文·德弗勒（Melvin L. DeFleur）等于 1976 年提出的，用于解释受众、媒介和社会系统之间的依赖关系。该理论的核心思想在于受众依赖媒介提供的信息去满足他们的需求并实现他们的目标。所谓媒介依赖，指的是受众对媒介的生理和心理上的依赖和信任，人们通过使用大众媒体获得特定满足或完成一定的目标，如果受众缺乏其他替代性方式（或资源）来完成由媒体提供的满足或特定目标，就会对大众媒体形成依赖。依赖程度越大，大众媒体对个人产生的影响就越大；反之，对大众媒体的依赖越小，大众媒体对个人的影响也就越小。

根据媒介依赖理论，媒介依赖可以分为多种类型，这些类型反映了受众在不同方面对媒介的依赖。

一是理解依赖，包括自我理解和对社会的理解。自我理解是指受众通过接触媒介信息来认识和解释自身的信仰、行为、个性等。媒介成为受众自我认知的重要来源，影响着受众的自我认同和自我评价。对社会的理解是指受众通过接触媒介信息来获悉和解释今日、往昔和将来的事件和社会文化。媒介在传递社会信息、塑造社会形象、引导社会舆论方面发挥着重要作用，因此受众对社会的理解在很大程度上依赖于媒介。

二是定向依赖，包括自我定向和互动定向。自我定向是指受众通过接触媒介信息来指导自己的行为决策，如决定消费行为、阅读选择等。媒介为受众提供了丰富的信息和参考，帮助受众做出更加明智和合理的决策。互动定向是指受众从媒介信息中获得关于如何处理个人关系、社会关系的提示和指导。媒介在传播社会规范、价值观念、行为准则等方面发挥着重要作用，影响着受众的人际交往和社会互动。

三是娱乐依赖，包括自我娱乐和社交娱乐。自我娱乐是指受众通过接触媒介来满足自己的娱乐需求，如收听音乐节目、观看电影电视剧等。媒介为受众提供了丰富多样的娱乐内容和形式，成为受众休闲放松的重要选择。社交娱乐是指受众与家人或朋友一起观看电影、欣赏音乐会等媒介内容，从而增进彼此之间的情感交流和社交互动。媒介成为受众社交娱乐的重要平台，促进了人际关系的建立和发展。

四是信息依赖，是指受众对媒介提供的信息的强烈依赖。在信息时代，媒介成为受众获取信息的主要渠道。受众通过媒介了解国内外新闻、时事动态、科学知识等，媒介信息的准确性和客观性对受众的决策和行动产生着重要影响。

五是情感依赖，是指受众对媒介产生的情感上的依赖和认同。受众可能会因为对某个媒介的喜爱而产生情感上的依赖，这种依赖可能表现为对媒介的持续关注、参与和互动。同时，媒介也可能通过传播特定的价值观念、文化符号等来引发受众的情感共鸣和认同。

二、视觉媒体设计的媒介依赖

1. 设计师对媒介的依赖

在视觉媒体设计中，设计师对媒介的依赖是一个复杂而多维的现象，它贯穿于设计过程的始终，影响着设计的创意、实现和传播。媒介作为信息传达的载体，不仅承载着设计师的创意理念，还直接关联到设计作品的最终呈现效果。

首先，在视觉媒体设计中，设计师依赖于媒介来构思和表达创意。媒介的特性、限制和潜力直接决定了设计师能够采用哪些设计手法和表现形式。例如，设计师在设计海报时，会考虑纸张的质地、色彩的表现力以及印刷技术的可能性；而在设计网页时，则会关注屏幕大小、分辨率以及交互设计的实现方式。媒介的多样性和独特性为设计师提供了广阔的创意空间，但同时也对设计师的媒介素养提出了高要求。

其次，设计师在将创意转化为实际作品的过程中，必须充分考虑到媒介的特性和限制。媒介的物理属性（如尺寸、形状、材质）和技术属性（如分辨率、色彩范围、交互性）都会对设计实现产生直接影响。设计师在设计一个户外广告牌时，必须考虑到广告牌的大小、观看距离以及环境因素（如光照、天气），以确保设计作品在户外环境中依然能够清晰、醒目地传达信息。同时，媒介的不断发展也为设计师提供了更多实现创意的可能性，如虚拟现实、增强现实等新兴媒介的出现，为设计师提供了前所未有的创意表达空间。

再次，设计作品的最终目的是要传达信息，而媒介在信息传播中扮演着至关重要的角色。设计师需要了解不同媒介的传播特点，如传播速度、传播范围、受众群体等，以便选择最合适的媒介来传播设计作品。设计师在设计具体作品时，会选择社交媒体作为传播媒介，因为社交媒体具有传播速度快、受众群体广泛的特点，能够迅速引发公众的关注和讨论。此外，媒介的互动性也为设计作品的传播提供了新的可能性，设计师可以通过互动设计增强受众的参与感和体验感，从而提高设计作品的传播效果。

然后，在视觉媒体设计中，设计师对媒介的依赖是双向的。一方面，设计师需要依赖媒介来实现创意、传达信息。另一方面，媒介也在不断地塑造和影响着设计师的创作思维和表达方式。媒介的特性和限制促使设计师不断探索新的设计手法和表现形式，以适应媒介的变化和发展。同时，媒介的不断发展也为设计师提供了更多创作灵感和可能性，激发了设计师的创新精神。

最后，随着媒介技术的不断发展和媒介形态的不断变化，设计师对媒介的依赖也面临着诸多挑战和机遇。一方面，媒介的多样性和复杂性要求设计师具备更高的媒介素养和跨媒介设计能力；另一方面，新兴媒介的出现也为设计师提供了更多创新空间和可能性。因此，设计师需要不断学习和探索新的媒介技术和设计方法，以适应媒介环境的变化和发展。

2. 视觉媒体设计中观众对媒介的依赖

在视觉媒体设计中，观众对媒介的依赖是一个深刻且多维度的现象，它不仅影响着信息的接受与解读，还塑造了观众的审美习惯、认知模式乃至生活方式。这种依赖关系随着媒介技术的不断进步和媒介形态的日益丰富而变得更加显著和复杂。数智时代，视觉媒体必然是观众获取信息的主要渠道之一。无论是新闻报道、广告宣传还是艺术展览，观众都习惯于通过电视、网络、移动设备等媒介来接触和解读视觉信息。媒介的便捷性、即时性和广泛性使得观众能够迅速获取到大量的视觉内容，从而满足其对信息的需求，同时，媒介的呈现方式（如色彩、布局、动态效果等）也直接影响着观众对信息的理解和感受。因此，观众在解读视觉信息时，往往依赖于媒介所提供的视觉语言和表现手法。

媒介不仅传递信息，还塑造着观众的审美习惯。长期接触某种媒介或某种类型的视觉作品，会使观众逐渐形成特定的审美偏好和审美标准。例如，经常观看电影、电视剧的观众可能会对特定的画面构图、色彩搭配或镜头语言产生偏好；而经常浏览社交媒体或短视频平台的观众则可能更倾向于接受快速、碎片化的视觉信息。这种审美习惯的形成，反过来又会影响观众对视觉媒体作品的接受度和评价。

值得注意的是，媒介在传递视觉信息的同时，也在潜移默化地塑造着观众的认知模式和思维方式。媒介通过选择性地呈现信息、构建叙事框架和设置议程，引导观众对现实世界进行认知和理解。观众在长期接触某种媒介的过程中，会逐渐形成与该媒介相适应的认知模式，如线性思维、碎片化思维或视觉化思维等。这些认知模式不仅影响着观众对视觉信息的处理和理解，还可能对其日常生活和决策产生深远影响。其原因在于，视觉媒体具有强大的情感表达力，能够激发观众的情感共鸣和身份认同。观众在观看视觉作品时，往往会将自己的情感投射到作品中的角色、场景或情节上，从而产生情感上的依赖。媒介通过呈现特定的文化符号、价值观念和生活方式，也促使观众在认同这些符号和价值的过程中形成身份认同。这种情感共鸣和身份认同的寻求，是观众对媒介产生依赖的重要原因之一。

毫无疑问，随着媒介技术的不断发展，媒介已经渗透到观众生活的方方面面。从家居装饰到公共交通，从工作场所到休闲娱乐，媒介无处不在地影响着观众的生活方式。观众对媒介的依赖不仅仅体现在信息获取和娱乐消费上，还体现在对媒介环境的适应和利用上。智能家居设备、可穿戴设备等新兴媒介技术的出现，使得观众能够更加方便地与媒介进行互动，从而进一步加深了对媒介的依赖。

观众对媒介的依赖既带来了挑战也带来了机遇。一方面，媒介的过度使用可能导致观众出现视觉疲劳、注意力分散等问题；另一方面，媒介的多样性和互动性也为观众提供了更加丰富的视觉体验和参与机会。因此，视觉媒体设计者需要充分了解观众的媒介依赖现象，把握其背后的心理机制和行为习惯，以便更好地设计出符合观众需求和期望的视觉作品。视觉媒体设计中观众对媒介的依赖是一个多维度且复杂的现象。它不仅影响着信息的获取与解读、审美习惯与偏好的形成、认知模式与思维方式的塑造、情感共鸣与身份认同的寻求，还深刻地改变着观众的生活方式。面对这一现象，设计者应积极探索和创新，以更加符合观众需求和期望的方式呈现视觉信息，从而推动视觉媒体设计的不断发展。

3. 视觉媒体设计中媒介依赖的影响

视觉媒体设计中，媒介依赖的影响深远且广泛，它不仅改变了设计师的创作方式，也重塑了观众的认知体验与审美习惯。媒介依赖作为当代文化现象的重要组成部分，其影响力贯穿于视觉媒体设计的全过程，从创意构思到作品呈现，再到观众接受与反馈，无一不受到媒介技术的深刻影响。一方面是设计创作方式的转变，媒介依赖促使设计师不断适应新技术，探索新表现。随着数字媒体、虚拟现实、增强现实等技术的兴起，设计师不再局限于传统的纸张、画布或静态图像，而是能够利用动态交互、三维建模、实时渲染等先进技术，创造出更加丰富多元、互动性强的视觉作品。这种转变不仅拓宽了设计的边界，也提升了设计的表现力和感染力，使设计作品更加贴近观众，增强了观众的沉浸感和参与度。另一方面是观众认知体验的重塑，媒介依赖改变了观众接受信息的方式，进而影响了他们的认知体验。在信息爆炸的时代，观众习惯于通过快速浏览、碎片化阅读来获取视觉信息，这要求视觉媒体设计必须简洁明了、直击要点，以吸引观众的注意力。同时，媒介的互动性使得观众不再是被动的接受者，而是可以主动参与到设计作品中，通过点击、滑动、拖拽等操作与作品进行互动，这种参与式体验极大地丰富了观众的认知过程，提升了他们的满意度和忠诚度。

媒介依赖还造成了观众审美习惯与偏好的变迁。随着媒介技术的不断进步，观众接触到的视觉作品越来越多样化，从高清图片到动态视频，从二维平面到三维立体，从单一媒介到跨媒介融合，这些变化不断挑战着观众的审美极限，也塑造了他们新的审美标准。观众开始更加注重作品的创新性、互动性和个性化，倾向于那些能够引发情感共鸣、提供独特体验的设计作品。此外，媒介依赖提高了设计作品的传播效率。在互联网和移动设备的普及下，设计作品能够迅速跨越地域限制，实现全球范围内的传播。社交媒体、在线平台、视频分享网站等成为设计作品传播的重要渠道，设计师可以通过这些平台轻松地将作品展示给全世界的观众，获取即时反馈，促进设计作品的迭代和优化。这种高效的传播机制加速了设计理念的交流与创新，推动了视觉媒体设计行业的快速发展。

媒介依赖也对设计教育与人才培养产生了深远影响。随着媒介技术的不断更新，设计教育必须紧跟时代步伐，调整课程设置，引入新技术、新理念，培养具备跨媒介设计能力、创新思维和实战能力的设计人才。同时，媒介依赖也要求设计师不断学习新知识、新技能，保持对媒介技术的敏锐感知，以适应不断变化的设计需求和市场环境。

拓展阅读

在当下数智时代，短视频平台如抖音、快手等已成为人们日常生活不可或缺的一部分，它们不仅改变了人们获取信息的方式，也深刻影响了视觉媒体设计的风格、创作流程以及传播策略。以抖音为例，这个以短视频为核心内容的社交媒体平台，展示了媒介依赖对视觉媒体设计产生的深远影响。抖音的兴起，推动了视觉媒体设计风格向“短、快、精”的方向发展。为了适应平台用户快速消费内容的特点，设计师们开始注重视频的开头吸引力，力求在几秒钟内抓住观众的眼球。这造成了一系列设计技巧的兴起，如使用醒目的色彩搭配、快速的镜头切换、动感的背景音乐以及创意的字幕效果等。这些设计元素不仅增强了视频的视觉冲击力，也符合年轻用户群体的审美偏好，体现了媒介依赖对设计风格塑造的直接作用。抖音平台的内容创作流程，从策划、拍摄到后期编辑，都紧密围绕着媒介特性进行。设计师和创作者需要深入了解抖音的算法推荐机制、用户偏好以及热门话题，以确保作品能够获得更多的曝光和互动。这种以媒介为导向的创作流程，促使设计师不断学习新的拍摄技巧、编辑软件和数据分析工具，以适应快速变化的市场需求。媒介依赖促使设计行业内部形成了更加专业化、细分化的工作流程，提高了创作的效率和针对性。

在抖音平台上，视觉媒体作品的传播不再依赖于传统的广告渠道或媒体发布，而是通过用户的主动分享、点赞、评论等互动行为实现病毒式传播。设计师们开始重视内容的社交属性，设计易于引发共鸣、讨论和模仿的内容，以激发用户的参与热情。抖音等短视频平台的兴起，为视觉媒体设计带来了前所未有的机遇，如更低的创作门槛、更广泛的受众基础、更高效的传播渠道等。但同时，也带来了挑战，如内容同质化、用户注意力分散、版权保护问题等。设计师需要在保持创意新颖的同时，注重内容的原创性和差异化，以在众多作品中脱颖而出。此外，随着媒介技术的不断进步，设计师还需要持续关注新趋势、新技术，以探索视觉媒体设计的新边界。

三、场域理论与重构场域

1. 场域理论的概念与特征

场域理论（field theory）是社会学中的一颗璀璨明珠，它起源于 19 世纪中叶的物理学概念，后来被引入社会学领域，成为关于人类行为的一种概念模式。该理论由多位学者共同发展和完善，其中库尔特・考夫卡（Kurt Koffka）和皮埃尔・布迪厄（Pierre Bourdieu）是两位重要的贡献者。场域理论为我们理解社会现象提供了独特的视角，揭示了社会结构和个体行为之间的内在联系。

场域理论的核心概念是“场域”（field），布迪厄将场域定义为在各种位置之间存在的客观关系的一个网络或一个构型。场域是一种具有相对独立性的社会空间，相对独立性既是不同场域相互区别的标志，也是不同场域得以存在的依据，这种独立性使得每个场域都有自己独特的规则、逻辑和文化，行动者在其中的行为和互动方式也会有所不同。例如艺术场域里有画家、艺术品购买商、批评家、博物馆管理者等，他们共同构成了艺术这个独特的场域，并遵循其特有的规则和价值观。场域不仅仅是物理空间，更包含社会关系、力量分布和文化背景的社会空间结构。布迪厄认为，场域是由在资本的类型与数量的基础上形成统治地位与被统治地位所组成的结构性空间。这里的“资本”是一个广义的概念，包括经济资本、社会资本、文化资本和象征资本四种类型。经济资本是指货币或物质财产；社会资本是指个体在社会网络中所拥有的人际关系资源；文化资本体现在个体的知识、技能、文化素养等方面；象征资本则是一种基于社会认可和声望的资本形式。不同类型的资本在不同的场域中具有不同的价值和作用，行动者通过积累和运用各种资本来获取场域中的地位和权力。场域理论强调了社会环境对个体行为的塑造作用，以及个体与社会环境之间的相互关系。在布迪厄看来，场域中的每个位置都是由占据该位置的行动者所拥有的资本类型和数量所决定的。行动者根据其资本量和策略采取行动，以维护或改变现有的场域结构。这种行动不仅是对特定形式资本的争夺，也是对社会资源和权力的争夺。场域中的斗争和冲突是不可避免的，它们塑造了场域的动态变化性。

场域理论的应用领域非常广泛，它不仅为社会学、人类学、教育学、文化研究等学科提供了理论分析视角，还为我们理解文化生产和教育等领域提供了重要工具。在教育领域，场域理论有助于理解学校间的文化差异和学生行为模式；在政治学中，它有助于分析政治力量的相互作用及其对国家政策的影响；在经济领域，可用于解释行业内部的权力结构和市场动态。例如，在教育场域中，文化资本的重要性可能会影响学生的学术成就和学校的选择。那些拥有丰富文化资本的学生往往更容易在教育场域中取得成功，而学校则通过提供高质量的教育资源和文化环境来吸引和留住这些学生。在艺术场域中，资本的转换和权力的争夺决定了哪些艺术作品和艺术家被认为是合法和有价值的。艺术家通过积累和运用各种资本来提升自己在艺术场域中的地位和影响力，而艺术市场则通过评价和认可这些艺术作品和艺术家来塑造艺术场域的结构和规则。

场域理论还强调了惯习（habitus）的概念，即行动者在社会实践中形成的相对稳定的心理和行为模式。惯习是行动者在特定场域中行动的基础和导向，它使得行动者在面对不同的社会情境时能够做出符合场域规则和逻辑的反应。惯习的形成是一个长期的过程，它受到场域结构、文化背景和社会环境等多种因素的影响。场域理论是深入剖析社会现象、揭示社会结构和社会关系的重要工具。它为我们理解社会世界的复杂性和动态性提供了独特的视角和方法论基础。通过场域理论的分析，我们可以更深入地了解个体和社会环境之间的相互作用和影响，从而更好地应对社会挑战和推动社会进步。

2. 场域理论在博物馆展陈中的运用

场域理论在博物馆中的运用为我们提供了一个全新的视角来理解博物馆作为文化和社会空间的多重功能和作用。博物馆不仅是一个收藏和展示文物的场所，更是一个充满复杂社会关系和文化互动的场域。以下将通过几个具体例子来阐述场域理论在博物馆中的运用。

首先，博物馆作为一个场域，其内部存在着多种行动者及其之间的互动关系。这些行动者包括博物馆管理者、策展人、观众、艺术家、学者等，他们共同构成了博物馆这一独特的文化场域。在这个场域中，每个行动者都根据其拥有的资本（如知识、技能、社会关系等）和位置（如职位、影响力等）来参与互动和争夺资源。例如，博物馆管理者通过制订展览计划和推广策略来塑造博物馆的形象和影响力；策展人则通过选择和布置展品来传递特定的文化信息和价值观；观众则通过参观和体验来与展品和博物馆进行互动，形成自己的认知和情感反应。以红色博物馆为例，这些博物馆作为储存红色记忆的重要场所，不仅是展示革命文物和历史事件的平台，更是加强民族认同、传承红色文化、提升国家文化软实力的重要途径。在红色博物馆的场域中，观众通过参观革命文物、重现历史场景等方式，能够直观感受到党带领人民实现民族独立、国家富强的伟大历史征程。这种互动过程不仅增强了观众对红色文化的认知和认同，也促进了红色文化的传播和弘扬。

其次，场域理论还强调了博物馆作为社会系统的一个子场域，其内部存在着不同的子场域和层次结构。例如，在博物馆的场域中，可以进一步细分为基于藏品的馆内场域和通过网络等技术构建的馆外场域。随着信息技术的发展，红色博物馆已经从过去只具有单一实物展示功能的媒介转变为囊括实物展示、现场媒体、网络媒体的复杂媒介场域。这种变化使得博物馆能够更广泛地吸引观众、传递信息、塑造形象，并与其他社会场域进行互动和融合。以中共一大会址纪念馆为例，该纪念馆作为全国爱国主义教育示范基地，不仅是展示红色文化的重要窗口，也是开展各类党团教育活动、促进观众接受全方位红色文化教育的重要场所。纪念馆通过依托自身丰富的红色文化资源，开展夏令营、主题展览、学术讲座等多种形式的活动，吸引了大量观众前来参观和学习。

此外，场域理论还强调了博物馆在跨文化传播中的作用。博物馆作为民族文化与文化记忆的载体，在跨文化交流过程中发挥着不可替代的作用。通过博物馆这一平台，以一种准确、有效的方式展现非物质文化遗产和红色文化，不仅有利于这些文化的保护、传承和传播，还有助于实现世界各国文明之间的对话和交流。例如，在纪念抗日战争胜利 75 周年时，中国人民抗日战争纪念馆官网推出众多海报和线上活动，引导民众牢记历史、勿忘国耻、珍惜和平。这样的线上媒介仪式可以让民众在参与过程之中涌起爱国情怀，不断强化对于民族国家的情感认同。通过运用场域理论的分析方法，我们可以更深入地了解博物馆内部的社会关系、文化互动和跨文化传播现象，从而更好地推动博物馆事业的发展和创新。

3. 场域理论在商业展陈中的运用

商业展陈中，场域理论的运用为品牌展示、消费者体验以及商业策略的制定提供了新的视角和方法。场域理论强调环境对个体行为的影响以及个体与环境之间的动态交互。

首先，场域理论在商业展陈中强调空间布局和环境营造的重要性。一个成功的商业展陈不仅仅是商品的简单陈列，更是要通过空间布局、色彩搭配、灯光照明和材质选择等手段，营造出一种独特的氛围和情境，吸引消费者的注意力并激发其购买欲望。例如在服装品牌的快闪店（Pop-up store）中，设计师巧妙地融入了通风系统和管道等工业风元素，通过裸露的黑色金属水管和黑色钢架顶棚，营造出自然简约的工业科技氛围。这种设计不仅体现了品牌内涵和情感植入，还通过独特的空间布局和环境营造，吸引了大量消费者的目光，增强了品牌的认知度和影响力。

其次，场域理论在商业展陈中强调消费者的参与和互动。商业展陈不仅仅是向消费者展示商品，更重要的是要通过各种互动装置和体验活动，让消费者积极参与到品牌传播和营销中来。例如，在试装互动展厅的设计中，消费者可以通过智能试装的交互系统，在触摸屏幕上虚拟试穿新品，或自动推荐相关类别产品，直接在试衣镜前看到产品上身效果，试完直接下单结算。这种互动体验不仅提高了消费者的购物效率和便捷性，还通过消费者的积极参与和反馈，为品牌提供了宝贵的市场信息和改进方向。

再次，场域理论在商业展陈中强调跨界合作和联名等品牌推广方案的重要性。商业展陈不仅是品牌展示的平台，更是实现品牌跨界合作和联名等品牌推广方案的重要途径。通过与其他品牌或 IP 的联名合作，可以吸引更广泛的消费者群体，提升品牌的知名度和美誉度。例如，在服装品牌的快闪店中，品牌通过与其他品牌或艺术家的联名合作，推出了限量版产品或特别活动，吸引了大量消费者的关注和参与，成功实现了品牌的跨界合作和联名推广。

最后，场域理论在商业展陈中强调消费者心理和产品功能介绍的重要性。商业展陈不仅仅是商品的陈列和展示，更重要的是要通过各种手段向消费者传达产品的独特卖点和功能特点，满足消费者的需求和期望。设计师通过巧妙的道具设计和空间布局，在展陈中向消费者展示了品牌的新颖款式和独特风格，同时通过详细的产品介绍和试穿体验，让消费者更加深入地了解产品的功能和特点，从而激发了其购买欲望。

通过空间布局和环境营造、消费者参与和互动、跨界合作和联名等品牌推广方案、消费者心理和产品功能介绍等手段，商业展陈可以更加有效地吸引消费者的注意力并激发其购买欲望，为品牌的发展和创新提供有力支持。

4. 场域重构理论

场域重构理论是一个涉及社会学、文化研究、城市规划等多个领域的理论框架，它强调对特定社会空间或文化场域的结构、关系和功能进行重新塑造和调整，随着全球化、信息化、城市化等进程的加速，许多传统的社会空间和文化场域面临着新的挑战和机遇。为了应对这些变化，需要对这些场域进行重构，以适应新的社会环境和需求。场域重构理论的核心在于“场域”和“重构”两个概念。在社会学中，场域通常被定义为在各种位置之间存在的客观关系的一个网络或一个构型，它不仅包括物理空间，更涵盖社会关系、文化背景、权力结构等多元要素。重构则意味着对这些要素进行重新组合、调整或创新，以适应新的社会、经济或文化环境。

场域重构首先涉及对场域内部结构和功能的调整。这可能包括重新划分场域内的空间布局、调整场域内的社会关系、优化场域的功能配置等。例如在城市规划中，通过重新规划城市空间布局、调整城市功能分区等手段，可以实现对城市场域的重构。其次，场域重构还包括对场域内文化和认同的重塑。这涉及对场域内文化符号、价值观念、行为规范等要素的创新和调整，以构建新的文化认同和群体归属感。例如，在文化传承与创新中，通过对传统文化元素的重新诠释和现代表达，可以实现对文化场域的重构。再次，场域重构还涉及对场域内权力和关系的再平衡。这包括调整场域内的权力结构、增强场域内的互动与合作、促进场域内外的开放与交流等。例如，在社会治理中，通过增强社区自治、推动多元共治等手段，可以实现对社会场域的重构。

场域重构理论在多个领域具有广泛的应用价值。在城市规划和社区发展中，场域重构理论可以用于指导城市空间布局的优化、社区功能的完善以及社区文化的培育等方面。通过重构城市场域和社区场域，可以提升城市的宜居性和社区的凝聚力。在文化传承与创新中，场域重构理论可以用于指导传统文化的保护、传承与创新发展。通过重构文化场域，可以激发传统文化的活力，推动其与现代社会的融合与发展。在社会治理和公共服务领域，场域重构理论可以用于指导社会治理模式的创新、公共服务的优化以及社会关系的协调等方面。通过重构社会场域和公共服务场域，可以提升社会治理的效能和公共服务的水平。

5. 场域重构理论在商业视觉设计中的运用

场域重构理论在商业视觉设计中的运用，是一种深刻理解和应对市场变化、消费者行为变迁以及技术进步的策略性方法。该理论主张通过对商业环境、消费者行为模式以及市场营销策略的重新定义和调整，以适应新的市场环境和消费者需求，从而实现企业的持续发展和市场竞争力的提升。

场域在商业与市场营销中可以理解为由消费者、产品、品牌、渠道、竞争对手等多个要素构成的市场空间。这个空间不仅包含物理环境，如商店、展会等，也包括虚拟环境，如电商平台、社交媒体等。重构是指对这个市场空间的结构、功能和关系进行重新塑造和调整，以适应新的市场环境和消费者需求。

场域重构理论在商业视觉设计中的实际应用，首先表现在消费者行为模式的重构。随着数字化时代的到来，消费者的购物习惯和偏好发生了显著变化。传统的线下购物模式逐渐被线上购物所取代，而社交媒体和移动应用则成为消费者获取信息和交流的主要渠道。因此，企业需要对消费者行为模式进行重构，通过数据分析、用户画像等手段，深入了解消费者的需求和偏好，从而制定更加精准的市场营销策略。其次是市场营销策略的重构。在场域重构理论的指导下，企业需要打破传统的市场营销框架，采用更加创新和灵活的策略来应对市场变化。例如，通过社交媒体营销、内容营销、精准营销等手段，提高品牌的曝光度和影响力；通过线上线下融合的全渠道营销，提供更加便捷和个性化的购物体验；通过数据分析和用户反馈，不断优化产品和服务，满足消费者的多样化需求。再次是商业环境的重构。随着技术的不断进步和消费者行为的变化，商业环境也在发生着深刻变革。企业需要积极适应这种变革，通过技术创新、商业模式创新等手段，重构商业环境。例如，通过数字化转型，实现线上线下的无缝对接和融合；通过共享经济、平台经济等新兴商业模式，拓展企业的盈利空间和市场边界。

以零售电商行业为例，场域重构理论在该领域的应用尤为显著。近年来，随着社交工具和内容平台的创新发展，零售电商行业逐渐从传统的线下购物模式转变为线上线下融合的全渠道模式。在这个过程中，场域重构理论发挥了重要作用。一方面，企业通过对消费者行为模式的重构，深入了解了消费者的购物习惯和偏好，从而制定了更加精准的市场营销策略。另一方面，企业通过对商业环境的重构，实现了线上线下的无缝对接和融合。场域重构理论在商业与市场营销中的运用，为企业提供了一种应对市场变化、消费者行为变迁以及技术进步的策略性方法。未来，随着技术的不断进步和市场的不断变化，场域重构理论将继续在商业与市场营销领域发挥重要作用。

拓展阅读

巴黎欧莱雅是抖音电商平台上成功运用场域重构理论进行全域联动经营的品牌之一。在抖音电商“双 11”活动中，巴黎欧莱雅选择了抖音电商作为新品首发阵地。品牌首先通过抖音电商罗盘 • 策略和问卷数据明确新品卖点和核心人群；接着在“种草期”科学“种草”，对“种草”效果进行量化，效果好的短视频持续追投，提升转化效率；同时在整个活动中全域派样，提升用户新品复购和拉新；又以跨场域搜索运营引导流量，促进转化，实现了新品“种草”的跨场域种拔一体。

在这个过程中，巴黎欧莱雅充分利用了抖音电商的内容场、中心场和营销场，实现了从品牌认知、兴趣激发到购买转化的全链路打通。通过场域重构，巴黎欧莱雅不仅提升了品牌的曝光度和影响力，还实现了销量的快速增长。

在内容场方面，品牌打造优质内容，激发用户兴趣。在抖音电商平台上，巴黎欧莱雅注重通过短视频和直播等形式，打造优质内容，激发用户的购物兴趣。例如，品牌会与抖音达人合作，推出定制化的美妆教程和产品体验视频，让用户在娱乐中了解产品的特点和优势。同时，巴黎欧莱雅还会定期举办直播活动，通过明星和关键意见领袖（KOL）的带货效应，吸引更多用户关注和购买。

在营销场方面，品牌整合营销资源，实现精准触达。巴黎欧莱雅整合抖音电商的各类营销资源，实现精准触达目标用户。品牌会参与抖音电商的各种营销活动，如“抖音电商开新日”等，通过平台的流量扶持和曝光机会，提升品牌的知名度和影响力。

在全域联动方面，品牌实现品效合一。巴黎欧莱雅在抖音电商的全域联动经营，实现了内容场、中心场、营销场的全路径联动。品牌通过打造优质内容吸引用户关注，通过优化搜索和商城体验提升转化率，通过整合营销资源实现精准触达。这种全域联动的经营策略，不仅提升了品牌的知名度和影响力，还实现了销量的快速增长和用户的持续积累。

以巴黎欧莱雅的新品“欧莱雅真 C 瓶”为例，品牌在抖音电商平台上通过全域联动经营，成功实现了新品的快速推广和销量提升。在冷启动期，巴黎欧莱雅利用抖音电商开新日的互动测款模型，为新品验证人群和卖点。在“种草期”，品牌通过短视频和直播等形式，打造优质内容，激发用户的购物兴趣。在爆发期，巴黎欧莱雅通过抖音电商的广告投放系统，进行精准的广告投放，提高营销效果。同时，品牌还通过抖音商城和搜索功能的优化，提升用户的购物转化率。最终，“欧莱雅真 C 瓶”新品达成全店成交金额破 6000 万元、新品销售破 5 万只的好成绩。巴黎欧莱雅在抖音电商的全域联动经营，充分展现了品牌在数字营销时代下的创新能力和市场敏感度。通过内容场、中心场、营销场的全路径联动，品牌实现了新品推广、用户增长和销量提升的多重目标。这种全域联动的经营策略，不仅为巴黎欧莱雅在抖音电商平台上取得了显著的成绩，也为其他品牌提供了可借鉴的经验和启示。

第四节　交互叙事的逻辑与创新

一、交互叙事的发展沿革

交互叙事的历史可以追溯到人类最早的口头传统，但真正形成理论并得以广泛发展则是在近现代社会。在古代社会中，人们通过口述故事的方式进行互动，传承文化和知识。这种口头传统中的故事讲述往往包含观众的反馈和参与，形成了最早的交互叙事形式。随着文字的发明和印刷术的广泛应用，交互叙事逐渐向书面形式转变，古代的传说、神话故事以及后来的小说等文学作品，都开始包含读者的想象和参与，形成了初步的交互叙事元素。

古希腊是交互叙事理论发展的一个重要里程碑。在古希腊剧院中，观众可以通过欢呼、喝倒彩等方式与演员进行互动，表达对剧情的喜好或不满。这种互动形式不仅增加了观众的参与感，也使剧目更具社会性和娱乐性。电影的出现为交互叙事理论提供了新的载体。观众可以通过影片的放映与角色进行情感的共鸣和互动，同时电影院内的观众也可以通过鼓掌、笑声等方式与其他观众进行互动。然而，这一时期的交互叙事仍然相对有限，主要依赖于观众的想象和参与。

电视的普及使交互叙事理论得到了进一步的发展。通过电视节目，观众可以通过电话、短信等方式与节目主持人或参与者互动，如选秀节目中观众可以通过投票来决定参赛者的命运。这种互动形式增强了观众的参与感和节目的趣味性。互联网的普及和发展为交互叙事理论带来了新的机遇。人们可以在社交媒体上分享自己的故事，与他人进行互动。同时，互联网也催生了各种互动媒体形式，如在线游戏、虚拟现实等，使交互叙事理论得到了更加广泛和深入的应用。

随着数字技术的迅猛发展，交互叙事理论进入了新的发展阶段。数字技术为交互叙事提供了更加多样化和沉浸式的体验方式。例如，通过虚拟现实技术，观众可以身临其境地参与到故事中；通过人工智能技术，系统可以根据观众的行为和喜好自动推荐和定制故事情节和结局。新媒体的兴起为交互叙事理论提供了更加广阔的舞台。在互动游戏、电子书籍、影视作品的点播或用户创作的内容（UGC）等领域中，交互式媒体叙事开始得到更多的关注和应用。这些新媒体形式不仅打破了传统叙事的线性框架，还提供了更加个性化和沉浸式的体验方式。

早在1980年代，国外就有学者开始关注计算机上的交互小说（interactive fiction），并对其进行研究。随着时间的推移，交互叙事理论逐渐成为数字时代叙事研究的一个重要课题。国外学者从文化艺术、传播学、新媒体、技术与电影等视角对交互叙事进行了深入研究，并提出了许多重要的理论观点和研究方法。在国内，随着西方叙事交流理论的传入和影响，交互叙事理论也逐渐受到学者们的关注。近年来，国内的交互式叙事研究也进行得如火如荼，学者们从不同角度对交互叙事进行了深入探讨和分析。交互叙事理论的发展历史经历了从口头传统到文字印刷，从戏剧电影到电视互联网，再到数字技术与新媒体的兴起等多个阶段。随着科技的不断进步和用户需求的不断变化，交互叙事理论将继续创新和发展，为人们带来更加丰富和刺激的体验。

二、交互叙事的定义与特点

交互叙事（interactive storytelling）是指在叙事过程中，故事线的展开并不是固定的，而是会根据观众对叙事系统的输入而发生变化。这种叙事方式不仅传达了故事作者的主旨，更重要的是让观众产生亲身参与到故事之中的感觉。交互叙事理论的核心在于“交互性”，它打破了传统叙事中作者与受众之间的单向交流，实现了受众与故事之间的双向互动，观众不再是被动接受信息的角色，而是可以通过点击、滑动、拖拽等操作与叙事内容进行交互，控制叙事进程和方向的主体。交互叙事通过技术手段将传统的线性叙事转化为交互式、多媒体的非线性叙事形式，让观众可以参与到叙事过程中，获得更加丰富和深入的体验。

交互叙事采用多媒体形式，可以包括文字、图片、音频、视频等多种元素，以增强观众的阅读体验。多样化的元素和互动方式使得每个观众都能根据自己的兴趣和需求选择自己感兴趣的内容和路径，形成个性化的叙事体验。与传统叙事的线性结构不同，交互叙事允许观众按照自己的兴趣和需求选择内容和路径，形成非线性的叙事结构。这种非线性结构不仅增加了故事的复杂性和层次感，还为观众提供了更多的角度和视角来解读故事。

观众通过自己的选择和操作参与到叙事过程中，这种参与感极大地增强了观众的沉浸感。观众不再是旁观者，而是成为了故事的一部分，与角色和情节产生了更深的情感联系。同时，交互叙事具有可重复性，它是一个动态变化的过程，观众的选择和互动会实时影响故事的走向和结局。这种动态变化使得每个观众都能获得独一无二的故事体验，也为创作者提供了更多的创作可能性和挑战。

交互叙事理论的出现和发展，丰富了叙事艺术的形式和内涵，也为观众提供了更加沉浸式和个性化的体验，它打破了传统叙事的线性框架，将观众从被动接受信息的角色转变为积极参与故事创作的主体。交互叙事也为创作者提供了更多的创作可能性和挑战，要求他们更加注重观众的参与和互动，以及故事的复杂性和层次感。随着数字媒介技术的不断发展，交互叙事将在更多领域得到应用和发展，为叙事艺术带来更加广阔的前景和可能性。

三、交互叙事在视觉媒体设计中的实现方式

交互叙事理论的实现方式多种多样，主要依赖于数字媒介的交互性特性以及先进的数智技术。其中，基于文本的选择式交互是交互叙事中最基础也是最常见的一种实现方式。在文字冒险游戏或互动式小说中，观众可以通过选择不同的文字选项来影响故事的走向。在某些情节中，观众可能面临多个选择，每个选择都会导向不同的故事线和结局。这种实现方式简单直接，易于理解和操作，因此被广泛应用于各种交互叙事作品中。

除了文本交互，基于图像和视频的互动元素如选择题、拖拽、点击等，也是实现交互叙事的一种重要方式。这种实现方式可以更加直观地展示故事情节和角色互动，同时增加观众的参与感和沉浸感。例如在某些交互视频中，观众可以通过点击不同的选项来观看不同的剧情片段，或者通过拖拽角色来改变故事的走向。

数智技术中虚拟现实和增强现实技术的发展为交互叙事提供了更加沉浸式的体验。通过佩戴 VR 头盔或使用 AR 设备，观众可以进入一个由计算机生成的三维环境，与虚拟角色进行互动，并影响故事的走向，这种实现方式不仅提供了更加真实的视觉和听觉体验，还可以让观众通过肢体动作来与虚拟世界进行交互，从而更加深入地参与到故事中。同时，交互叙事也开始引入 AI 算法来辅助剧情生成和决策支持。例如在某些游戏中，AI 算法可以根据观众的选择和行为来实时生成故事情节和角色反应，从而提供更加个性化和动态的叙事体验。此外，AI 算法还可以帮助创作者更好地理解和预测观众的偏好和行为模式，从而优化叙事内容和互动方式。

而为了实现更加灵活和高效的交互叙事创作，一些创作者开始采用模块化设计的方法来构建故事内容和互动机制。模块化设计将故事拆分成多个独立的模块或组件，每个模块都可以独立地进行设计、开发和测试，再通过将这些模块组合在一起，就可以快速生成各种不同的故事线和结局。这种实现方式不仅提高了创作效率和质量，还可以让观众通过选择不同的模块组合来获得更加多样化和个性化的叙事体验。不仅如此，交互叙事作品还可以通过分析观众的行为数据和偏好信息，实现个性化推荐功能。例如在某些在线平台上，系统可以根据观众的历史浏览记录、点赞评论等信息来推荐符合其兴趣和需求的故事内容和互动方式，这种实现方式不仅提高了观众的满意度和忠诚度，还可以为创作者提供更多的商业机会和收入来源。交互叙事理论的实现方式多种多样，每种方式都有其独特的优势和适用范围。随着数字媒介技术的不断发展，交互叙事将在更多领域得到应用和发展，为观众带来更加丰富和个性化的叙事体验。

拓展阅读

丹麦制鞋公司爱步（ECCO）的展示中心是一个典型的交互叙事在视觉设计中的运用案例。这个展示中心不仅展示了 ECCO 作为一个拥有 60 多年历史的家族制鞋企业的精湛工艺和企业文化，还通过一系列互动装置和视觉设计手段，将参观者带入了一个沉浸式的叙事体验中。ECCO 展示中心位于布雷泽布罗（Bredebro），由科斯曼・德容展览建筑事务所（Kossmann.dejong）设计。该展示中心旨在向员工、合作伙伴和公众展示 ECCO 的制鞋工艺、设计传承与创新，以及公司的企业文化。展示中心通过一系列互动装置和视觉设计，将参观者带入了一个充满故事性和参与感的叙事空间。

ECCO 展示中心的空间布局充满了叙事性。从明亮的门厅进入游客中心开始，参观者就被引导进入了一个由皮革和一系列互动的桌子构成的空间。这些桌子不仅展示了 ECCO 鞋子的制作过程，还通过电影、动画、互动和录音等多媒体展示手段，将参观者带入了一个沉浸式的叙事体验中。为了增强沉浸感，展示中心充分调动了参观者的所有感官。除了视觉元素外，还加入了嗅觉、触觉和听觉等感官体验。例如展示中心中使用的皮革都是由 ECCO 员工制造的，参观者可以亲手触摸并感受这些皮革的质感和工艺。同时，通过播放与制鞋过程相关的音效和背景音乐，参观者可以更加深入地体验到 ECCO 鞋子的制作过程。展示中心中的互动装置是交互叙事的重要手段之一。例如，有一个互动桌展示了 ECCO 鞋子的制作过程，从最初的设计草图到最后的产品检查，一步步地向游客展示了 ECCO 鞋子的制作过程。这种互动使游客可以亲身体验 ECCO 的运营，了解制作一双鞋所需要的技能。此外，还有一些模拟参与装置和玻璃展柜等互动装置，吸引游客去探索 ECCO 的更多历史和文化。

展示中心中的视觉元素都与叙事主题紧密结合。例如，四周的墙上介绍了 ECCO 的发展史和品质，墙上显微孔后面的 ECCO 年鉴、图片信息等都成为了叙事的一部分。这些视觉元素不仅展示了 ECCO 的历史和文化，还通过精心设计的布局和色彩搭配，营造了一个连贯的叙事空间。参观者在这个空间中漫步时，仿佛置身于 ECCO 的发展历程之中。通过交互叙事的设计手段，展示中心成功地激发了参观者的情感共鸣。参观者在了解 ECCO 的精湛工艺和企业文化的过程中，不仅获得了知识和信息，还通过互动和参与感受到了 ECCO 品牌的魅力和温度。这种情感共鸣使得参观者对 ECCO 品牌产生了更加深刻的印象和认同感。

ECCO 展示中心通过交互叙事在视觉设计中的运用，成功地将参观者带入了一个沉浸式的叙事体验中。这种设计手段不仅展示了 ECCO 的品牌故事和企业文化，还通过互动和参与激发了参观者的情感共鸣。这种创新的设计方式不仅提升了参观者的体验质量，还增强了 ECCO 品牌的传播力和影响力。

数智时代

视觉媒体设计

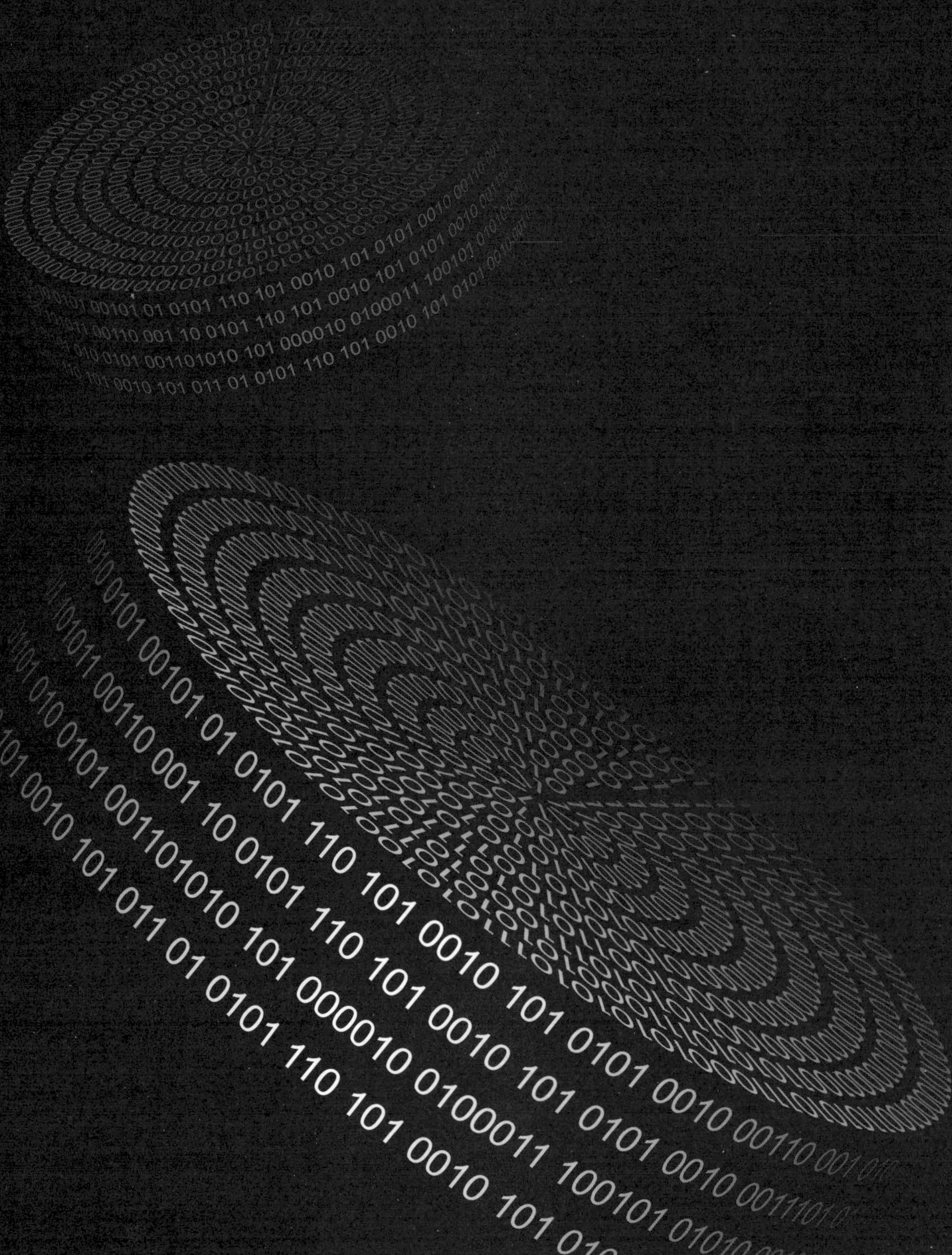

Chapter 3

第三章 视觉媒体设计的用户体验

第一节　后结构主义理论及其“身体转向”

一、后结构主义理论

后结构主义（Poststructuralism）是20世纪中后期兴起的一股重要哲学思潮，它对结构主义理论进行了深刻的批判和超越，对文学、哲学、语言学、文化研究等多个领域产生了深远影响。后结构主义起源于对结构主义的反思和批判。结构主义强调事物的整体性和系统性，认为任何现象都必须在更大的结构背景中加以观察和理解。然而，随着时间的推移，一些学者开始对结构主义的简化主义和普遍主义倾向提出疑问。他们认为，结构主义过于强调结构的稳定性和不变性，忽略了现象的多样性和复杂性。在这种背景下，后结构主义应运而生，它试图突破结构主义的框架，以更开放和多元的视角来看待世界。

后结构主义的发展可以大致分为三个阶段。首先是怀疑阶段（20世纪60年代末至70年代初期）。在这个阶段，后结构主义者开始对结构主义的普遍性和客观性提出疑问。他们强调文本的多元解读和意义的不稳定性，认为任何对文本的解释都不可避免地受到解释者主观因素的影响。

其次是推崇阶段（20世纪70年代中后期至80年代）。在这一阶段，后结构主义开始广泛进入人文学科领域，并逐渐获得了学术界的认可。许多学者开始积极运用后结构主义的理论观点和方法论来分析文学、哲学、语言学和文化现象。

再次是批判阶段（20世纪80年代后期至今）。随着后结构主义影响力的扩大，一些学者开始对其理论观点和方法论提出疑问。他们认为，后结构主义过于强调意义的多元性和不确定性，可能导致相对主义和虚无主义的倾向。同时，一些学者也开始关注后结构主义在实际应用中的局限性和模糊性。尽管如此，后结构主义仍然对当代思想和文化研究产生了深远影响。

后结构主义的主要观点中具有代表性的如“对结构主义的解构”，后结构主义直接源于结构主义理论，但它对结构主义进行了深刻的批判和超越。它认为，任何对结构的描述和解释都不可避免地受到解释者主观因素的影响，因此不存在一个绝对客观和普遍适用的结构。后结构主义通过解构结构主义的理论框架，揭示了其背后的意识形态和权力关系，从而打破了结构主义的绝对主义和普遍主义倾向。

另如“对语言的重新审视”，后结构主义对语言进行了重新审视，认为语言并非仅仅是一种表达思想的工具，而是一种具有自主性和独立性的存在。读者在阅读过程中会根据自己的背景、经验和价值观来解读文本，从而赋予文本新的意义。因此，文本具有无限的解释可能性，不存在一个绝对正确的解读方式。

再如“对主体性的质疑”，后结构主义对主体性进行了深刻的质疑和批判。它认为，主体是由语言、文化和社会等多种因素共同塑造的，不存在一个绝对独立和自主的主体。后结构主义通过解构主体性的观念，揭示了其背后的意识形态和权力关系，从而打破了结构主义的主体性神话。

此外还有"对权力关系的批判"，后结构主义对权力关系进行了深刻的批判和揭示。它认为，权力并非仅仅是一种外在的强制力量，而是一种内在于语言、文化和社会之中的存在。任何对权力关系的描述和解释都不可避免地受到解释者主观因素的影响，因此不存在一个绝对客观和普遍适用的权力理论。后结构主义通过批判和揭示权力关系，呼吁人们关注那些被边缘化和排斥的群体，推动社会的公平和正义。

后结构主义作为一种重要的哲学和文化理论思潮，对当代思想和文化研究产生了深远的影响。它打破了结构主义的绝对主义和普遍主义倾向，推动了人们对语言、主体性和权力关系的重新审视和思考。后结构主义也促进了文学、哲学、语言学和文化研究等多个学科的交叉和融合，为学术研究提供了新的视角和方法论工具。然而，后结构主义也面临着一些争议和批评。一些学者认为，后结构主义过于强调意义和解释的不确定性，容易导致相对主义和虚无主义的倾向。同时，后结构主义的理论观点和方法论工具也具有一定的模糊性和复杂性，难以直接应用于具体问题的分析和解决。尽管面临着一些争议和批评，但后结构主义在当代思想和文化研究中的地位和影响不容忽视。

1. 后结构主义对视觉媒体的影响

后结构主义在视觉媒体中的运用，主要体现在对传统视觉媒体传播范式的挑战、对受众接受方式的重新解读以及对视觉媒体内容生产的深刻影响上。后结构主义理论强调意义的多元性、语言的不确定性和主体的去中心化，这些观点为媒体传播研究提供了新的视角和方法论工具。

首先是对传统媒体传播范式的挑战。在传统视觉媒体传播范式中，媒体被视为信息的中转站，其主要功能是传递信息、教育公众和引导舆论。然而，后结构主义认为，这种范式过于简化了媒体传播过程的复杂性，忽略了受众在接受信息过程中的主动性和多样性。后结构主义强调，视觉媒体传播并非单向的信息传递过程，而是涉及多个主体和多个层次的互动过程。在这个过程中，受众并非被动接受信息，而是根据自己的背景、经验和价值观来解读和重构信息。因此，媒体传播的效果并非完全由媒体本身决定，而是受到受众、语境和文化等多种因素的影响。后结构主义对传统媒体传播范式的挑战，促使人们重新审视媒体传播的本质和目的。它强调视觉媒体传播应该更加关注受众的需求和反馈，尊重受众的多样性和差异性，从而实现更加有效的信息传播和社会互动。

其次是对受众接受方式的重新解读。后结构主义对受众接受方式的重新解读，主要体现在对受众主体性和解读能力的强调上。在传统视觉媒体传播范式中，受众通常被视为被动接受信息的客体，其解读能力被忽视或低估。然而，后结构主义批判被动受众观点，强调受众是主动的意义生产者，其个人因素在信息接受过程中起决定性作用。受众具有主动性和多样性，能够根据自己的需求和兴趣选择性地接受信息，并对信息进行个性化的解读和重构。后结构主义对受众接受方式的重新解读，促使视觉媒体传播更加关注受众的需求和反馈，尊重受众的多样性和差异性。

媒体传播者需要更加关注受众的解读方式和效果，通过提供多样化的信息内容和形式，满足不同受众的需求和兴趣。

再次是对视觉媒体内容生产的深刻影响。后结构主义对视觉媒体内容生产的深刻影响，主要体现在对媒体内容多样性和创新性的追求上。后结构主义强调，媒体内容并非固定不变，而是处于不断的变化和重构之中。视觉媒体传播者需要不断关注受众的需求和反馈，根据受众的兴趣和偏好来调整和创新媒体内容。后结构主义还强调，媒体内容应该具有多样性和包容性，能够反映不同文化、不同群体和不同观点的声音。视觉媒体传播者需要更加关注社会多元性和文化多样性，通过提供多样化的信息内容和形式，促进不同文化、不同群体和不同观点之间的交流和互动。在后结构主义的影响下，视觉媒体内容生产呈现出更加多元和创新的特点。一方面，媒体传播者不断尝试新的信息形式和呈现方式，如直播、短视频、虚拟现实等，以满足受众的多样化和个性化需求。另一方面，媒体传播者也更加注重社会多元性和文化多样性，通过报道不同文化、不同群体和不同观点的故事和事件，促进社会的包容性和理解。

后结构主义在视觉媒体传播中的具体应用体现在多个方面。例如，在新闻报道中，后结构主义强调新闻报道的多样性和客观性，要求新闻工作者在报道中尊重不同观点和声音，避免片面和偏颇的报道。在广告传播中，后结构主义强调广告创意的多样性和创新性，要求广告创作者关注受众的需求和反馈，通过提供有趣、有用和个性化的广告内容来吸引受众的注意力。在社交媒体中，后结构主义强调社交媒体平台的互动性和开放性，要求社交媒体平台尊重用户的多样性和差异性，通过提供多样化的功能和服务来满足用户的不同需求。后结构主义在视觉媒体传播中的运用，为媒体传播研究提供了新的视角和方法论工具。它强调意义的多元性、语言的不确定性和主体的去中心化，打破了传统媒体传播范式的局限性，促使人们重新审视媒体传播的本质和目的。后结构主义理论改变了媒体传播的范式，使其从传播者中心转向重视受众的主动角色，最终目标是达到更好的传播效果和更积极的社会互动。同时，后结构主义也推动了媒体内容生产的多样性和创新性，促进了社会的包容性和理解。未来，随着媒体技术的不断发展和受众需求的不断变化，后结构主义在媒体传播中的运用将会更加广泛和深入。

2. 后结构主义在视觉媒体中的运用

后结构主义在媒体传播中的具体应用，可以从多个维度进行阐述，这些应用不仅挑战了传统的信息传播模式，也深刻影响了媒体内容的生产与消费方式。

一是直播与陪伴功能。直播是后结构主义在媒体传播中应用的一个典型案例。许多主播通过直播展现日常生活，如吃饭、聊天等，这些内容看似无聊，但实际上满足了受众在孤独时刻对于陪伴的需求。在后结构主义视角下，受众不追求直播内容的信息价值，而是享受直播带来的陪伴感。直播成为了一种虚拟的社交场景，受众在这种场景中感到不再孤独，这种陪伴功能正是后结构主义所强调的“消解意义，追求过程愉悦”的体现。例如，一些直播平台上，主播与观众之间的互动并不局限于信息的传递，更多的是情感的交流和陪伴，观众在观看直播的过程中获得了一种潜意识的幸福感。

二是文化对外传播中的后结构主义视角。以《非诚勿扰》在澳大利亚的传播为例，这档中国相亲节目在澳大利亚的流行，展示了后结构主义在文化对外传播中的应用。节目通过视觉呈现当代中国人的日常生活，这种主动的自我表达，解构了西方世界对中国文化的简化认知。这种传播路径背后蕴含的后结构主义日常生活转向，促使西方受众关注中国人的具体生活世界，从而增进了不同文化群体之间的理解和尊重。这种传播方式不仅传递了信息，更重要的是通过细腻生动的日常生活展示，消除了文化隔阂，实现了文化的深层次交流。

三是媒介主体化与对抗式解读。后结构主义在媒介主体化方面的应用，体现在受众对媒体内容的对抗式解读上。对抗式解读是指解码者可能完全理解信息的编码背景，但却选择另一种诠释构架，使得解码结果与编码者所欲传达的意义产生偏差。例如，在一些政治新闻或社会热点事件的报道中，受众可能根据自己的价值观和立场，对媒体内容进行重新解读，甚至产生与媒体报道完全相反的观点。这种对抗式解读现象，揭示了媒体传播中受众的主体性和多样性，也体现了后结构主义对媒体传播效果的复杂性和多元性的认识。

四是网络剧的去中心化与再中心化。网络剧的生产与传播是后结构主义在媒体传播中的又一应用案例。在独网传播时代，网络剧的去中心化特征尤为明显，无论是叙事结构、人物塑造还是审美风格，都呈现出不同于传统电视剧的独特风格。这种去中心化不仅体现在内容制作上，也体现在受众的主体性地位日渐提升，形成了与官方管制相抗衡的局面。然而，随着网络剧的发展进入融网传播时代，政府和资本的介入使得网络剧的生产与传播开始发生变化，网络剧场域中的主体及主体间关系开始再中心化。这种去中心化与再中心化的过程，正是后结构主义所强调的结构不断变化和重构的体现。

五是媒体融合与技术创新。媒体融合与技术创新也是后结构主义在媒体传播中的具体应用。随着新媒体技术的不断发展，传统媒体与新媒体之间的界限越来越模糊，媒体融合成为趋势。在这种融合过程中，后结构主义的理论观点为媒体传播提供了新思路。例如，通过大数据和人工智能技术，媒体可以更精准地了解受众的需求和兴趣，从而提供更加个性化的信息服务。这种基于技术的媒体传播方式，打破了传统媒体的单向传播模式，实现了信息的双向互动和多元解读。

六是社交媒体中的后结构主义实践。社交媒体是后结构主义在媒体传播中应用的又一重要领域。在社交媒体平台上，用户可以根据自己的兴趣和需求选择关注的对象和内容，这种自主性体现了后结构主义对主体性的强调。同时，社交媒体上的信息交流和互动也呈现出多元性和不确定性的特点。用户可以根据自己的立场和观点对信息进行解读和分享，从而形成多样化的信息传播网络。这种信息传播方式不仅打破了传统媒体的单向传播模式，也促进了不同文化、不同观点之间的交流和融合。后结构主义在媒体传播中的具体应用体现在多个方面，包括直播与陪伴功能、文化对外传播、媒介主体化与对抗式解读、网络剧的去中心化与再中心化、媒体融合与技术创新、社交媒体中的后结构主义实践等。

拓展阅读

在探讨后结构主义在媒体传播中的应用时，我们可以以网络剧《隐秘的角落》为例，深入分析其如何通过后结构主义的视角，挑战传统的叙事结构、观众角色和媒体消费模式。《隐秘的角落》是一部改编自紫金陈推理小说《坏小孩》的12集网络剧，于2020年在中国各大视频平台热播。该剧以其紧凑的剧情、复杂的人物关系和深刻的主题，引发了广泛的社会关注和讨论。在后结构主义视角下，我们可以发现《隐秘的角落》在多个层面都体现出了后结构主义的特点，如叙事结构的多元化、观众角色的转变以及媒体消费模式的创新。

后结构主义在《隐秘的角落》中的应用具体包括：

① 叙事结构的多元化。后结构主义强调文本的开放性和多义性，反对单一、线性的叙事结构。《隐秘的角落》在叙事结构上打破了传统电视剧的常规，采用了多线叙事、非线性时间轴和闪回等手法，使得剧情更加复杂和引人入胜。例如剧中通过不同角色的视角，展现了同一事件的不同面貌，使得观众能够更全面地理解事件背后的真相。同时，该剧还通过闪回的方式，揭示了角色过去的经历和内心世界，为剧情的发展埋下了伏笔。这种多元化的叙事结构不仅增加了剧情的悬念和吸引力，也促使观众在观看过程中进行主动思考和解读。

② 观众角色的转变。在后结构主义视角下，观众不再是被动的信息接受者，而是积极的参与者和创造者。在《隐秘的角落》中，观众的角色发生了显著转变，他们不再是简单地观看剧情，而是积极参与到剧情的讨论和解读中。该剧播出后，引发了大量网友的讨论和猜测，许多观众通过社交媒体平台分享自己的观后感和解读。一些观众甚至通过剪辑视频、撰写文章等方式，对剧情进行二次创作和传播。这种观众角色的转变不仅体现了后结构主义对受众主体性的强调，也促使媒体传播更加关注受众的需求和反馈。

③ 媒体消费模式的创新。后结构主义还强调媒体消费模式的多样性和创新性。《隐秘的角落》在媒体消费模式上也进行了大胆尝试和创新。首先，该剧采用了周播剧的形式，每周更新两集，这种更新模式不仅增加了观众的期待感和参与感，也使得剧情的讨论和热度能够持续发酵。其次，该剧还通过社交媒体平台与观众进行互动，如发布幕后花絮、举办线上问答活动等，进一步拉近了与观众的距离。此外，该剧还推出了周边产品，如剧中角色的同款服装、道具等，满足了观众的消费需求，也拓展了媒体传播的盈利渠道。

后结构主义在视觉媒体中的运用非常广泛，除了《隐秘的角落》外，还有许多方面可以体现，比如网络直播的陪伴功能，网络直播平台上，许多主播会进行日常生活直播，这些直播内容往往看似琐碎且缺乏传统意义上的“信息价值”，但却吸引了大量观众。观众在观看这些直播时，更多的是寻求一种陪伴感，而非获取具体的信息。这种直播形式体现了后结构主义对“过程愉悦”的追求。在后结构主义看来，受众不再仅仅关注内容的意义或信息价值，而是更加注重在观看过程中获得的情感体验。网络直播的陪伴功能正是满足了受众的这一需求，使他们在孤独或无聊的时刻感到有人陪伴，从而获得心理上的慰藉。

另如短视频的碎片化叙事，短视频平台上，许多视频内容以碎片化、非线性的方式呈现。这些视频往往没有完整的情节和故事线，而是通过一系列短暂的画面和音效来传达信息或情感。例如一些搞笑视频、才艺展示视频等。短视频的碎片化叙事体现了后结构主义对叙事结构的颠覆。在后结构主义看来，叙事不应该被局限于传统的线性结构，而是可以采用更加灵活和多样的方式。短视频的碎片化叙事正是打破了这一限制，通过一系列短暂的画面和音效来构建意义，使观众在快速浏览中获得愉悦和满足。

再如网络小说的多线叙事，网络小说中，许多作品采用了多线叙事的手法。这些小说往往同时讲述多条故事线，每条故事线之间既有联系又有独立性。读者在阅读过程中需要自行拼接和解读这些故事线，从而构建出完整的情节。网络小说的多线叙事体现了后结构主义对文本开放性和多义性的追求。在后结构主义看来，文本的意义不应该被固定或预设，而应该由读者在阅读过程中自行构建。网络小说的多线叙事正是为读者提供了这样的机会，使他们能够通过自己的解读和理解来丰富文本的意义。

此外，社交媒体平台上用户生成内容（UGC）已经成为一种重要的信息传播方式。用户可以通过发布图片、文字、视频等内容来表达自己的观点和情感，这些内容往往具有高度的个性化和多样性。社交媒体上的用户生成内容体现了后结构主义对受众主体性的强调。在后结构主义看来，受众不再是被动的信息接受者，而是可以积极参与到信息生产和传播过程中的主体。社交媒体上的用户生成内容正是这一理念的体现，用户通过自己的创作和传播来影响他人的观点和态度，从而形成多元化的信息传播网络。

而随着虚拟现实技术的不断发展，许多媒体机构开始尝试将其应用于内容创作中。通过 VR 技术，观众可以身临其境地体验虚拟世界中的场景和事件，从而获得更加沉浸式的观影体验。虚拟现实技术的沉浸式体验体现了后结构主义对“在场感”的追求。在后结构主义看来，受众在观看媒体内容时不仅仅是在接受信息，更是在体验一种情境和氛围。虚拟现实技术的沉浸式体验正是通过模拟真实世界的场景和事件来创造一种强烈的在场感，使观众仿佛置身于虚拟世界之中。这些案例共同展示了后结构主义在媒体传播中的广泛应用和深远影响。通过打破传统的叙事结构、强调受众的主体性和多样性、追求过程的愉悦和沉浸式体验等方式，后结构主义为媒体传播带来了新的思路和创新点。

二、身体转向理论

哲学上的身体转向理论是指 20 世纪下半叶以来，哲学界逐渐从传统的意识或心灵中心论转向对身体及其体验的关注与探索。这一转向不仅挑战了长期占主导地位的身心二元论，还重新评估了身体在人类认知、情感、道德、政治和文化生活中的核心地位。哲学上的身体转向理论并非一蹴而就，其背景可以追溯到古希腊哲学。到了近代，笛卡尔的“我思故我在”更是将意识或心灵提升到了至高无上的地位，身体则被视为意识的附属品和认识世界的工具。然而，随着现代科学的发展，尤其是生物学、医学、心理学等领域的进步，人们开始重新审视身体的复杂性和多样性，身体转向理论逐渐兴起。尼采是身体转向理论的先驱者之一。梅洛-庞蒂强调身体在感知世界中的核心地位，认为知觉总是从身体出发并与身体紧密相连。他的思想揭示了身体在认知过程中的重要作用。福柯是法国后现代主义哲学家，他的权力理论揭示了身体在政治和社会领域中的复杂作用。福柯认为身体是权力斗争的焦点和工具，通过规训和塑造身体来维护权力关系。他的思想挑战了传统哲学对身体的忽视和贬低，推动了身体转向理论的发展。

哲学上的身体转向理论主要围绕以下几个方面展开。

首先是身体的主体性。传统哲学往往将身体视为意识的附属品或工具，而身体转向理论则强调身体的主体性。身体不仅是物质的存在，更是具有感知、情感、意志和行动能力的主体。它通过自己的方式与世界进行互动和交流，从而构成了人类认知和经验的基础。

其次是身体的感知与体验。身体转向理论重视身体的感知和体验在认知过程中的作用。传统哲学往往将认知过程简化为意识对外部世界的反映，而忽视了身体的感知和体验在其中的作用。然而，现代科学研究表明，身体的感知和体验对于认知的形成和发展至关重要。

再次是身体的政治与社会性。身体转向理论还关注身体在政治和社会领域中的作用。身体不仅是生物学的实体，更是社会权力的载体和斗争的焦点。权力通过规训、塑造和控制身体来维护其统治地位，而身体则通过反抗和解放来挑战权力的压迫。

然后是身体的多元性与差异性。身体转向理论反对将身体视为单一、均质的实体，而是强调身体的多元性和差异性。这种多元性使得每个人对世界的感知和理解都是独特的，从而丰富了人类的文化和社会生活。

最后是身体的审美与表达。身体转向理论还关注身体的审美和表达价值。身体不仅是认知和经验的主体，更是艺术的载体和美的源泉。通过身体的展示和表达，人们可以体验到美的愉悦和艺术的魅力。这种审美和表达价值不仅丰富了人类的文化生活，也提高了人们对身体的关注和爱护。

1. 身体转向理论对视觉媒体设计的影响

哲学上的身体转向理论，自20世纪末兴起以来，对视觉媒体设计领域产生了深远的影响。这一理论为视觉媒体设计提供了新的视角和方法论，推动了设计理念的革新和实践的发展。

（1）身体转向理论对视觉媒体设计理念的革新

首先是从“物”到“人”的设计核心转变。在传统设计理念中，产品往往被视为独立的物质实体，设计的主要任务是满足产品的功能性需求。然而，身体转向理论强调身体的主体性，使得视觉媒体设计开始关注人的需求和体验。现代设计逐渐从以“物”为核心转向以“人”为核心，注重人的身体感知、情感体验和交互性需求。这种转变推动了人性化设计、用户体验设计等新兴设计理念的发展。

其次是身体转向理论强调身体的感知与体验在认知过程中的作用。这一观点促使视觉媒体设计领域开始重视感官设计。感官设计关注人的视觉、听觉、触觉、嗅觉和味觉等感官体验，通过设计手段来刺激和满足这些感官需求。例如，在产品设计中，通过材质的选择、色彩的搭配、形态的塑造等手段来增强产品的感官吸引力；在环境设计中，通过光影的运用、气味的营造、触感的创造等手段来营造舒适宜人的空间氛围。

再次是身体转向理论强调身体的多元性与差异性。这一观点促使设计领域开始关注个性化与差异化设计。每个人的身体都是独特的，具有不同的生理结构、感官能力和情感体验。因此，视觉媒体设计应该尊重这种差异性，为不同用户提供个性化的产品和服务。例如，在服装设计中，通过定制服务来满足不同用户的身材和风格需求；在智能家居设计中，通过用户画像和智能推荐来提供个性化的家居体验。

最后是身体转向理论关注身体在政治和社会领域中的作用。这一观点促使视觉媒体设计领域开始考虑设计的社会与政治维度。设计不仅关乎物质实体，更关乎社会关系和权力结构。因此，设计应该关注弱势群体的需求，推动社会公正和解放。例如，在公共设施设计中，通过无障碍设计来保障残疾人的出行和使用权；在产品设计中，通过环保材料和可持续设计来推动环境保护和可持续发展。

（2）身体转向理论对视觉媒体设计实践的影响

首先，体验设计逐渐兴起并成为设计领域的一个重要分支。体验设计关注人的身体感知、情感体验和交互性需求，通过设计手段来创造令人愉悦和难忘的体验。例如，在商业活动中，通过场景设计、互动装置、感官刺激等手段来增强消费者的参与感和体验感；在游戏设计中，通过剧情设计、角色设定、交互反馈等手段来创造沉浸式的游戏体验。

其次，交互设计在设计领域中的重要性日益凸显。交互设计关注人与产品之间的交互方式和过程，通过设计手段来优化交互体验和效率。例如，在界面设计中，通过简化操作流程、提供即时反馈、优化视觉引导等手段来降低用户的学习成本和操作难度；在智能硬件设计中，通过语音识别、手势控制、生物识别等手段来增强产品的交互性和便捷性。

再次，设计领域开始探索情感化设计。情感化设计关注人的情感需求和情感体验，通过设计手段来触发人的情感共鸣和记忆。例如，在产品设计中，通过故事化设计、情感化色彩、象征性形态等手段来增强产品的情感附加值；在环境设计中，通过情感化照明、情感化陈设、情感化氛围等手段来营造舒适宜人的空间氛围。

最后，身体转向理论关注身体与自然的关系，促使设计领域开始重视可持续设计。可持续设计关注环境保护和可持续发展，通过设计手段来减少资源消耗和环境污染。例如，在产品设计中，通过环保材料的选择、节能技术的应用、可回收性设计等手段来降低产品的环境负荷；在环境设计中，通过绿色建筑、生态景观、低碳交通等手段来推动城市的可持续发展。

哲学上的身体转向理论对设计领域产生了深远的影响。它促使设计从以“物”为核心转向以“人”为核心，关注人的身体感知、情感体验和交互性需求；它推动了感官设计、个性化与差异化设计、社会与政治维度考量的兴起；

它促进了体验设计、交互设计、情感化设计和可持续设计的发展。随着身体转向理论的不断深入和拓展，我们有理由相信设计领域将迎来更加多元化和人性化的未来。

2. 身体转向理论在视觉媒体设计上的应用

身体转向理论在设计领域的应用，不仅推动了设计理念的革新，也促进了设计实践的创新。

① 人体工程学在工业设计中的应用。人体工程学是一门研究人、机器和环境之间相互作用的学科，其核心理念与身体转向理论不谋而合。在汽车部件的设计中，人体工程学得到了广泛应用。例如在转向盘的设计中，设计师会充分考虑驾驶者的身体尺寸、姿势和操作习惯，以确保转向盘的布置能够降低驾驶疲劳度并提高驾驶舒适性。转向盘的位置、高度和倾角都会根据驾驶者的身材和操作需求进行调整，这种设计不仅符合人体工程学原理，也体现了对身体主体性、感知与体验的重视。

② 现代雕塑的物—身体转向。现代雕塑的一个重要特征是关注与观众的互动、对身体的表现与作品的介入性。这种转向的源头可以追溯到法国雕塑家罗丹。罗丹不仅改变了古典雕塑的观看方式，还将雕塑的关切点定向到身体之上。他的作品如《思想者》等，通过对人体形态的深入刻画和对身体力量的强烈表现，使雕塑成为与人相类似的主体。这种物—身体转向不仅丰富了雕塑的表现手法，也体现了对身体主体性、审美与表达价值的重视。

③ 用户体验设计中的具身认知理论。具身认知理论是二代认知科学理论的重要组成部分，它坚持认为身体及其周围环境是人类认知活动的中心和活动起源。这一理论在用户体验设计中得到了广泛应用。例如在移动应用的设计中，设计师会充分考虑用户的身体感知和操作习惯，以确保应用的界面布局、交互方式和反馈机制能够符合用户的身体认知特点。

④ 触觉设计在产品设计中的应用。触觉设计是一种关注用户触觉体验的设计方法，它通过材质的选择、表面处理和形态设计等手段来增强产品的触觉吸引力。触觉设计在产品设计中的应用，不仅提高了产品的感官品质，也体现了对身体感知与体验的重视。例如手机设计师会选用不同材质的后盖和边框，以提供不同的触觉反馈和手感体验。这种设计不仅增加了产品的差异化竞争优势，也提高了用户的购买意愿和满意度。

⑤ 情感化设计在产品设计中的应用。情感化设计是一种关注用户情感体验的设计方法，它通过设计手段来触发用户的情感共鸣和记忆。情感化设计在产品设计中的应用，不仅提高了产品的情感附加值，也体现了对身体情感与表达价值的重视。在玩具设计中，设计师会注重玩具的形态、色彩和材质的选择，以营造出温馨、可爱或有趣的情感氛围。这种设计不仅吸引了目标用户的注意力，也增强了用户对产品的情感认同和忠诚度。

⑥ 交互设计在数字产品中的应用。交互设计是一种通过设计来改善用户与产品之间互动的体验和效率的方法。交互设计在数字产品中的应用，不仅提高了产品的易用性和用户满意度，也体现了对身体主体性、感知与体验的重视。例如，在智

能手机的设计中，设计师会注重手机的触控反馈、语音助手和生物识别等交互功能的开发，以提高用户的操作便利性和安全性。这种设计不仅增强了手机的智能化水平，也提高了用户的忠诚度和品牌认知度。

通过以上几个具体的设计案例，我们可以看到身体转向理论在工业设计、现代雕塑、用户体验设计、触觉设计、情感化设计、交互设计等多个领域都得到了广泛应用。这些应用不仅提高了设计的实用性和美观性，也体现了对身体主体性、感知与体验、多元性与差异性、政治与社会性、审美与表达价值的重视。

拓展阅读

Fitbit Inspire 2（乐活 2）作为一款面向大众市场的健康手环，其设计理念深刻体现了身体转向理论的核心思想。这款手环不仅具备传统的心率监测、步数统计、睡眠分析等功能，还通过创新的交互设计，让用户在使用过程中感受到前所未有的便捷与舒适。

首先是身体感知的优化。Fitbit Inspire 2 采用了轻薄且柔软的材料，确保手环佩戴时的轻盈无感。其表带设计考虑了不同用户的腕围，通过可调节的扣环设计，确保手环紧密贴合但不束缚，减少了长时间佩戴带来的不适感。这种对身体感知的细致考量，正是身体转向理论所强调的——设计应服务于身体，让身体在使用过程中感到自然与舒适。

其次是交互方式的革新。在交互设计上，Fitbit Inspire 2 摒弃了复杂的按钮操作，转而采用触控屏幕与智能识别技术。用户只需简单滑动屏幕，即可查看时间、健康数据或切换功能。更重要的是，手环能够自动识别用户的运动状态，如开始跑步、游泳等，并自动记录相关数据。这种智能化的交互方式，减少了用户的学习成本，使得操作更加直观且符合身体直觉，体现了身体转向理论中“身体作为交互媒介”的理念。

再次是个性化体验的提升。Fitbit Inspire 2 还提供了丰富的个性化设置，用户可以根据自己的喜好选择表盘样式、设置提醒功能，甚至可以根据个人健康目标定制训练计划。这种个性化设计不仅满足了不同用户的差异化需求，还通过身体数据的可视化展示，激励用户更加关注自身健康，实现了从被动监测到主动管理的转变。这种设计思路，正是身体转向理论所倡导的——设计应尊重身体的多元性与差异性，促进个人化的体验与成长。

最后是社会与健康的融合。Fitbit Inspire 2 还融入了社交元素，用户可以通过手环与朋友、家人分享健康数据，参与团体挑战，这种设计不仅增强了产品的趣味性，还促进了用户之间的健康互动，体现了身体转向理论中身体与社会性的关联。通过手环，个人的健康行为不再孤立，而是成为了一种社会化的体验，进一步激发了用户的参与感和成就感。

Fitbit Inspire 2 健康手环的设计，是身体转向理论在视觉媒体设计领域应用的生动案例。它不仅仅是一款产品，更是对用户身体体验的深度理解和尊重。通过优化身体感知、革新交互方式、提升个性化体验以及融合社会健康元素，Fitbit Inspire 2 展现了设计如何以身体为中心，创造出既实用又富有情感价值的产品。这不仅是对身体转向理论的实践，也是对未来智能穿戴设备设计方向的一种探索与启示。

第二节　用户研究的核心思想与指导性原则

一、用户中心主义理论概念与发展沿革

用户中心主义（user-centered design，简称 UCD）是一种在设计产品、服务或系统时，将用户的需求、感受、期望和体验置于设计过程核心位置的方法论。这一设计理念强调深入理解用户，确保最终的产品或服务能够满足他们的实际需求，从而提供优秀的用户体验。用户中心主义的核心思想是在设计的每一个环节都充分考虑用户。这包括理解用户的行为习惯、心理需求、使用场景以及潜在痛点，通过用户调研、访谈、问卷调查等手段收集和分析用户数据，为设计提供科学依据。用户中心主义不仅关注产品的功能和外观，更重视用户在使用产品或服务时的感受、情感和需求，旨在提供易用、有效且令人满意的用户体验。

用户中心主义的根源可以追溯到 20 世纪 80 年代的人机交互领域。当时，研究者开始关注用户与计算机交互的效果和感受，并尝试通过改善界面设计来提升用户满意度。这一阶段的研究主要集中在如何提高计算机界面的可用性和用户友好性，例如通过简化界面、优化操作流程等方式，使用户能够更轻松地使用计算机。随着互联网和智能设备的普及，用户中心主义逐渐成为设计领域的焦点。唐纳德・诺曼（Donald Norman）提出了“用户中心设计”的概念，这一理念强调设计应该从用户的视角出发，遵循用户的认知和行为规律，以提高产品的可用性和可理解性。诺曼的研究为用户中心主义的发展奠定了理论基础，他通过《以用户为中心的系统设计：人机交互的新观点》和《日常事物的设计》等著作，详细阐述了用户中心设计的原则和方法。随着用户中心设计理念的传播，设计师们开始更加注重用户的需求和感受。这一阶段的用户中心设计主要集中在界面设计、交互设计和用户体验设计等领域，旨在通过优化界面布局、交互方式和用户体验流程，提高产品的可用性和用户满意度。

随着时间的推移，用户中心设计的范围逐渐扩展，不再局限于界面设计或设计技巧等单一领域。它开始涉及用户与产品、服务和系统的整体感知和互动，包括情感体验、社会因素和文化背景对用户体验的影响。设计师们开始关注用户在使用产品或服务过程中的每一个细节，从视觉感受、操作流畅度到情感共鸣等方面，力求提供卓越的用户体验。在这一阶段，用户中心设计的方法论也得到了进一步的发展和完善。原型制作和迭代设计成为常用的设计手段，设计师们通过制作初步原型并反复测试和改进来逐步优化用户体验。同时，用户研究和用户画像也成为设计过程中的基础工作，通过深入了解用户的特点、行为习惯和心理需求，指导设计决策的制定。在当今社会，用户中心主义已经成为设计领域中不可或缺的一部分。它广泛应用于各个行业和领域，如互联网、移动应用、智能硬件、智能家居等。设计师们通过用户中心设计的理念和方法，创造出了一系列优秀的产品和服务，为用户提

供了便捷、高效且令人满意的体验。例如，在移动应用设计中，设计师们会关注用户在不同场景下的使用需求和行为习惯，通过优化界面布局、交互方式和功能设置等方面，提高应用的易用性和用户满意度。在智能硬件设计中，设计师们会关注用户对产品功能、外观和材质等方面的需求，通过创新的设计和制造工艺，为用户提供高品质的产品体验。

二、视觉媒体设计中用户中心主义的核心思想

1. 用户需求至上

用户中心主义的核心在于将用户需求置于设计的核心位置。用户需求至上思想，即强调在设计过程中，必须深入理解并优先满足用户的真实需求，是用户中心主义的核心思想之一。其思想强调在设计过程中，设计师应始终将用户需求作为设计的出发点和归宿。这不仅仅意味着设计师需要了解用户的基本功能需求，更要求深入理解用户的行为习惯、心理预期、使用场景以及潜在痛点等多维度需求。用户需求至上思想要求设计师在设计过程中，始终保持对用户需求的敏感性和洞察力，确保设计出的产品或服务能够精准地满足用户的核心需求，提升用户的满意度和忠诚度。

首先，设计师需要通过用户调研、访谈、问卷调查等多种方式，全面收集用户信息，了解用户的基本功能需求、使用习惯、心理预期以及潜在痛点等。这种全面理解不仅有助于设计师更准确地把握用户需求，还有助于发现新的市场机会和潜在需求。

其次，在设计过程中，设计师应始终将用户需求作为设计的首要考虑因素。无论是产品功能的设计、交互方式的选择还是视觉效果的呈现，都应紧密围绕用户需求展开。当用户需求与设计师的个人偏好或技术限制发生冲突时，应优先考虑用户需求，确保设计出的产品或服务能够真正满足用户的期望。

再次，随着市场环境、技术进步和用户需求本身的变化，设计师需要持续跟踪用户需求的变化，及时调整设计策略。同时，设计师还应积极收集用户反馈，了解用户在使用产品或服务过程中的体验和感受，以便及时发现问题并进行优化。

为了实践用户需求至上思想，设计师可以采取以下几种方法。第一，用户调研与访谈。通过用户调研和访谈，设计师可以深入了解用户的基本信息、使用习惯、心理预期以及潜在痛点等。这种直接与用户交流的方式有助于设计师更准确地把握用户需求，为设计提供有力的支持。第二，用户画像与角色模型。基于用户调研数据，设计师可以创建用户画像和角色模型，以便更具体地描述目标用户群体的特点和需求。用户画像和角色模型有助于设计师更直观地理解用户需求，为设计提供更具针对性的指导。第三，原型制作与迭代设计。原型制作是一种快速验证设计思路的方法。设计师可以通过制作初步原型，让用户实际体验并反馈意见，以便及时发现问题并进行优化。迭代设计则强调在设计过程中不断迭代和优化产品或服务，以满足用户不断变化的需求。第四，用户测试与评估。用户测试和评估是验证

设计是否满足用户需求的重要手段。基于用户测试的反馈，设计师理解用户真实体验，及时发现问题，驱动产品迭代优化。同时，设计师还可以通过用户评估了解产品或服务在市场中的表现和竞争力，为设计提供有力的支持。

用户需求至上思想在设计领域中具有重要意义。首先，它有助于设计师更准确地把握用户需求，确保设计出的产品或服务能够真正满足用户的期望。其次，它有助于设计师发现新的市场机会和潜在需求，为设计提供更具创新性的指导。此外，用户需求至上思想还有助于提升用户的满意度和忠诚度，为产品或服务赢得更广阔的市场空间。在现代社会，随着科技的飞速发展和市场竞争的日益激烈，用户需求至上思想的重要性日益凸显。只有深入理解并优先满足用户需求，才能在激烈的市场竞争中脱颖而出，赢得用户的青睐和市场的认可。

为了实践这一思想，设计师可以采取用户调研与访谈、原型制作与迭代设计等多种方法。用户需求至上思想在设计领域中具有重要意义，它有助于设计师更准确地把握用户需求，提升用户的满意度和忠诚度，为产品或服务赢得更广阔的市场空间。在未来的设计实践中，设计师应继续秉持用户需求至上思想，不断探索和创新，以满足用户不断变化的需求。

2. 以用户为中心的设计流程

以用户为中心的设计流程通常包括用户研究、概念设计、原型制作、用户测试、设计迭代和最终设计等关键阶段，每个阶段都有其特定的目标和任务，共同构成了一个完整的设计流程。

用户研究是以用户为中心的设计流程的第一步，其目的在于深入了解目标用户的需求、行为习惯、心理预期和使用场景。这一阶段通常包括以下几个步骤：首先，明确用户研究的目的和范围，例如了解用户的基本信息、使用习惯、痛点和需求等。其次，根据研究目标选择合适的研究方法，如问卷调查、访谈、观察、焦点小组等。再次，通过选定的研究方法收集用户数据，确保数据的真实性和有效性。最后，对收集到的数据进行分析，提炼出用户的真实需求和期望。

概念设计是基于用户研究的结果，提出产品的初步设计方案。它包括：定义设计目标和原则，即明确产品设计的目标和原则，确保设计方案与用户需求保持一致；生成设计概念，即基于用户研究和市场需求，生成多个设计概念，每个概念都应体现对用户需求的满足；评估设计概念，即通过专家评审、用户反馈等方式，对设计概念进行评估和筛选，选出最符合用户需求的方案。

原型制作是将设计概念转化为具体产品的过程。它包括：选择原型类型，即根据设计需求选择合适的原型类型如低保真原型、高保真原型等；制作原型，即使用设计工具（如 Sketch、Figma 等）制作原型，确保原型能够体现设计概念的核心要素；评审原型，即邀请团队成员、用户或专家对原型进行评审，收集反馈意见，为后续的迭代设计提供依据。

用户测试是将原型交给用户进行实际体验的过程，其目的是验证原型的可用性和易用性，并收集用户的反馈意见，包括：招募测试用户——根据目标用户群体招募测试用户，确保测试用户具有代表性；制订测试计划——明确测试的目标、任务、场景和评估标准等；执行测试——在控制环境下让测试用户实际体验原型，并记录用户的操作过程和反馈意见；分析测试结果——对测试数据进行分析，评估原型的可用性和易用性，并收集用户的改进建议。

设计迭代是根据用户测试的反馈对产品进行优化和改进的过程。它包括：识别问题，即基于用户测试的反馈，识别原型中存在的问题和不足；提出解决方案，即针对识别出的问题，提出具体的解决方案，并进行设计调整；制作新原型，即根据解决方案制作新的原型，确保新原型能够解决原有问题；重复测试与迭代，即将新原型交给用户进行测试，并根据反馈进行迭代设计，直到满足用户需求为止。

最终设计是在完成多次迭代后，确定产品的最终设计方案，并进行生产和市场推广。它包括：确定最终设计，即基于多次迭代的结果，确定产品的最终设计方案，包括功能、交互、视觉等方面；编写详细的设计文档，包括设计说明、交互流程、视觉规范等，为后续的开发和维护提供依据；进行生产准备，即与开发团队和制造团队协作，确保产品能够按照设计方案进行生产和制造；市场推广，即根据市场需求和用户反馈，制定市场推广策略，确保产品能够成功上市并获得用户的认可。

以用户为中心的设计流程是 UCD 理念的具体实践，它确保设计团队能够全面了解用户，从而设计出符合用户期望和需求的产品。通过用户研究、概念设计、原型制作、用户测试、设计迭代和最终设计等一系列步骤，设计团队能够不断优化产品，提升用户体验，最终实现产品的成功上市和用户的广泛认可。

3. 以用户为中心的跨学科合作

设计中用户中心主义的跨学科合作是一个复杂但至关重要的过程，它涉及多个领域的知识与技能，旨在创造出更加贴合用户需求的产品或服务。以下是对这一主题的详细介绍。用户中心主义是一种设计方法论，它强调在设计产品、服务或系统时，将用户的需要、限制和偏好放在首位。这种方法论的核心在于深入理解目标用户群体的特点，确保最终的产品能够满足他们的实际需求，并提供良好的用户体验。通过深入了解用户的需求和期望，设计师可以发现新的市场机会和潜在需求，从而设计出具有创新性和竞争力的产品。

用户中心主义设计原则要求设计师在设计过程中始终站在用户的角度思考，考虑他们的需求、喜好和习惯。这包括了解用户的使用习惯、预期的交互方式、视觉感受等方面。衡量一个好的以用户为中心的产品设计，通常从产品的有效性（effectiveness）、效率（efficiency）和用户主观满意度（satisfaction）三个维度进行。同时，产品的易学程度、对用户的吸引程度、用户在体验产品前后的整体心理感受等也是重要的考量因素。在当今这个信息爆炸的时代，科学研究和技术发展以前所未有的速度推进，传统的单学科研究模式已经难以满足复杂问题解决的需求。跨学科合作作为一种连接不同领域知识与技术的桥梁，正逐渐成为推动科学进步和技术创新的关键力量。

跨学科合作指的是来自不同学术背景的研究者们共同工作，以解决单一学科无法独立应对的问题。这种合作形式可以跨越自然科学、社会科学、工程学以及人文科学等多个领域。通过整合多学科的知识和技术，研究团队能够更全面地理解问题的本质，从而找到更加创新和有效的解决方案。在用户中心主义设计中，跨学科合作尤为重要。这是因为用户中心主义设计不仅仅关注产品本身的结构和功能，还要对用户的行为和心理进行分析，研究社会导向和人文风尚，深度挖掘用户需求。这要求设计师不仅要有扎实的设计基础，还要具备跨学科的知识和技能。

一方面，不同学科之间的知识碰撞往往能激发出新的想法，有助于打破传统思维定式，产生全新的理论或应用。在用户中心主义设计中，跨学科合作可以帮助设计师从多个角度理解用户需求，从而设计出更加贴合用户心理和行为的产品。

另一方面，跨学科团队能够共享实验设备、数据资源及专业知识，减少重复投资，提高研究效率。这在用户中心主义设计中尤为关键，因为设计师需要不断收集和分析用户数据，以优化产品设计。跨学科合作可以提供更丰富的数据资源和更专业的分析方法，从而提高设计效率。

很显然，对用户需求的多样性和复杂性，单靠某一学科的知识往往难以解决。跨学科合作可以集合各方优势，协同作战，提高解决问题的能力。例如在设计一款面向老年人的智能家居产品时，需要结合心理学、人体工程学、计算机科学等多个学科的知识，以确保产品既符合老年人的生理和心理需求，又具备良好的技术可行性和用户体验。

设计中用户中心主义的跨学科合作是一个复杂但至关重要的过程，它要求设计师具备跨学科的知识和技能，与来自不同领域的专家紧密协作，共同解决用户需求的多样性和复杂性。通过构建跨学科团队、建立有效的沟通机制、制定共同的目标和愿景以及注重用户研究和反馈等策略，可以实现用户中心主义设计中的跨学科合作，从而创造出更加贴合用户需求的产品或服务。

4. 视觉媒体设计中用户中心主义的持续迭代与优化

设计中用户中心主义的持续迭代与优化是产品设计和开发过程中的核心环节，它强调以用户为中心，通过不断的测试、反馈、修改和再测试，逐步完善产品，确保最终产品能够最大程度地满足用户需求，提供卓越的用户体验。以下是对这一过程的详细阐述。在产品设计和开发过程中，持续迭代与优化是至关重要的。这是因为用户的需求是动态变化的，而且初步设计往往难以完美预测所有使用场景和潜在问题。通过持续的迭代，设计师可以逐步发现并修正设计中的不足，确保产品更加贴合用户的实际需求。同时，迭代过程也是创新的重要来源，它鼓励设计师不断探索新的设计理念和技术，推动产品的持续改进和升级。

用户中心主义设计的迭代流程包括：

① 用户研究。迭代过程的起点是深入的用户研究。这包括定性研究（如访谈、观察）和定量研究（如问卷调查、数据分析），旨在全面了解用户的需求、偏好、使用习惯以及潜在痛点。通过用户研究，设计师可以建立起对目标用户群体的深刻理解，为后续的设计提供有力的依据。

② 原型设计。基于用户研究的结果，设计师开始构建产品原型。原型可以是草图、线框图、交互原型或视觉设计稿，它们用于展示产品的核心功能和界面布局。原型的目的是让设计师和利益相关者能够直观地理解产品，并为后续的用户测

试提供基础。

③ 用户测试。用户测试是迭代过程中的关键环节。它是指将原型呈现给目标用户，观察他们的使用行为，收集反馈意见。用户测试可以帮助设计师发现设计中的缺陷、理解用户的实际需求和偏好，以及验证设计假设的有效性。

④ 分析与优化。根据用户测试的结果，设计师需要对原型进行分析，识别出需要改进的地方。这包括调整界面布局、优化交互流程、改进功能实现等。优化后的设计需要再次进行用户测试，以验证改进的效果。

⑤ 重复迭代。上述过程需要不断重复，直到产品达到预定的质量标准或用户满意度水平。每一次迭代都应基于前一次的反馈和测试结果，逐步逼近用户的真实需求。

在持续迭代与优化的过程中，设计师可以采用多种策略和技术来提高效率和效果，比如敏捷开发方法鼓励快速迭代和灵活调整，它强调团队协作、快速响应变化和用户反馈的重要性。通过短周期的迭代（如两周的冲刺），设计师可以更快地获得用户反馈，并据此进行调整。另如 A/B 测试是一种常用的优化技术，它是指将用户随机分为两组，分别展示不同的设计版本（A 版和 B 版），然后比较两组用户的行为差异。这种方法可以帮助设计师量化不同设计方案的优劣，从而做出更加明智的决策。再如通过创建详细的用户画像和场景描述，设计师可以更好地理解用户的背景、目标和期望。这有助于在设计过程中保持对用户的关注，确保产品能够满足他们的实际需求。此外，利用数据分析工具对用户行为数据进行挖掘和分析，可以帮助设计师发现潜在的问题和机会。同时，通过可视化技术（如图表、仪表板）展示分析结果，可以使利益相关者更容易理解数据背后的故事，从而支持决策过程。

拓展阅读

在全球科技领域，Apple 公司以其卓越的产品设计和用户体验而闻名，其中 iOS 操作系统作为其核心产品之一，更是将“以用户为中心”的设计理念发挥到了极致。本案例将深入探讨 Apple 如何通过深入的用户研究、持续的迭代优化以及注重细节的设计实践，不断革新 iOS 系统的界面设计，从而赢得了全球数亿用户的青睐。自 2007 年首款 iPhone 问世以来，iOS 系统就以其直观、简洁且富有创新性的界面设计引领了智能手机操作系统的潮流。然而，随着技术的快速发展和用户需求的不断变化，Apple 意识到，要保持领先地位，就必须不断进化，更加紧密地围绕用户进行设计。

Apple 的设计团队深知，真正的创新源于对用户需求的深刻理解。因此，他们投入大量资源进行用户研究，首先，通过用户访谈，与不同年龄、职业、文化背景的用户进行深入交流，了解他们的日常习惯、使用偏好以及在使用手机时遇到的挑战。其次，使用场景分析，观察用户在各种场景下的手机使用情况，如通勤、工作、娱乐等，以揭示潜在的需求和痛点。再次，利用大数据和机器学习技术，分析用户行为数据，识别使用模式，预测未来趋势。通过这些研究，Apple 发现用户对简洁性、个性化、隐私保护以及无障碍访问的需求日益增强。

Apple 的设计团队对细节的极致追求，也是其以用户为中心设计理念的重要体现。从动画过渡的流畅度，到图标设计的简洁美观，再到字体大小的精心选择，每一个细节都旨在提升用户的整体体验。通过持续践行以用户为中心的设计理念，iOS 系统不仅保持了其在市场上的领先地位，还激发了整个行业对用户体验设计的重视。Apple 的设计哲学，如“少即是多”的界面设计原则、对隐私保护的执着追求，以及对无障碍设计的重视，都成为了业界学习的典范。更重要的是，Apple 通过 iOS 系统的不断革新，展示了设计如何成为连接技术与人的桥梁，如何让技术更好地服务于人，而非仅仅是技术的堆砌。这种以人为本的设计思路，不仅提升了产品的市场竞争力，更深远地影响了人们对于科技产品的期待和使用方式。总之，Apple 的 iOS 系统界面革新案例，是对“以用户为中心”设计理念的生动诠释。通过深入的用户研究、明确的设计原则、持续的迭代优化以及对细节的极致追求，Apple 不仅创造了令人瞩目的产品，更引领了设计行业的未来方向。

第三节　视觉媒体设计中的社交货币属性

一、社交货币的概念

社交货币（social currency）出自沃顿商学院的营销学教授乔纳·伯杰（Jonah Berger）所著的《疯传：让你的产品、思想、行为像病毒一样入侵》（*Contagious: Why Things Catch On*），书中提到，就像人们使用货币能买到商品或服务一样，使用社交货币能够获得家人、朋友和同事的更多好评和更积极的印象。在数智时代商业社会中，社交货币是指在社交网络或在线平台上用于识别、构建和维持个人社交资本的一种形式，通过参与和贡献社交活动、内容和互动来获得。社交货币可以采取多种形式，包括：关注者和粉丝数量，即在社交媒体平台上，关注者和粉丝数量被视为一种社交货币，拥有更多的关注者和粉丝通常意味着更大的影响力和认可度；点赞和分享，即社交媒体平台上的点赞和分享被视为对内容的认可和赞赏，是一种获得社交货币的方式，受欢迎的内容通常会得到更多的点赞和分享，从而进一步扩大其影响力；社交互动，即积极参与社交网络中的互动也可以获得社交货币，例如回复他人的评论、参与讨论、分享有价值的信息等，都可以增加个人的社交资本；社交信用评分，即一些在线平台和社交网络会给用户一个社交信用评分，评估其在社交活动中的表现和可信度，较高的社交信用评分可以提高用户在平台上的可见度和机会。

通过积累社交货币，个人可以建立更广泛的社交网络、获得更多的信任和机会，并增加其在社交媒体和在线社区中的影响力，同时，企业和品牌也可以利用社交货币来吸引与他们相关的受众以及与受众互动，以提高品牌认知度和用户参与度。

1. 让品牌成为社交货币

想要在“社交为王”的时代赢得消费者，就需要用有效的营销来赋予品牌 / 产品社交属性，实现用户、消费、使用场景的连接和搅动用户情绪，通过社交裂变扩大体量，最终达到营销的目的。首先，获得用户的认可和信任。品牌如何在社交媒体和在线平台上与用户进行互动和沟通，以及品牌如何提供有价值的内容和服务，都将直接影响用户对品牌的认可度和信任度。通过积极参与和回应用户的需求和反馈，品牌可以建立起良好的社交资本。其次，提供与用户价值观相关的内容。品牌可以通过提供与用户共鸣的内容来吸引和保持用户的关注。这可能包括与用户兴趣、潮流或社会问题相关的话题。通过在社交媒体上分享有趣、有用或有启发性的内容，品牌可以成为用户分享和讨论的对象，从而扩大其影响力。再次，提供独特的体验和奖励。品牌可以通过提供独特和特别的体验或奖励来吸引用户。这可以是独家的优惠、活动或礼品，或者通过让用户参与互动和创作内容使用户获得品牌的奖励。最后，与社交媒体达成合作伙伴关系。品牌可以与社交媒体平台、社交媒体达人或其他在线社区合作，以获得更多的曝光和认可。通过与知名的社交媒体人物合作推广或参与热门的社交媒体活动，品牌可以将自己和社交货币联系在一起。总之，品牌成为社交货币需要积极参与社交媒体和在线平台，提供与用户相关的有价值的内容和体验，并与用户建立有意义的关系。通过这些方式，品牌可以获得用户的认可和信任，增加其在社交媒体和在线社区中的影响力。

拓展阅读

2023 年 6 月 25 日，奢侈品品牌 LV 与上海 3 家咖啡馆——曼纳咖啡（Manner Coffee）、加 1 咖啡（Plusone）、铁手咖啡（Metal Hands）合作快闪店，买书就送 LV 的帆布袋（图 3-1），书本售价最低是 290 元一本，需要买两本才能获得一只帆布袋，而且是限量每人一只，比较火的快闪店每天上午 11 点左右就售空了。三家快闪店对应三个不同的帆布袋颜色，都需要购买两本书。有些年轻人直接换了好几个手机号注册，把三家店的书都买了，花了 1700 多元集齐了三个颜色的帆布袋。而这款带着 LV 标识的帆布袋吸引了大量年轻人在 30 多度的天气大排长龙，这个现象让网友们吵得不可开交，甚至有个话题“媒体评 LV 帆布袋又穷又丑又虚荣”上了热搜，拥有 1.7 亿阅读量。不少网友在各个平台晒出了自己“买”到的帆布袋，配文：“人生的第一件 LV，只花了不到 1000”“不是钱的事情，主要是喜欢这个颜色”“LV 史上最便宜的包，必须冲”。各大社交平台年轻人分享的内容显示，一直到活动截止日 7 月 9 日，几乎每天都有人去排队买书，在某平台上，关于这款 LV 帆布袋的代购和单独售卖的帖子都不少。

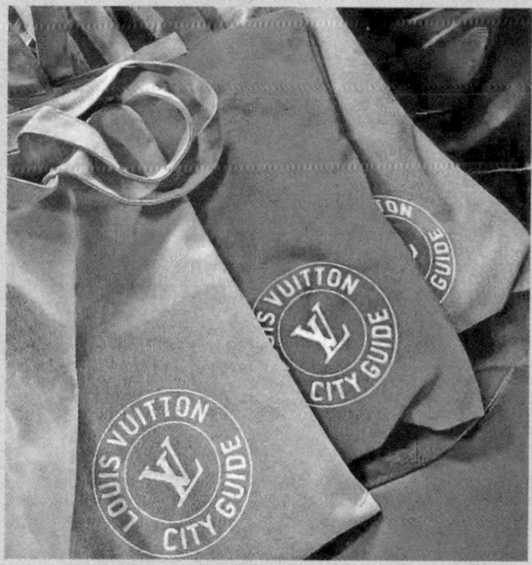

图 3-1

2. 社交型品牌的概念与特征

社交型品牌是指那些通过社交媒体和在线平台积极与用户互动、建立关系并以此吸引用户的品牌。概括而言，社交型品牌大致包括如下特征。首先是用户参与度高。社交型品牌通过积极参与用户的需求、反馈和互动，建立起与用户的双向沟通和互动，品牌会回应用户的问题，提供帮助和支持，从而建立用户的忠诚度和信任感。其次，社交型品牌通过提供有趣、有用、具有启发性的内容和服务来吸引用户。这些内容可以是与品牌产品或行业相关的新闻、故事、教程等，并与用户的兴趣和需求相匹配。再次，社交型品牌鼓励用户参与和共建品牌内容和服务，促进用户之间的互动和分享。品牌会邀请用户参与讨论、创作内容，或者通过用户生成的内容来丰富品牌的社交资本。同时，社交型品牌不仅关注商业利益，还积极关注社会问题，参与公益活动和社会行动。品牌通过倡导环保、公益慈善和社会责任等，与用户分享共同的价值观，并建立起品牌的社会认可度。此外，积极利用社交媒体和在线平台。社交型品牌善于利用各种社交媒体和在线平台，包括微博、微信、Facebook（脸书）、Instagram（照片墙）等，与用户进行互动和传播品牌的声音。品牌会制定有效的社交媒体策略，并根据不同平台和受众的特点进行定制化营销。

拓展阅读

MG Club 是 1930 年在英国成立的汽车俱乐部，由 MG 车主和爱好者组成。该俱乐部以推广 MG 品牌和汽车文化为主要目的，为会员提供交流、互动和合作的平台。在历史上，MG Club 曾经是英国最大的汽车俱乐部之一，拥有数千名会员。会员可以通过参加俱乐部活动、与其他会员交流和分享经验来获得乐趣。MG Club 通常会组织各种活动，如赛车比赛、自驾游、技术讲座等，以及与其他汽车品牌和俱乐部进行交流和合作。此外，MG Club 还为会员提供保险、维修保养、配件采购等服务。虽然现在汽车市场和社交媒体的发展已经使得许多传统汽车俱乐部失去了原有的作用和影响力，但是 MG Club 仍然致力于为会员提供最好的服务和体验，并继续推广 MG 品牌和汽车文化。

社交型品牌通过积极参与、关注用户需求、提供有价值的内容和服务来吸引用户，并与用户建立起互动和共建的关系，从而建立起用户的忠诚度和认可度。这些品牌善于利用社交媒体和在线平台，并把社会责任和参与纳入品牌的战略中。

拓展阅读

2012 年，喜茶起源于广东省江门一条名叫江边里的小巷，原名皇茶 ROYALTEA，在 2016 年 2 月 26 日全面升级为注册品牌“喜茶 HEYTEA”，成为新茶饮的开创者（图 3-2）。截至 2022

年 1 月，喜茶已在全球近 70 个城市开出超 800 家门店。其中上海、深圳等地门店数量已突破百家。喜茶的用户有 81.7% 在 22 ~ 40 岁之间，且女性居多，占比 63.1%，主要分布新一线和一、二线城市。喜茶作为社交型品牌的代表，利用各种方式搭建私域平台，线下门店更是随处可见二维码立牌，在订单小票中都设置私域触点进行引流。私域平台建立有公众号、“阿喜社群”、喜茶 GO 小程序，公域平台则有视频号、2 个抖音账号，粉丝数超过 170 万、微博粉丝超过 120 万、小红书粉丝超过 39.5 万，社群内容主要以产品“种草”、活动为主，发送的内容都有固定的安排，以及各种储值卡、积分消费、电商会员等。截至 2022 年底，喜茶会员人数突破了 6300 万，2022 年新增会员人数达 1300 万。

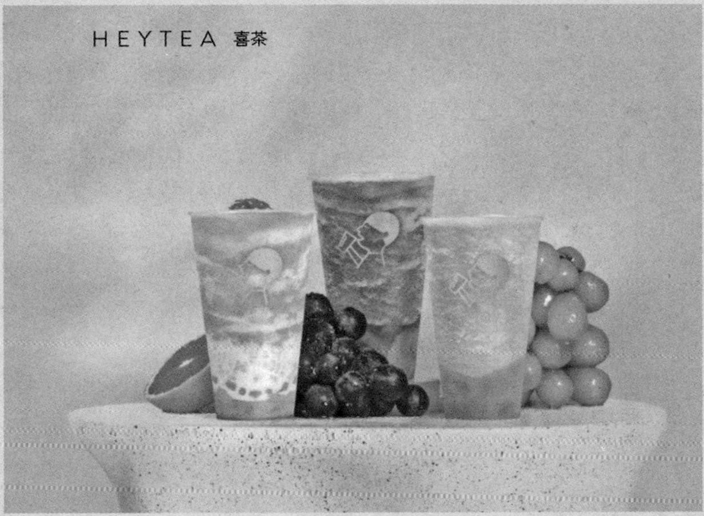

图 3-2

3. 建立社交型品牌

社交型品牌的建立也有其特有途径可遵循。首先是必然要了解你的目标受众是谁，他们的兴趣、需求、行为和偏好是什么，通过市场调研和目标受众分析，确定你的品牌应该针对哪些人群。再根据目标受众的需求和竞争分析，确定你的品牌的独特卖点和核心价值主张。明确你的品牌在目标受众中的定位和差异化优势。其次是要建立品牌故事和声音。制定一个有吸引力和个性化的品牌故事，用于传达品牌的核心价值、使命和愿景，确保品牌声音与目标受众的口味和喜好相匹配，并在各个渠道上保持一致。同时，确定在哪些社交媒体平台上建立品牌存在，并开展相关的社交媒体活动。根据目标受众的特点和行为习惯，选择适合的平台，建立品牌页面和账号，并制定相应的内容策略和互动计划。再次是要为目标受众提供与品牌相关的有趣、有用、具有启发性的内容和服务。这些内容可以是故事、教程、贴士、新闻等，与目标受众的兴趣和需求相匹配，用于吸引和保持用户的关注。不仅如此，还可以积极参与用户的互动和需求，回应用户的问题、建议和反馈，与用户进行双向沟通，建立良好的关系和信任感，鼓励用户参与和共建品牌内容和服务，通过用户生成的内容来丰富品牌的社交资本。最后，品牌可适当关注社会问题，并积极参与公益慈善和社会行动。通过与用户分享品牌的社会责任，建立起与用户共同的价值观和认可度。这有助于增加品牌的社会影响力和销售业绩。同时，定期分析社交媒体活动的效果，了解品牌在用户心目中的形象和声誉，根据分析结果，对策略和计划进行调整和优化，以获得更好的效果和回报。

拓展阅读

江小白品牌建立之初，恰好是微博最为红火的两年。传统的品牌精神与价值，都是依赖经营者和广告公司挖掘，再通过不同的媒体传达给消费者。而江小白在品牌价值与品牌精神上，就留了大量的空白，通过与消费者互动来完成，成为典型的社交品牌。江小白每一瓶白酒包装，均配上独树一帜的经典语录，这些看起来很文艺的语录，很多都是从粉丝那边征集而来，不过，却又能恰好击中他们心中的情感痛点，让语言的表达功能与消费者进行亲密的互动。“我有一瓶酒，有话对你说”“愿十年后我还给你倒酒，愿十年后我们还是老友”。江小白这种社交互动式营销，不仅用文案直戳人心，更是直接请“你”来表达，说出你的心里话，用表达瓶谈你自己的心声。这是一种交流，能交流的白酒，让年轻一代找到了难得的归属感。

二、视觉媒体设计中的情绪价值

1. 视觉媒体设计中情绪价值的定义

情绪价值，即一个人可以影响带动他人情绪的能力。它不仅涵盖可以带给他人舒适感，幸福感受的能力，也包含了一定情况下对对方的情绪起伏欲扬先抑的影响能力。提供情绪价值整体来说是提供给对方价值认同、身份认同和满足情绪需求。

视觉媒体设计的情绪价值是指品牌在消费者心中所引起的情感和情绪反应。情绪价值与消费者与视觉设计之间的情感联系密切相关，它传递了品牌在消费者心中的情绪意义和情感价值。品牌的情绪价值可以是积极的，比如喜悦、愉快、满足、安心等；也可以是消极的，比如失望、焦虑、愤怒、厌恶等。积极的情绪价值可以促使消费者建立积极的情感连接，增加品牌的亲和力和忠诚度；而消极的情绪价值可能会导致消费者与品牌的情感断裂，削弱品牌的形象与认同。

视觉媒体设计的情绪价值可以通过多种方式和元素来塑造，如品牌的传播和定位、品牌的形象和标识、品牌的产品和服务体验、品牌的广告与促销等。在塑造品牌的情绪价值时，需要考虑目标受众的情感需求和偏好，将品牌与积极情绪联系在一起，以激发消费者的情感共鸣和认同。

通过塑造积极的情绪价值，视觉媒体设计可以建立起与消费者的情感纽带，在激烈的市场竞争中脱颖而出，并形成持续的品牌忠诚度和口碑传播。因此，品牌管理者应该意识到情绪价值的重要性，并在品牌战略和传播中加以重视和运用。

拓展阅读

茶颜悦色就很善于运用情绪价值来提升品牌影响力和用户忠诚度。首先，茶颜悦色在品牌形象设计上注重细节和情感表达。Logo 由小说《西厢记》主角崔莺莺“执扇图”、六边形窗棂、古香古色的画面，加上手写体的品牌名称组成，超高的辨识度让其在众多的茶饮品牌中脱颖而出。同时，店内的茶饮产品名称也带有古风古韵，细节之处展现了品牌统一风格下的别样之美，真正做到了“新中式”。这些设计细节不仅凸显了品牌的个性和独特性，还让消费者在接触品牌时感受到一种情感连接。

其次，茶颜悦色通过线上渠道和线下门店提供贴心的服务和互动体验。在线上渠道，茶颜悦色会以很接地气的人设，用年轻人喜欢的幽默、略带调侃的文风与客户（粉丝）交流，还会把成长路上遇到的各种开心事与烦心事都在公众号等处记录下来，与粉丝分享，评论区甚至有粉丝的各种长篇“秀恩爱”，显得鲜活、真诚而有趣。这些互动让消费者感受到品牌的亲切和真诚，增强了消费者对品牌的信任和情感连接。

再次，茶颜悦色在产品和服务上也注重情绪价值的传递。例如，茶颜悦色会称呼顾客为“小主”，这种称呼方式不仅体现了对顾客的尊重和关注，还让顾客有一种独特的情感体验和认同感。此外，茶颜悦色在产品包装上也注重细节和情感表达，如采用古色古香的包装设计和图案，让消费者在享受产品的同时，感受到一种文化氛围和情感共鸣。

最后，茶颜悦色还通过一些特别的活动和举措来增强消费者对品牌的情感连接和认同感。例如，茶颜悦色会组织一些特别的促销活动或文化活动，如推出限量版产品、举办品茶会等，这些活动不仅增加了消费者对品牌的关注和参与度，还让消费者在享受产品和服务的同时，感受到一种独特的情感体验和文化氛围。

中国连锁经营协会发布的《2022 新茶饮研究报告》显示，截至 2022 年 10 月底，30 家典型新茶饮品牌门店数排在前十的品牌分别为：蜜雪冰城、古茗（6778 家）、书亦烧仙草（6642 家）、茶百道（6110 家）、益禾堂（5185 家）、沪上阿姨（5031 家）、CoCo 都可（4687 家）、甜啦啦（3837 家）、悸动烧仙草（2288 家）和快乐番薯（1970 家）。此外，奈雪的茶排在 15 位，喜茶排在 17 位（847 家），茶颜悦色排在 26 位（547 家）。而在门店数量排名前 30 的品牌中，门店数量最少也有 127 家。在超 48.6 万家的新茶饮门店中，连锁化率已经高达 55%。显然，在 2023 年，门店扩张依旧是整个新茶饮赛道的“主旋律”之一。

2. 情绪价值对视觉设计的重要性

情绪价值可以帮助品牌与消费者建立情感连接和情感共鸣，使消费者对品牌产生积极的情感体验和认同感，它能够赋予品牌独特的个性和情感意义，使得消费者对品牌具有更强烈的情感投入和忠诚度。同时，情绪价值也是品牌形象的重要组成部分，可以帮助品牌塑造积极的形象和品牌个性，从而在消费者心中留下积极的印象，品牌形象与消费者的情感联系密切相关，积极的情绪价值可以提升品牌形象的积极性和亲和力，也可以激发消费者的购买意愿和决策，增加品牌的销售和市场份额。消费者对品牌情感的积极反应会促使他们选择品牌的产品或服务，并且持续支持和推荐。此外，情绪价值可以增强消费者对品牌的忠诚度和黏性。当消费者把品牌与积极的情感联系在一起时，他们更有可能在购买决策中选择品牌，并在长期的消费过程中保持忠诚度。这种情感连接可以建立品牌与消费者之间的长期关系，促使消费者从一次性购买转变为忠实的品牌支持者。

拓展阅读

红星苏扁二锅头是红星二锅头的红色系列产品，苏扁的瓶型采用复古的时尚造型，轻巧易携带，且弧形的贴身设计，非常适合战场使用，得到很多怀旧人士的喜爱。它展现了青春的热血、激情、勇敢、活力和兄弟间的纯粹（革命）友谊，也是当下年轻人精神与情感的向往，由此红星苏扁二锅头推出系列广告文案，如“把激情燃烧的岁月，灌进喉咙”“将所有一言难尽，一饮而尽”“用子弹放倒敌人，用二锅头放倒兄弟”，让二锅头品牌成为了表达一种怀旧的情怀和年轻、热血、活力的象征。随后，红星二锅头又面向北漂的打工者，推出了主题为“没有酒，说不好故事”的系列文案，写出了漂在北上广游子们的无奈，道出了生活的常态，如“不是害怕离开，而是害怕再也不回来”“越是一无所有，越是义无反顾”“待在北京的不开心，也许只是一阵子，离开北京的不甘心，却是一辈子”等，精准把握游子们的情绪价值，树立了品牌积极的形象与个性，加强了品牌与消费者之间的情感联系。

3. 建立视觉设计的情绪价值

确定品牌的核心价值和定位，并与目标消费者的情感需求相契合，通过深入了解目标受众的喜好、价值观和情感诉求，从而确定品牌应该传递的情感价值。

首先需要打造品牌故事，通过品牌故事讲述品牌的起源、价值观和使命，激发消费者的情感共鸣。品牌故事能够吸引目标消费者的注意力，同时提供了与品牌建立情感联系的机会。

其次需要塑造品牌形象，通过设计元素、视觉效果、音乐等多种方式塑造与目标消费者情感契合的品牌形象，这些元素可以在品牌标识、产品包装、广告宣传等方面体现，从而传递出积极的情感价值。

再次需要打造与品牌情感价值相符的产品和服务体验，让消费者在使用品牌产品或享受服务的过程中感受到情感上的满足。通过关注消费者的整体体验，加强品牌与消费者之间的情感连接。

可见，建立视觉设计的情绪价值需要全面考虑品牌定位、故事、形象塑造、体验、沟通和社会责任等多个方面，并与目标受众的情感需求相契合。通过积极地表达和传递积极的情感价值，可以建立品牌与消费者之间的情感联系，并提升品牌的情感价值。

拓展阅读

蚂蚁金服旗下的芝麻信用曾在其“芝麻信用日”，在多个地铁站投放长文案海报，这组海报的色彩选取了明度最高、最刺眼的黄色，并搭配黑色超长的标题文案，形成强烈的对比，以此来捕获路人的眼球。文案内容直击普通民众尤其是青年人所面对的社会问题，如“租房付付付付付付付付什么押金！”“去医院排排排排排排排排排什么队！”“对陌生人猜（×18）什么疑！”等，有效利用了青年人面临的社会压力和情绪价值，接着再将芝麻信用的核心诉求点——“信用，让世界简单一点”以及品牌标识陆续地传递给了大众，树立了品牌形象和留给消费者积极印象。

数智时代

视觉媒体设计

Chapter 4

第四章 视觉媒体设计的心理测评

第一节　认知心理学、行为主义心理学与格式塔心理学

一、认知心理学理论

认知心理学（cognitive psychology）是20世纪50年代中期在西方兴起的一种心理学思潮和研究方向。广义上，它研究人类的高级心理过程，主要是认识过程，如注意、知觉、表象、记忆、创造性、问题解决、言语和思维等。狭义上，认知心理学相当于信息加工心理学，即采用信息加工观点研究认知过程。认知心理学理论的历史背景可以追溯到两千年前的古希腊时代，当时一些杰出的哲学家和思想家如柏拉图、亚里士多德等都对记忆和思维这类认知过程作过思索。除了哲学思想的影响外，还可以从心理学本身的发展及与邻近一些学科交叉渗透的影响来考察。认知心理学理论时常谈到输入、表征、计算或处理，以及输出等概念。认知心理学将人看作是一个信息加工的系统，认为认知就是信息加工，包括感觉输入的编码、贮存和提取的全过程。按照这一观点，认知可以分解为一系列阶段，每个阶段是一个对输入的信息进行某些特定操作的单元，而反应则是这一系列阶段和操作的产物。信息加工系统的各个组成部分之间都以某种方式相互联系着。

1. 认知心理学理论的核心观点

认知心理学理论的核心观点主要聚焦于人类心智的内在机制和过程，它试图揭示人类是如何感知世界、存储信息、解决问题、做出决策以及进行语言和思维活动的。

首先，认知心理学将人类心智比作一个复杂的信息加工系统，这个系统负责接收、处理、存储和提取信息。这个过程与计算机处理信息的方式有着惊人的相似之处，都包含了输入、处理和输出三个阶段。输入阶段，外界的信息通过人的感官（如眼睛、耳朵等）被接收，并转化为神经信号；处理阶段，这些神经信号被传送到大脑，经过一系列复杂的加工过程，包括注意、知觉、记忆、思维等，最终形成对信息的理解和解释。输出阶段，处理后的信息通过人的行为或语言等形式表现出来，如做出决策、回答问题或执行动作等。

其次，认知心理学认为人类的认知活动是由许多基本单元组成的，这些单元通过特定方式相互联系，形成复杂系统。这些基本单元可能包括概念、范畴、规则等，它们以某种方式组织在一起，构成了人类的认知结构。这种认知结构具有层次性和组合性，能够灵活地适应不同的认知任务和环境变化。

再次，认知心理学强调人头脑中已有的知识和知识结构对人的行为和当前的认识活动有决定作用。知识是通过图式来起作用的，图式是一种心理结构，用于表示我们对于外部世界的已经内化了的知识单元。当图式接受到适合于它的外部信息

就被激活，被激活的图式使人产生内部知觉期望，用来指导感觉器官有目的地搜索特殊形式的信息。因此，认知过程在很大程度上是依赖于个体已有的知识和经验来进行的。同时，认知心理学关注人类认知能力随年龄和经验而发展变化的过程。它研究不同年龄段个体在认知活动上的特征和趋势，以及这些变化背后的心理机制。通过了解认知发展的规律，我们可以更好地理解个体在认知上的差异，并为教育、心理治疗等领域提供科学依据。

此外，现代认知心理学认为，人的认知活动是认知要素相互联系相互作用的统一整体，任何一种认知活动都是在与其相联系的其他认知活动配合下完成的。在认知过程中，前后关系非常重要，它不仅包括人们接触到的语言材料的上下文关系，客观事物的上下、左右、先后等关系，还包括人脑中原有知识之间、原有知识和当前认知对象之间的关系。为了深入研究这些核心观点，认知心理学家采用了多种研究方法，包括实验法、观察法、计算机模拟和认知神经科学等多方面的证据的共同支持，其中计算机模拟是一种重要的研究方法，它通过模拟人类认知活动的机制来检验和改进认知理论。因此，认知心理学与其他领域如计算机科学、人工智能、神经科学、教育学等有着密切的联系。计算机科学为认知心理学提供了信息处理的理论和模型；人工智能则试图构建能够模拟人类认知活动的智能系统；神经科学则通过研究大脑的结构和功能来揭示认知活动的神经基础；教育学则应用认知心理学的原理来改进教学方法和提高学习效果。

当然，尽管认知心理学理论在揭示人类心智的内在机制和过程方面取得了显著进展，但它仍然面临着许多挑战。例如，如何更好地解释和预测复杂认知活动的机制？如何整合不同层次的认知理论以形成更全面的认知模型？如何应用认知心理学理论来解决实际问题并改善人类生活？未来，随着跨学科研究的深入和技术的不断发展，认知心理学理论有望在这些方面取得新的突破和进展。认知心理学理论的核心观点为我们深入理解人类心智的内在机制和过程提供了重要的框架和视角。通过不断的研究和探索，我们有望揭示更多关于人类认知的秘密，并为相关领域的发展提供有力的支持。

2. 认知心理学理论在视觉设计中的运用

认知心理学是一门研究人类如何获取、存储、处理和运用知识的科学，它涵盖了知觉、注意、记忆、思维、语言等多个领域。在视觉设计中，认知心理学的应用为设计师提供了深入理解用户认知过程和行为模式的科学依据，从而设计出更具吸引力、易用性和高效性的产品和界面。以下是认知心理学理论在视觉设计中运用的详细探讨。认知心理学认为，人类视觉系统通过角膜和晶状体将光线聚焦在视网膜上，形成图像。视网膜上的感光细胞将光信号转换为神经信号，传递给大脑进行进一步处理。大脑对接收到的神经信号进行解析和重构，形成我们所看到的图像和颜色。这一过程不仅关注视觉现象本身，还关注视觉信息如何影响人类行为和认知过程。

认知心理学与视觉设计的关系具体包括如下方面。

在注意与选择方面，认知心理学认为注意是有限的资源，视觉设计通过突出重要元素来吸引观众的注意。例如，在网页设计中，通过使用对比色、加粗字体或放大图像等手段，可以引导用户关注关键信息，避免信息过载。

在记忆与回忆方面，人类通过记忆存储和提取信息，视觉设计可以通过创造易于记忆的形象和符号来增强记忆效果。例如，在品牌标识设计中，简洁而富有特色的标志更容易被用户记住。

在用户界面设计方面，认知心理学可以帮助设计师了解人类的视觉、注意力和工作记忆等认知过程，从而设计更易于理解和操作的用户界面。例如，在应用程序的菜单设计中，使用符合人类注意力规律的布局和色彩组合，优化信息的呈现方式，减少用户的认知负担。

在信息架构设计方面，认知心理学研究了人类获取、处理和组织信息的方式，可以用于优化网站、应用程序等的信息架构。例如，在电商网站的商品分类中，使用层级结构和分类标签来组织商品信息，提供搜索和筛选功能以方便用户快速找到所需商品。

在交互设计方面，认知心理学可以帮助设计师理解人类的行为模式和决策过程，从而设计出更有针对性和个性化的交互方式。例如，在移动应用的注册流程中，使用直观的操作符号和反馈机制来引导用户的行为，提供明确的选择和操作路径，降低用户的迷茫感和决策困难。

此外，不同的色彩能够传达不同的情感和氛围，影响用户的情绪和行为。例如红色代表激情和活力，能够激发人的斗志和勇气；蓝色代表冷静和稳定，能够使人感到舒适和放松。设计师需要根据目标受众的特点选择合适的色彩，通过色彩对比突出重点，创造符合主题的色彩氛围。除色彩以外，形状、线条和空间感在视觉设计中也是至关重要的元素。不同的形状和线条能够传达不同的信息和情感。例如，方形代表稳定、坚固，常用于表现权威、专业的元素；圆形代表完整、和谐，常用于表现友好、亲近的元素。设计师可以通过运用形状和线条来增强设计的辨识度和记忆性，同时合理规划设计元素的空间布局和比例关系，营造出舒适、和谐的视觉效果。

谷歌搜索引擎的界面设计是认知心理学应用的典范，它通过简洁、直观和高效的设计原则，充分利用了人类的认知特点和心理偏好，为用户提供了卓越的搜索体验。以下将详细介绍谷歌搜索引擎界面设计如何运用认知心理学理论。认知心理学研究人的高级心理过程，主要包括注意、知觉、记忆、思维和语言等。它关注个体如何接收、处理、存储和利用信息。在视觉设计中，认知心理学理论为设计师提供了理解用户行为、提高信息传达效率的重要工具。

拓展阅读

谷歌搜索引擎的界面设计以简洁、直观和高效著称。其经典的主页设计几乎没有任何多余的元素，只包含一个搜索框、一个搜索按钮和谷歌的标志。这种简洁的设计不仅符合用户的审美需求，更重要的是，它遵循了认知心理学的原则，提高了搜索效率。

首先，简洁性设计减少认知负荷。认知心理学认为，人的注意力和工作记忆容量是有限的。过多的信息会分散用户的注意力，增加认知负荷，从而影响搜索效率。谷歌搜索引擎的界面设计通过去除不必要的元素，只保留最核心的功能，即搜索框和搜索按钮，极大地简化了界面。这种简洁性设计让用户能够迅速集中注意力，提高搜索效率。

其次，视觉焦点引导用户行为。谷歌搜索引擎的界面设计充分利用了人类的视觉焦点原理。当用户打开谷歌页面时，他们的视觉中心会首先落在搜索框上。这种设计不仅符合用户的自然视觉习惯，还通过视觉焦点引导用户行为，使用户能够迅速开始搜索。此外，谷歌的搜索框采用了醒目的蓝色按钮和白色背景，这种色彩对比进一步增强了视觉焦点的效果。

再次，利用记忆和习惯提高用户体验。认知心理学认为，人的记忆和习惯对行为具有重要影响。谷歌搜索引擎的界面设计通过保持长期的一致性，利用用户的记忆和习惯提高用户体验。例如，谷歌的搜索框和搜索按钮的位置、大小、颜色等设计元素在多年来几乎没有变化，这种稳定性让用户能够迅速适应并熟悉界面，提高了搜索效率。

同时，个性化推荐增强用户参与感。谷歌搜索引擎还通过个性化推荐功能增强了用户的参与感。根据用户的搜索历史和兴趣，谷歌会提供相关的搜索建议和广告，这种个性化推荐不仅提高了信息的相关性，还通过满足用户的个性化需求增强了用户的参与感和忠诚度。这种设计充分利用了认知心理学中的记忆和学习规律，通过不断学习和反馈，提高了搜索的准确性和效率。

最后，情感化设计提升用户体验。情感化设计是认知心理学在视觉设计中的另一个重要应用。谷歌搜索引擎的界面设计虽然简洁，但并不缺乏情感化元素。例如，谷歌会根据不同的节日或纪念日设计个性化的涂鸦 Logo，这些涂鸦不仅增加了界面的趣味性，还通过情感化的设计提升了用户的体验。此外，谷歌的搜索框和搜索按钮采用了圆润的边角和柔和的色彩，这种设计让用户感到舒适和愉悦，进一步增强了用户的情感连接。

谷歌搜索引擎的界面设计是认知心理学应用的典范。它通过简洁性设计减少认知负荷、视觉焦点引导用户行为、利用记忆和习惯提高用户体验、个性化推荐增强用户参与感以及情感化设计提升用户体验等手段，充分利用了人类的认知特点和心理偏好，为用户提供了卓越的搜索体验。谷歌搜索引擎的界面设计不仅体现了设计师对美的追求和对用户体验的重视，更为其他产品和界面的设计提供了有益的借鉴和启示。在未来的视觉设计中，我们期待能够看到更多的创新和突破，使得界面设计能够更好地满足用户的认知需求和心理偏好，从而提升用户体验和产品价值。

二、行为主义心理学理论

行为主义心理学理论，也称为行为主义（behaviorism），是一种强调只关注可观察的行为，而忽视个体内部心理过程的心理学理论和方法论。简而言之，行为主义心理学认为人类和动物的行为是对外部刺激的响应，通过学习和环境塑造可以改变行为。

早期行为主义时期（1913—1930 年）以美国心理学家约翰·华生（John B.Watson）为代表。华生在巴甫洛夫条件反射学说的基础上创立了行为主义心理学理论，主张心理学应该摒弃意识、意象等主观的东西，只研究所观察到的并能客观地加以测量的刺激和反应。他提出了“黑箱作业”的概念，认为无需理会行为背后的中间环节，只关注刺激与反应之间的直接联系。

新行为主义时期（1930—1960 年）以托尔曼、赫尔和斯金纳等人为代表。新行为主义者修正了华生的极端观点，提出了中介因素的概念，认为在刺激与反应之间存在个体的生理和心理状态等中间变量。斯金纳更是提出了操作性条件反射理论，强调强化训练在解释机体学习过程中的作用。

新的新行为主义时期（1960 年至今）的行为主义心理学理论融合了其他心理学理论，形成了更加复杂和综合的理论体系。它既坚持行为主义的研究精神，又吸收了认知心理学的研究成果，探索认知、思维、意象在行为调节中的作用。

1. 行为主义心理学理论的核心观点

行为主义心理学理论的核心观点可以概括为：人类和动物的行为是通过与环境的相互作用而形成的，心理学应该研究可观察、可测量的行为，而不是内在的心理过程或心理状态。

首先，行为是环境刺激与反应之间相互作用的结果。行为主义认为，行为是由外部环境中的刺激所引发的反应。这种刺激 - 反应模式是行为主义心理学理论的基础。例如，当看到红灯亮起时，司机会自动停车，这就是一种刺激 - 反应行为。行为主义强调环境对行为的影响和塑造作用。它认为，行为是通过与环境的相互作用而逐渐形成的，环境刺激可以引发、改变或维持个体的行为。

其次，心理学应该研究可观察、可测量的行为。与传统心理学关注内心体验和意识不同，行为主义心理学认为，心理学应该像自然科学那样，采用客观的实验方法和测量工具来研究行为。行为主义心理学主张摒弃意识、意象等主观的东西，只关注那些可以通过客观观察和测量来确定的刺激和反应。这种客观化的研究方法使得心理学更加科学、严谨。

再次，行为是可以通过改变环境刺激来塑造和调节的。行为主义心理学认为，行为不是固定不变的，而是可以通过改变环境刺激来塑造和调节的。例如，通过奖励机制可以激励个体表现出更多的积极行为，而通过惩罚则可以减少不良行为的发生。行为主义心理学强调行为塑造和改变的可能性，这为行为矫正、心理治疗等领域提供了理论基础和实践指导。通过改变环境刺激和条件作用机制，我们可以有效地引导和改变个体的行为模式。

行为主义心理学理论的核心观点虽然具有广泛的应用价值，但也存在一些争议和局限性。例如，它过于强调环境对行为的影响和塑造作用，而忽视了个体内部心理过程的作用；它过于注重行为的可观察性和可测量性，而忽视了行为的复杂性和多样性等。随着心理学研究的不断深入和发展，行为主义心理学理论也在不断地完善和发展。一些新的理论观点和研究方法被引入行为主义心理学中，使得它更加全面、深入地解释和理解人类和动物的行为。例如，新行为主义强调中介变量在刺激与反应之间的作用，社会学习理论则关注个体如何通过观察他人的行为来学习新的行为模式等。

2. 行为主义心理学理论在视觉设计中的运用

行为主义心理学理论在设计领域中的应用广泛而深入，它强调环境刺激与行为反应之间的关系，为设计师提供了重要的理论指导和实践工具。行为主义心理学理论主张心理学应该只研究可观察、可测量的行为，而忽视个体内部的心理过程。它强调环境刺激与行为反应之间的直接联系，认为行为是环境刺激的结果，并且可以通过改变环境刺激来塑造和调节行为。这一观点为设计领域提供了重要的启示，设计不仅要考虑美观和功能性，还要关注环境刺激对人类行为的影响。

在景观视觉设计中，行为主义心理学理论强调通过环境刺激来引导人们的行为。例如，通过合理的空间布局、植物配置、色彩运用等手段来创造舒适、愉悦的环境，从而激发人们的积极行为。行为主义心理学理论还指导设计师在景观设计中考虑私密空间与开放性空间的平衡。私密空间可以满足人们的私密性需求，而开放性空间则可以促进人们的社交和交流。设计师可以通过围合、遮挡等手法来创造不同类型的空间，以满足人们的多样化需求。

在空间视觉设计中，行为主义心理学理论强调通过空间节奏与韵律感来引导人们的视觉和行为。例如，通过高低、大小、宽窄等几何因素的变化来创造丰富的空间层次感，从而激发人们的探索欲望和好奇心。过渡空间在设计中起着承上启下的作用，它可以使空间层次更加丰富、流畅。行为主义心理学理论指导设计师在设计中注重过渡空间的处理，通过合理的空间布局和元素搭配来创造舒适、自然的过渡体验。

在产品视觉设计中，行为主义心理学理论在产品设计中的应用，首先体现在对用户行为的分析与预测上。设计师通过对目标用户群体的行为习惯、偏好以及与环境刺激的互动方式进行深入研究，可以更加准确地把握用户需求，从而设计出更加符合用户期望的产品。例如，通过分析用户在购物网站上的浏览、点击、购买等行为数据，设计师可以预测用户的购物偏好和购买意向，进而优化产品推荐算法，提升用户体验和转化率。

行为主义心理学理论强调环境刺激对行为的影响和塑造作用。在产品设计中，设计师可以运用这一原理来引导用户行为，使其朝着预期的方向发展。比如界面设计与布局，通过合理的界面设计与布局，设计师可以创造出直观、易用、吸引人的操作环境，从而引导用户按照预期的方式与产品进行交互。另如反馈与奖励机制，及时的反馈和奖励机制是塑造用户行为的有效手段。在产品设计中，设计师可以通过声音、动画、积分、勋章等方式来给予用户正反馈，激励其积极使用产品并形成良好的使用习惯。同时，对于不符合预期的行为，设计师也可以通过负反馈或限制功能等方式来进行引导和纠正。再如流程优化与简化，行为主义心理学理论认为，行为的发生需要足够的动机和能力。在产品设计中，设计师可以通过优化操作流程、减少不必要的步骤和障碍来降低用户的使用难度，提高其行为能力。例如，采用一键式操作、自动化处理和智能推荐等技术手段，可以显著提升用户的使用体验和满意度。

通过行为主义心理学理论在产品设计中的应用，设计师可以逐渐培养用户的习惯，并提升其对产品的忠诚度。首先，通过定期的提醒和通知功能，设计师可以引导用户形成定期使用产品的习惯。例如，在新闻阅读、运动健身等应用中设置每日提醒功能，可以促使用户保持持续的使用频率和活跃度。其次，通过分析用户的行为数据和偏好信息，设计师可以为用户提供个性化的推荐和定制服务，从而满足其多样化的需求并提升其满意度。这种个性化的体验可以增强用户对产品的依赖感和忠诚度。再次，通过构建社区和提供互动功能，设计师可以促使用户之间形成交流和分享的氛围，从而增强其归属感和参与感。这种社区的建设和维护有助于提升用户对产品的认同感和忠诚度。

在行为主义框架下，视觉信息设计中的用户行为被理解为由设计呈现的环境刺激直接引发和决定。因此，设计师可以通过精心设计和操控这些视觉刺激，来预测、引导、塑造或改变用户的行为反应。在视觉信息设计中，这一理论为设计师提供了重要的指导原则，即通过精心设计的视觉元素来引导用户的行为和认知。在视觉信息设计中，行为主义心理学理论认为，过多的信息刺激会导致用户认知负荷增加，从而影响其行为反应。因此，在视觉信息设计中，应遵循简洁性原则，通过精简信息、减少干扰元素来提高信息的可读性和易用性。同时，一致性原则有助于用户建立稳定的认知框架，降低认知负荷。在视觉信息设计中，应保持视觉元素的风格、布局、色彩等方面的一致性，以便用户能够快速理解和适应。此外，及时的反馈是行为主义心理学理论中的核心概念之一。在视觉信息设计中，应通过明确的视觉反馈来告知用户其操作的结果，从而增强其行为的可控性和可预测性。

行为主义心理学理论在视觉信息设计中的应用首先体现在利用视觉层次引导用户注意。行为主义心理学理论认为，注意是行为发生的前提。在视觉信息设计中，可以通过调整视觉元素的对比度、大小、颜色等属性来创建视觉层次，从而引导用户的注意力集中在重要信息上。其次，运用条件反射原理增强用户记忆。条件反射是行为主义心理学理论中的重要概念。在视觉信息设计中，可以通过重复展示特定的视觉元素（如品牌标志、产品图标等）来建立用户对这些元素的条件反射，从而增强其记忆效果。再次，利用视觉隐喻促进用户理解。视觉隐喻是一种通过类比和象征来传达信息的方式。在视觉信息设计中，可以通过运用视觉隐喻来将抽象的概念或复杂的信息转化为直观、易于理解的图像或图形，从而促进用户的理解和认知。最后，设计合理的视觉流程提高用户体验。视觉流程是指用户在浏览视觉信息时所遵循的路径和顺序。在视觉信息设计中，应通过合理的视觉流程设计来引导用户按照预期的方式浏览信息，从而提高其用户体验和满意度。

在智能界面设计中，行为主义心理学理论的应用体现在多个方面。例如通过简洁明了的界面布局和图标设计来提高用户的使用效率和满意度；通过运用视觉层次和反馈机制来引导用户按照预期的方式与应用进行交互；通过设计合理的操作流程和功能布局来提高用户的体验和忠诚度。在广告设计中，行为主义心理学理论的应用也非常广泛。例如通过运用强烈的色彩对比和动态效果来吸引用户的注意力；通过重复展示品牌标志和产品图标来增强用户的记忆效果；通过设计合理的广告文案和图像来引导用户产生购买欲望和行为。

行为主义心理学理论在视觉信息设计中的运用是一个复杂而有趣的领域。通过遵循简洁性、一致性、反馈性等基本原则，运用视觉层次、条件反射、视觉隐喻等策略以及分析网页设计、广告设计、移动应用界面设计等案例，设计师可以创造出更加符合用户期望、易于使用且令人愉悦的视觉信息体验。同时，随着技术的不断发展和用户需求的不断变化，设计师也需要不断探索新的应用策略和方法来应对新的挑战和机遇。

三、格式塔心理学理论

格式塔心理学（gestalt psychology），也被称为完形心理学，是20世纪初在德国兴起的一个重要的心理学流派。其核心观点强调整体性和结构性在认知过程中的重要性，认为人们在感知和理解世界时，倾向于将信息组织成有意义的整体结构，而非仅仅关注单个元素。

1. 格式塔心理学理论的核心观点

格式塔心理学最核心的观点之一是整体性原则。该理论认为，人们在感知和理解世界时，不是将信息视为孤立的、毫无联系的部分，而是将其组织成有意义的整体结构。韦特海默（Max Wertheimer）在1912年首次提出了“格式塔”一词，德语意为“形状”或“结构”，强调整体大于部分之和，整体不能简单地还原为各个部分之和，整体优先于部分而存在，并且制约着部分的性质和意义。

与整体性原则紧密相关的是结构性原则。格式塔心理学认为，人们在感知和理解事物时，会尝试找出其中的结构和规律。这种结构性原则有助于我们更好地理解和解释世界，使信息更加有序和易于处理。例如，我们在看一幅画时，首先看到的是一个整体，而不是画上的各个细节。这种对结构的感知和理解是人类认知世界的重要方式之一。

知觉组织是格式塔心理学中研究得较为深入的一个方面。它指的是人们将感知到的元素整合成有意义整体的过程。格式塔心理学家们总结出了一套知觉组织的规律，包括相似性、连续性、封闭性、对称性等方式来组织感知到的信息。例如，距离相近的刺激容易被视为一个整体，相似的刺激也更容易被组合在一起。

格式塔心理学还强调认知经济性原则，即人们在认知过程中会尽量减少信息处理的负担。这意味着我们会倾向于使用最简单、最省力的方式来理解和解释世界。例如，在面对复杂的信息时，我们会尝试将其简化为更容易理解的形式，或者通过寻找其中的规律和结构来降低认知负荷。

格式塔心理学还提出了一系列格式塔法则，这些法则影响我们如何将视觉元素分组。原始的格式塔法则包括接近、相似、闭集、连续性、共同命运和对称，而现代法则增加了公共区域和连接性。这些法则描述了人们如何组织视觉元素，以及如何通过视觉元素之间的相互作用来形成整体感知。

完形原则是格式塔心理学中的一个重要概念。它指的是简单、对称、平衡等因素使刺激更容易被感知。格式塔心理学家认为，刺激的各个部分之间存在着一种自然和谐的关系，这种关系使刺激更容易被感知为一个整体。例如，我们更容易看到一个完整的圆形，而不是一个不完整的圆形，因为完整的圆形更符合我们的完形原则。

格式塔心理学的观点不仅有助于我们更深入地理解人类认知世界的方式和过程，还为心理学、教育学、设计学等领域提供了重要的理论支撑和实践指导。在教育方面，格式塔心理学强调整体性教学，主张通过整体性的教学方法来提高学生的认知能力和学习效果。在设计方面，格式塔心理学被广泛应用于界面设计、平面设计和 UI 设计等领域，通过运用格式塔法则来创造更美观、更易于理解的设计作品。格式塔心理学的产生除了受特定的社会历史条件影响外，还有其哲学背景。康德的哲学思想为格式塔心理学提供了重要的理论支撑，他认为人的经验是一种整体现象，不能分析为简单的元素。此外，格式塔心理学还受到了现象学、场论等多种哲学和科学思想的影响。自格式塔心理学创立以来，它经历了不断的发展和完善。然而，随着认知科学、神经科学等领域的迅速发展，格式塔心理学也面临着一些挑战和质疑。例如，一些研究者认为格式塔心理学过于强调整体性和结构性，忽视了单个元素在认知过程中的重要性。因此，未来的格式塔心理学研究需要在保持其核心观点的基础上，不断探索和完善其理论体系和应用范围。格式塔心理学的核心观点强调整体性和结构性在认知过程中的重要性，以及知觉组织和认知经济性在信息处理中的应用。

2. 格式塔心理学理论在视觉设计中的运用

格式塔心理学自 20 世纪初诞生以来，对视觉界面设计产生了深远影响。这一理论强调整体性和结构性在视觉感知中的作用，认为人们倾向于将视觉信息组织成有意义的整体，而非孤立的部分。这一观点为视觉界面设计提供了重要的理论基础和实践指导，帮助设计师创造出更加符合人类视觉认知习惯的作品。

格式塔心理学的基本原则在视觉界面设计中的运用，一是遵循接近性原则，在视觉界面设计中，接近性原则指的是距离相近的元素会被视为一个整体。这一原则常用于页面内容的归组设计，通过调整元素之间的距离来影响用户的视觉感知，使相关信息更加集中和易于理解。例如，在网页设计中，可以通过留白来区分不同的内容区块，使页面内容更加清晰有序。

二是遵循相似性原则，相似性原则指出，在视觉感知中，具有相似特征（如形状、颜色、大小等）的元素容易被视为一个整体。在视觉界面设计中，这一原则常用于统一界面风格，增强视觉一致性。例如，使用相同的字体、颜色和图标风格，可以使界面更加统一和谐，提高用户的视觉体验。

三是遵循连续性原则，连续性原则强调视觉元素之间的连贯性和延续性。在视觉界面设计中，设计师可以通过线条、形状或颜色的延续来引导用户的视觉流动，创造出流畅的视觉体验。例如，在导航栏设计中，可以通过水平或垂直的线条来引导用户的视线移动，使用户能够更容易地找到所需信息。

四是闭合性原则，闭合性原则指出，人们倾向于将不完整的图形或形状视为一个完整的整体。在视觉界面设计中，设计师可以利用这一原则来创造简洁而富有张力的设计。例如，通过设计不完整的图形或形状，引导用户自行脑补缺失的部分，从而增强设计的吸引力和趣味性。

五是对称性原则，对称性原则强调视觉元素之间的平衡和对称。在视觉界面设计中，对称的布局和元素可以给人一种稳定、和谐的美感。例如，在网页设计中，可以通过对称的布局和元素排列来增强页面的平衡感和美观度。

六是共同命运原理，共同命运原理指出，一起运动的物体或元素会被视为一个整体。在视觉界面设计中，这一原则常用于动画和交互效果的设计。例如，在移动应用界面中，当用户滑动屏幕时，相关的元素可以一起移动，从而增强用户的视觉体验和交互感受。

格式塔心理学理论在视觉界面设计中的运用为我们提供了重要的启示。首先，设计师应该关注用户的视觉感知规律和心理需求，通过运用格式塔心理学原则来创造出更加符合人类视觉认知习惯的作品。其次，设计师应该注重界面设计的整体性和结构性，通过组织元素、构建层次、创造平衡等方式来提高界面的整体感和美感。最后，设计师应该不断探索新的设计方法和手段，将格式塔心理学原则与其他设计理论相结合，创造出更加优秀和独特的视觉界面设计作品。格式塔心理学理论在视觉界面设计中的运用具有重要的价值和意义。随着技术的不断进步和用户需求的不断变化，格式塔心理学理论在视觉界面设计中的应用也将不断发展和完善。

拓展阅读

支付宝作为中国乃至全球领先的移动支付平台，其界面设计不仅体现了高度的用户体验导向，也深刻融入了格式塔心理学的理论精髓（图 4-1）。格式塔心理学强调整体性和结构性的视觉感知，认为人们在观察和理解事物时，倾向于将信息组织成有意义的整体。这一理论在支付宝的界面设计中得到了广泛应用，使得用户能够更加高效、愉悦地完成支付、转账等各项操作。在支付宝的界面设计中，接近性原则被广泛应用于相关功能元素的布局上。例如在支付宝的支付页面中，关键的操作按钮如“支付”“确认”等被放置在显眼且相互靠近的位置，便于用户快速找到并完成操作。这种布局方式符合用户的视觉感知习惯，使得用户能够自然地将这些按钮视为一个整体，从而提高了操作的便捷性和效率。

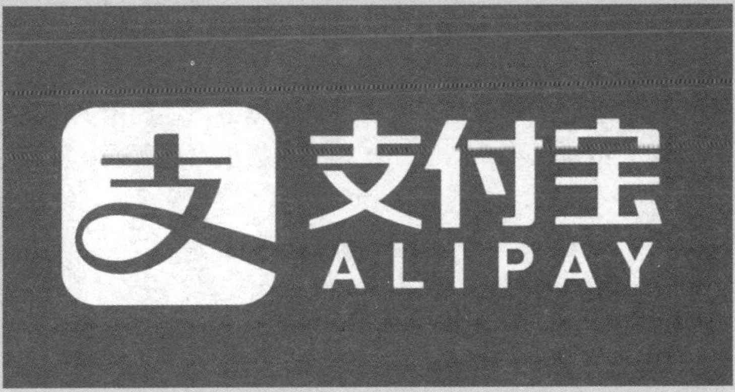

图 4-1

相似性原则在支付宝的界面设计中同样发挥着重要作用。支付宝通过统一的图标设计、颜色搭配和字体风格，使得界面中的元素在视觉上形成一致性和连贯性。例如，支付宝的主界面采用清晰的图标和文字，常用功能一目了然，这种设计降低了用户的学习成本，使用户能够快速上手。

连续性原则在支付宝的界面设计中得到了充分体现。支付宝通过流畅的动画效果和连贯的交互设计，引导用户的视线和操作流程，使用户在使用过程中获得更好的体验。例如在支付宝的支付流程中，从选择支付方式到输入密码，再到确认支付，整个流程中的元素和动画都呈现出连贯性和一致性，使得用户能够清晰地感知到整个支付过程的进展和结果。

闭合性原则在支付宝的界面设计中也有所体现。例如，在支付宝的支付页面中，当用户输入支付密码时，界面会进行遮罩处理，只显示密码输入框和相关的操作按钮，而隐藏其他无关的元素。这种设计方式使得用户能够专注于支付操作，减少了干扰和误触的可能性。同时，当用户完成支付后，界面会显示出清晰的支付结果和后续操作提示，引导用户进行下一步操作。这种设计方式符合用户的视觉感知习惯，使得用户能够更加高效地完成支付操作。

在支付宝的界面设计中，主体 / 背景原理被广泛应用于突出重要信息和功能。例如，在支付宝的支付页面中，“支付”按钮被设计为醒目的颜色和较大的尺寸，成为用户视觉的焦点。同时，其他相关的操作按钮和提示信息也被放置在显眼的位置，以便用户能够快速找到并理解。相比之下，一些次要的信息和功能则被放置在较不显眼的位置或采用较淡的颜色处理，以突出主要信息和功能。这种设计方式使得用户能够更加专注于重要信息和功能，提高了操作的准确性和效率。

格式塔心理学理论在支付宝界面设计中的运用为我们提供了宝贵的启示。首先，界面设计应注重整体性和结构性，通过合理的布局和元素组合来引导用户的视觉感知和操作流程。其次，界面设计应注重用户体验的提升，通过个性化的定制和流畅的交互设计来满足用户的个性化需求和使用习惯。最后，界面设计应注重信息的层次和优先级处理，通过突出重要信息和功能来提高用户的操作效率和准确性。支付宝的界面设计深刻融入了格式塔心理学的理论精髓，通过合理的布局、元素组合和交互设计来引导用户的视觉感知和操作流程，使得用户能够更加高效、愉悦地完成支付、转账等各项操作。这种设计方式不仅提高了用户的使用体验，也增强了用户对品牌的认同感和忠诚度。随着技术的不断进步和用户需求的不断变化，支付宝将继续秉承“简单、安全、快速”的支付解决方案理念，不断优化界面设计，为用户提供更加便捷、安全、个性化的支付服务。

第二节　交互设计的心理反馈

交互设计中的心理反馈是用户体验的重要组成部分，它涉及用户与产品、服务或系统交互过程中的心理反应和行为表现。心理反馈是指在用户与产品、服务或系统交互过程中，系统对用户操作给予的心理层面上的回应和反馈，这种反馈不仅限于视觉或听觉上的直接提示，还包括用户在使用过程中的心理感受、情感共鸣和认知体验。良好的心理反馈能够使用户感受到系统的关怀和响应，增强用户的参与感和满意度。心理反馈不仅关注用户操作后系统给予的直接视觉或听觉反馈，还涉及更深层次的用户心理感受和情感共鸣。在交互设计中，良好的心理反馈机制能够显著提升用户的满意度和忠诚度，增强产品的市场竞争力。以下将详细介绍交互设计中的心理反馈。

一、心理反馈在交互设计中的即时反馈

即时反馈是交互设计心理反馈中的核心要素之一，它直接关联到用户与产品、服务或系统之间的沟通和互动效率。在数字化时代，用户对响应速度的要求日益提高，即时反馈成为了衡量用户体验优劣的重要标准。本文将深入探讨即时反馈在交互设计中的应用、重要性、设计原则以及实现方式，并结合实际案例进行分析。即时反馈是指在用户执行某项操作后，系统能够立即、清晰地给出响应或结果的过程。这种反馈可以是视觉的（如颜色变化、动画效果）、听觉的（如音效、语音提示）或是触觉的（如震动反馈）。即时反馈的核心在于“即时”，即系统对用户行为的快速响应，让用户感受到自己的操作被系统所识别和处理，从而建立起一种即时的交互体验。

即时反馈的重要性首先体现在提升用户体验，即时反馈能够减少用户的等待时间，降低焦虑感，使用户感受到系统的流畅性和高效性。其次是增强用户控制感，通过即时反馈，用户能够清晰地了解自己的操作结果，从而更好地控制整个交互过程。再次是提高操作准确性，即时反馈可以帮助用户及时发现并纠正错误操作，避免不必要的重复劳动。最后是促进用户学习，对于新用户而言，即时反馈能够提供即时的操作指导，帮助他们快速掌握产品的使用方法。

即时反馈的核心在于快速响应，系统应在用户操作后立即给出反馈，避免任何形式的延迟。反馈信息应清晰、准确，避免模糊或歧义，确保用户能够迅速理解系统的响应。在同一产品或服务中，相同类型的操作应产生一致的反馈，以帮助用户形成稳定的预期。即时反馈应尽量避免干扰用户的正常操作，反馈的形式和内容应与当前任务紧密相关。考虑到不同用户的偏好和需求，系统应提供一定程度的反馈定制功能，以满足个性化需求。

即时反馈的实现方式首先是视觉反馈，如按钮点击后的颜色变化，可以直观地显示操作已被触发。另如页面加载时的进度条、滑动列表时的滚动动画等，可以提供动态的视觉反馈。其次是图标和文本提示，如操作成功或失败后的图标和文本提示，可以明确告知用户操作结果。再次是听觉反馈，如点击按钮时的音效、操作成功或失败时的提示音等，可以增强用户的操作感知。在特定场景下，如驾驶模式下，语音提示可以提供更为便捷的信息反馈。此外还包括触觉反馈，在移动设备或可穿戴设备上，震动反馈可以用于确认操作或提醒用户注意。在实际应用中，往往需要结合多种反馈方式，如视觉 + 听觉、视觉 + 触觉等，以提供更丰富、更全面的即时反馈体验。

拓展阅读

还是以支付宝为例说明，支付宝的支付确认流程是交互设计中及时反馈的一个经典案例，它充分体现了如何通过即时、明确且用户友好的反馈机制来增强用户的支付体验和信任感。在支付宝的支付确认过程中，用户一旦点击“支付”按钮，系统会立即响应。这种即时响应不仅体现在页面跳转的速度上，更体现在系统对用户操作的即时确认上。例如当用户点击支付按钮后，支付页面会迅速加载，并在极短的时间内给出支付确认的提示，如“支付中”或“正在处理”。这种即时响应减少了用户的等待焦虑，让用户感受到系统的高效和可靠性。

支付宝的支付确认页面设计简洁明了，通过明确的反馈信息来增强用户的支付安全感。在支付确认页面上，系统会显示支付金额、收款方信息、支付方式等关键信息，确保用户能够清晰地了解即将进行的支付操作。同时，系统还会通过颜色变化、字体加粗等方式来突出显示这些关键信息，进一步强调支付确认的重要性。这种明确的反馈信息不仅让用户对自己的操作有清晰的认知，还增强了用户对支付过程的信任感。

除了视觉上的反馈外，支付宝的支付确认流程还结合了听觉反馈来提升用户体验。例如在用户点击支付按钮后，系统会立即播放一段短暂的音效来确认用户的操作。这种音效不仅增强了用户操作的即时感，还通过声音的刺激让用户更加专注于当前的支付流程。同时，在支付确认页面上，系统还会通过动画效果来展示支付状态的变化，如进度条的推进、按钮颜色的变化等。这些视觉与听觉的双重反馈机制共同提升了用户在支付确认过程中的体验和满意度。

支付宝的支付确认流程还体现了灵活的反馈机制，能够根据不同场景下的用户需求来提供个性化的反馈。例如在移动支付场景下，用户可能更关注支付的安全性和便捷性。因此，支付宝在支付确认页面上会特别强调支付密码的输入、指纹验证等安全措施，并通过简洁明了的界面设计来减少用户的操作步骤。而在 PC 端支付场景下，用户可能更关注支付流程的完整性和清晰度。因此，支付宝在支付确认页面上会提供更详细的信息展示和更多的操作选项，以满足用户的不同需求。

二、心理反馈在交互设计中的情感化设计

情感化设计是交互设计心理反馈领域中的一个重要概念，它强调在产品设计过程中融入用户的情感需求，以创造出能够触动人心、引发情感共鸣的产品体验。随着用户体验设计的不断发展，情感化设计已成为提升产品竞争力的关键因素之一。情感化设计，顾名思义，是指在产品设计过程中，通过深入理解用户的情感需求、偏好和期望，将这些情感元素融入产品的功能、外观、交互流程等各个方面，从而创造出能够引发用户积极情感反应的产品体验。这种设计不仅关注产品的实用性和功能性，更强调产品与用户之间的情感连接，旨在通过设计触动用户的内心，提升产品的吸引力和用户忠诚度。

情感化设计能够使用户在使用产品时感受到更多的愉悦、满足和归属感，从而提升整体用户体验。当用户与产品建立起情感联系时，他们更有可能长期使用该产品，甚至向他人推荐，从而提高用户忠诚度。在功能相似的情况下，情感化设计

可以成为产品之间的重要差异点，帮助产品在激烈的市场竞争中脱颖而出。情感化设计鼓励设计师从用户的角度出发，探索新的设计思路和解决方案，从而推动产品的创新和发展。

情感化设计的核心原则包括：以用户为中心原则，情感化设计的首要原则是深入了解目标用户的情感需求、偏好和期望，确保设计能够真正触动用户的内心；情感共鸣原则，设计应寻求与用户建立情感上的共鸣，通过设计元素和交互方式引发用户的积极情感反应；个性化与定制化原则，考虑到用户的个体差异，情感化设计应提供个性化的体验和定制化的选项，以满足不同用户的情感需求；一致性原则，产品的情感化设计应保持一致性，确保用户在整个使用过程中都能感受到连贯的情感体验；可访问性原则，设计应考虑到所有用户的情感需求，包括那些有特殊需求或障碍的用户，确保他们也能享受到产品的情感化体验。

情感化设计通过问卷调查、访谈、用户画像等方法深入了解用户的情感需求、偏好和期望，为设计提供有力依据。同时，创建情感地图，将用户的情感状态与产品的使用场景相结合，帮助设计师理解用户在不同情境下的情感需求。此外，利用色彩、形状、图像等视觉元素来传达情感，创造具有吸引力的视觉体验。通过流畅的交互流程、直观的界面布局和人性化的操作方式，提升用户的交互体验，增强情感连接。通过产品故事、品牌故事等方式，向用户传达产品的价值和理念，引发用户的情感共鸣。通过用户测试收集反馈，不断优化设计，确保产品能够满足用户的情感需求。

拓展阅读

Apple 的界面设计一直以来都以其卓越的用户体验和情感化设计著称，这种设计不仅仅关注功能的实现和外观的美观，更注重与用户之间建立深层次的情感连接。在 Apple 的界面设计中，情感化设计体现在多个方面，以下将详细探讨 Apple 如何通过界面设计实现交互设计的情感化。Apple 的界面设计在视觉层面非常注重情感化设计。例如 Apple 的产品通常采用直观的交互方式，使得用户能够轻松上手。在 iOS 系统中，Apple 采用了大量的手势操作，如滑动、捏合、双击等，这些手势操作不仅简化了用户的操作流程，还能够给用户带来一种流畅、自然的使用体验。此外，Apple 在界面设计中还注重反馈机制，如按钮点击后的震动反馈、页面切换时的动画效果等，这些反馈机制能够让用户感受到系统的响应和关注，从而增强用户的情感连接。

Apple 在 iPhone X 上引入了 Face ID 解锁功能，这种解锁方式不仅提高了安全性，还通过情感化设计增强了用户的情感体验。当用户拿起手机并注视屏幕时，Face ID 会自动识别用户的面部并解锁手机，这种自然的交互方式使得用户能够感受到系统的智能和便捷。同时，Face ID 解锁时的动画效果也非常精致，如笑脸图标和解锁动画等，这些元素都能够给用户带来一种愉悦和满足的情感体验。在 Safari 浏览器中，Apple 通过情感化设计增强了用户的阅读体验。例如，Safari 提供了阅读列表功能，用户可以将感兴趣的文章添加到阅读列表中以便稍后阅读。在阅读列表中，每篇文章都以卡片的形式呈现，卡片上包含了文章的标题、作者和摘要等信息。这种设计不仅使界面看起来更加整洁、有序，还能够激发用户的阅读兴趣。此外，当用户打开阅读列表时，Safari还会自动加载文章的内容并呈现给用户，这种流畅的交互方式使得用户能够感受到系统的智能和贴心。

三、心理反馈在交互设计中的认知负荷控制

认知负荷（cognitive load）是指个体在特定时间内处理信息所需耗费的认知资源的量。这一概念由澳大利亚新南威尔士大学的认知心理学家约翰·斯威勒（John Sweller）在1988年提出。认知负荷可以分为三种类型：内在负荷（intrinsic load）、外在负荷（extraneous load）和相关负荷（germane load）。内在负荷与学习材料的复杂性直接相关，取决于任务的复杂度及学习者的先验知识。内在负荷是不可避免的，但可以通过分割学习任务来管理。外在负荷是由教学设计或产品界面设计不当引起的不必要的负荷，它不促进学习目标的实现。优化教学设计或产品界面设计可以减少外部负荷。相关负荷是与加工、构建和自动化信息相关的认知努力。这种负荷是正面的，与学习者积极处理信息和构建知识结构的过程相关。

在交互设计中，控制认知负荷的重要性体现在：提升用户体验，降低认知负荷可以使用户更加轻松地完成任务，减少挫败感和困惑，从而提升用户体验；提高任务效率，当用户不必花费过多精力处理信息时，他们可以更快地完成任务，提高工作效率；促进学习，在需要用户学习和适应新产品的场景中，控制认知负荷可以帮助用户更快地掌握产品功能和使用方法。

认知负荷控制的策略包括：

简化界面设计，即避免在同一屏幕上展示过多信息，以免用户感到信息过载；通过字体大小、颜色、布局等方式区分信息的重要性，帮助用户快速找到关键信息；保持界面设计的一致性和标准化，使用户能够快速适应并减少学习成本。

优化交互流程，即通过合并步骤、提供默认值等方式减少用户需要执行的操作步骤；使用面包屑导航、进度条等工具帮助用户了解当前位置和任务进度；提供撤销和恢复功能，减少用户因误操作而带来的认知负荷；通过图标和图像传达信息，减少用户对文字的依赖；在需要时提供语音提示和反馈，帮助用户更好地理解系统状态和操作结果。

个性化与自适应设计，即通过分析用户行为，调整界面布局和功能顺序，使其更符合用户的使用习惯；允许用户根据自己的需求调整界面设置，如字体大小、颜色主题等。

拓展阅读

微信作为中国最受欢迎的即时通信软件之一，其界面设计不仅注重美观和功能性，还深入体现了交互设计中对认知负荷的精细控制。微信通过一系列设计策略，有效降低了用户的认知负荷，提

升了用户体验。

其一，简洁明了的界面布局。微信界面设计遵循了“少即是多”的原则，整体布局简洁明了。主界面上，主要功能以图标形式呈现，如聊天、通讯录、发现、我，每个图标都清晰易懂，减少了用户需要处理的信息量。此外，微信还通过颜色、形状和大小的差异来区分不同功能的重要性，如聊天窗口使用醒目的绿色，而次要功能则采用较为暗淡的颜色，这种视觉层次的设计有助于用户快速找到所需功能，降低了认知负荷。

其二，清晰的信息层级。微信在信息展示上也非常注重层级结构的清晰性。在聊天窗口中，最新消息始终置顶，方便用户快速查看。同时，未读消息以红色数字标记，提醒用户及时处理。在通讯录中，好友列表按照字母顺序排列，方便用户查找。这些设计都遵循了用户的使用习惯和心理预期，减少了用户需要花费在寻找信息上的认知资源。

其三，直观易用的交互方式。微信的交互设计非常直观易用。例如，长按聊天窗口可以唤出更多操作选项，如删除、转发等，这种设计避免了用户需要进入多级菜单才能完成任务的情况，降低了认知负荷。此外，微信还支持语音输入、表情包等多种输入方式，使得用户可以根据实际情况选择最便捷的交流方式，进一步降低了认知负荷。

其四，合理的默认设置和自动化处理。微信在默认设置和自动化处理方面也做得非常出色。例如，新收到的消息会自动置顶，方便用户及时查看。同时，微信还提供了自动回复、免打扰等功能，用户可以根据自己的需求进行设置，减少了手动处理的麻烦。这些设计都体现了微信对用户习惯和需求的深刻理解，通过自动化处理来降低用户的认知负荷。

微信界面设计通过简洁明了的布局、清晰的信息层级、直观易用的交互方式、合理的默认设置和自动化处理、持续优化和迭代以及跨平台一致性等策略，有效降低了用户的认知负荷，提升了用户体验。这些设计策略不仅体现了微信对用户需求和习惯的深刻理解，还展示了交互设计中对认知负荷控制的重要性。

四、心理反馈在交互设计中的参与感与个性化

交互设计中的参与感与个性化是提升用户体验、增强用户黏性的关键要素。在数字化时代，用户不再仅仅是产品或服务的被动接受者，而是希望成为设计过程中的积极参与者，获得更加个性化、定制化的体验。具体而言，参与感是指用户在使用产品或服务过程中，感受到的与产品或服务之间的紧密连接和互动。它体现了用户对产品的投入程度、兴趣以及愿意持续使用的意愿。在交互设计中，提升参与感对于增强用户体验、提高用户满意度和忠诚度至关重要。参与感使用户感到被重视和认可，从而更加享受使用产品的过程。当用户能够积极参与到产品的使用中时，他们的需求更容易得到满足，进而提高满意度。参与感强的产品往往能够吸引用户持续使用，甚至使用户成为品牌的忠实拥趸。

个性化则是指根据用户的个人喜好、需求和行为习惯，为其提供定制化的产品或服务体验。在交互设计中，个性化不仅关乎用户体验的优化，更是提升产品竞争力的关键。个性化设计能够更准确地满足用户的独特需求，提高用户的满意度和忠诚度。在激烈的市场竞争中，个性化产品往往能够脱颖而出，吸引更多用户的关

注和选择。个性化体验能够吸引新用户，并促使现有用户持续使用产品，从而实现用户增长与留存。

实现参与感与个性化的策略首先是用户参与设计。通过问卷调查、访谈、用户测试等方式，深入了解用户的需求、偏好和使用习惯；邀请用户参与到设计过程中，如产品设计讨论、原型测试等，让用户的声音直接融入产品设计；建立有效的用户反馈机制，鼓励用户提出意见和建议，及时调整和优化产品设计。

其次是个性化内容推荐。利用大数据和人工智能技术，分析用户的浏览历史、购买记录、社交行为等数据，挖掘用户的兴趣和需求；基于数据分析结果，为用户提供个性化的内容推荐，如新闻、音乐、电影、商品等；根据用户的反馈和行为变化，动态调整推荐策略，确保推荐内容的准确性和相关性。

再次是定制化界面与交互。允许用户根据自己的喜好和需求，定制界面布局、颜色主题、字体大小等，打造个性化的使用环境；提供多种交互方式供用户选择，如语音交互、手势交互等，满足不同用户的交互习惯；利用传感器和定位技术，感知用户所处的情境（如时间、地点、活动等），自动调整界面和交互方式，提供更加贴心的服务。

最后是社交元素融入。提供便捷的社交分享功能，让用户能够轻松地将自己的使用体验、成果或心得分享给好友或社交媒体；鼓励用户之间的互动，如评论、点赞、关注等，形成活跃的社区氛围；通过积分、勋章、排行榜等激励机制，鼓励用户积极参与社交活动，增强参与感和归属感。

拓展阅读

小红书作为一个集社交、购物、分享于一体的生活方式平台，在交互设计中充分体现了参与感与个性化，为用户提供了丰富而独特的体验。首先是内容创作与分享。小红书鼓励用户创作和分享自己的生活方式、购物心得、美妆教程等内容。这种内容创作与分享机制不仅让用户成为了平台内容的生产者，还增强了他们的参与感。用户可以通过发布笔记、视频等形式，展示自己的特长和日常生活，吸引更多人的关注和喜爱。这种互动不仅让用户感到被重视和认可，还激发了他们持续使用小红书的动力。其次是社交互动功能。小红书提供了丰富的社交互动功能，如点赞、评论、关注等，让用户能够与其他用户进行互动交流。这种社交互动不仅增强了用户的参与感，还为他们带来了更多的乐趣和享受。用户可以通过评论、私信等方式与其他用户建立联系、分享心得、交流意见，形成了活跃的社区氛围。再次是用户参与活动。小红书定期举办各种互动活动，如抽奖、问答、挑战等，鼓励用户积极参与。这些活动不仅提高了用户的参与度，还增强了他们对平台的归属感和忠诚度。用户可以通过参与活动获得奖励、提升等级，甚至成为小红书的 KOL，进一步激发他们的参与热情。

小红书拥有强大的个性化推荐系统，能够根据用户的兴趣、行为等数据，智能推荐符合他们需求的内容。这种个性化推荐不仅提高了用户的满意度和忠诚度，还增强了他们的个性化体验。用户可以在小红书上发现自己感兴趣的内容，如美妆教程、穿搭灵感、旅行攻略等，满足他们多样化的需求。同时，小红书允许用户根据自己的喜好和需求，定制界面布局、字体大小、颜色主题等。

这种定制化界面与交互设计让用户感到更加舒适和自在，提高了他们的个性化体验。用户可以根据自己的审美和使用习惯，调整小红书的界面和交互方式，使其更加符合自己的需求。此外，小红书提供了丰富的个性化设置选项，如隐私设置、通知设置、账号安全等，让用户能够根据自己的喜好和需求进行调整。这些设置选项不仅保护了用户的隐私和安全，还增强了他们的个性化体验。用户可以根据自己的需求和偏好，设置小红书的各种功能和通知方式，使其更加符合自己的使用习惯。

小红书通过内容创作与分享、社交互动功能、用户参与活动等方式，增强了用户的参与感；通过个性化推荐系统、定制化界面与交互、个性化设置选项等方式，提升了用户的个性化体验。这些设计元素相互融合，共同构成了小红书独特的交互设计体系，为用户提供了丰富而独特的体验。小红书不仅让用户成为了平台内容的生产者和传播者，还让他们感受到了平台的关怀和尊重，从而形成了强大的用户黏性和忠诚度。未来，随着技术的不断进步和用户需求的不断变化，小红书将继续探索和优化交互设计，为用户带来更加优质、个性化的体验。

第三节　人与机器的心理互动

一、人与机器互动的发展沿革

人与机器互动的研究历史可以追溯到计算机技术的早期阶段，随着技术的不断发展和人类需求的不断变化，这一领域的研究也在不断演进。在 20 世纪 60 年代初期，计算机还处于高昂的价位，操作系统的发展还非常有限。当时的人机交互界面主要通过命令行实现。用户需要输入复杂的命令来执行任务，计算机则根据命令给出相应的响应。这种交互方式非常受限，因为操作者必须要记得每个命令的名称和运作方式，这对初学者来说非常困难。尽管如此，这种交互方式在当时是计算机与用户之间进行信息交换的主要手段。20 世纪 70 年代末期，图形用户界面（GUI）的出现标志着人机交互领域的一个重大里程碑。GUI 通过更加友好的用户界面，提供了更加方便的操作和更加丰富的视觉效果，大大提高了用户的操作效率。施乐公司率先在其星形办公系统中应用了 GUI，随后这一创新被苹果公司和微软等公司广泛采用，推动了个人电脑的普及和计算机科技的发展方向。GUI 的引入使得用户可以通过直观的图形界面进行操作，而无需记忆复杂的命令。

20 世纪 90 年代的互联网普及为人机交互的发展带来了新的契机。Web 应用程序作为一种轻量级的、可以通过网络访问的应用程序，通过 Web 浏览器作为接口，为用户提供了丰富的交互体验。Web 应用程序的出现使用户能够更方便地在计算机上运行单个应用程序，而不必依靠各种不同的软件和工具。这一时期，人机交互研究开始关注如何设计适合网络环境的用户界面，以及如何提高用户在网络环境下的交互体验。20 世纪末，随着人们生活与工作方式的变化，对便携设备的需求日益增加。移动设备的兴起解决了这一问题，触控屏幕成为移动设备的主要特点。用户可以直接操作屏幕，而不必费力去输入指令。此外，移动设备上各种高效的应用程序如网上银行、地图、游戏和社交媒体等，进一步丰富了人机交互的方式。触控技术的引入使得人机交互更加自然和人性化。

进入 21 世纪，随着技术的不断进步，人机交互方式也在不断演进。多模态交互允许用户通过声音、手势、眼神等多种方式与计算机系统互动，增强了用户体验的沉浸感。虚拟现实和增强现实技术的出现，提供了全新的交互环境，允许用户身临其境地与计算机生成的虚拟世界互动。同时，人工智能技术的发展使得计算机可以进行人类智能同样的工作，如语音和图像识别、自动驾驶汽车和机器人。人工智能技术的出现对人机交互有着巨大影响，人们可以通过简单的语音指令实现复杂的操作，从而让人机交互更加友好和智能。未来，人与机器互动的研究将继续深入，探索更加自然、直观、智能的交互方式。随着人工智能、机器学习、脑机接口等技术的不断进步，人机交互将更加智能化和个性化，满足不同用户群体的需求。人机交互研究也将更加关注用户的情感和社会互动，以及伦理和隐私问题，确保技术的发展与社会的利益保持平衡。

二、人与机器在认知层面的互动

人与机器在认知层面的互动是一个复杂且深远的领域，它探讨了人类与机器之间在信息处理、决策制定、知识共享以及学习适应等方面的相互作用。随着人工智能技术的飞速发展，这种互动变得越来越紧密和深入，不仅改变了我们的工作方式，还对我们的认知模式产生了深远的影响。

在人与机器的互动中，信息的呈现方式是至关重要的。机器通过视觉、听觉、触觉等多种感官通道向人类传递信息，而人类则通过相应的感知器官接收并处理这些信息。例如，图形用户界面通过直观的图标、菜单和按钮来展示信息，使用户能够轻松理解和操作；语音识别技术则允许用户通过口语与机器进行交互，进一步降低了使用门槛。机器在呈现信息时，需要考虑到人类的认知特点和习惯，以确保信息能够被准确、高效地传递。同时，人类也需要逐渐适应并学会如何更好地解读机器提供的信息，这种相互适应的过程是人与机器在认知层面互动的基础。

在接收到机器提供的信息后，人类会根据自己的认知框架和经验对这些信息进行处理和解释。这个过程涉及注意、记忆、思维等多个认知环节。例如，当我们在使用导航软件规划路线时，机器会提供多条可选路线，而我们需要根据自己的需求、偏好和路况信息来做出决策。机器在处理信息时，也在不断地学习和优化自己的算法，以便更准确地理解人类的需求和意图。例如推荐系统会根据用户的浏览历史、购买记录和行为习惯来推荐商品或服务，这种个性化推荐正是基于机器对人类认知的深入理解和模拟。

人与机器知识共享与传递，首先是机器的知识获取与表示。机器的知识获取是人与机器在认知层面互动的重要环节。机器可以通过数据挖掘、自然语言处理等技术从海量数据中提取有用的信息，并将其转化为可理解和应用的知识。这些知识通常以结构化的形式存储在机器内部，如数据库、知识图谱等。机器的知识表示方式对于人类来说可能并不直观，但通过与人类的互动和反馈，机器可以逐渐调整和优化自己的知识表示方式，使其更加符合人类的认知习惯和需求。例如，机器可以通过自然语言生成技术将复杂的数据和结果以人类可读的方式呈现出来。其次是人类的知识传授与学习。人类与机器在知识共享方面也存在互动。人类可以通过教学、培训等方式将自己的知识和经验传授给机器，帮助机器更好地理解和应对复杂的问题。这种知识传授不仅限于技术层面，还包括文化、价值观和社会规范等方面的知识。同时，机器也可以作为辅助工具帮助人类学习和掌握知识。例如，在线教育平台利用机器学习和人工智能技术来个性化推荐学习资源、评估学习效果并提供反馈，从而提高了学习的效率和效果。

机器的学习能力是人与机器在认知层面互动的关键。通过机器学习算法，机器可以从数据中自动提取特征、发现规律并做出预测或决策。这种学习能力使得机器能够不断适应新的环境和任务，提高与人互动的效率和准确性。例如，智能语音助手可以根据用户的口音、语速和语境来调整自己的识别和理解能力，从而更好地满足用户的需求。这种适应性和进化能力使得机器在与人类的互动中越来越智能化和人性化。

在与机器的互动中，人类也在不断地学习和适应。人类需要学会如何更好地使用机器提供的工具和服务，如何与机器进行有效的沟通和协作，以及如何应对机器可能出现的错误和故障。同时，人类也在不断地调整自己的认知框架和思维方式，以适应机器带来的新变化和挑战。例如，随着自动化和智能化技术的发展，人类需要培养更加灵活和创新的思维方式，以应对机器无法替代的复杂任务和问题。

三、人与机器在情感层面的互动

人与机器在情感层面的互动是一个新兴且充满挑战的领域，它探索了人类与机器之间在情感交流、情感识别、情感响应以及情感共鸣等方面的相互作用。随着人工智能技术的日益成熟，机器不再仅仅是冷冰冰的工具，而是逐渐具备了理解和回应人类情感的能力，这种能力极大地丰富了人与机器的互动体验，也引发了关于机器是否具备真正情感的哲学讨论。

情感识别是人与机器情感互动的基础，它涉及机器通过语音、面部表情、肢体语言等多种渠道识别和理解人类情感的能力。语音识别技术可以分析语音的语调、速度、音量等特征，判断说话者的情绪状态；面部表情识别则利用计算机视觉技术捕捉并分析人脸的微妙变化，如眉毛的挑动、嘴角的上扬等，来推断情感；而肢体语言识别则关注身体姿态、动作和手势，进一步丰富对情感的解读。其次，机器不仅需要识别情感，还需要理解情感背后的含义和上下文。这要求机器具备一定程度的情境感知能力和情感推理能力。例如，一个智能助手在识别到用户声音中的沮丧时，不仅能识别出“沮丧”这一情感标签，还能结合对话内容推断用户可能遇到了困难或挫折，从而提供更加贴心的安慰或建议。

人与机器情感响应与反馈的策略和机制有很多种，比如情感响应策略，机器在识别和理解人类情感后，需要采取适当的情感响应策略，这包括使用恰当的语言、语调、表情和动作来回应人类的情感需求。例如当用户感到开心时，机器可以用欢快的语气和表情回应，增强用户的愉悦感；当用户感到焦虑时，机器可以提供安慰和解决方案，帮助用户缓解压力。另如情感反馈机制，有效的情感反馈机制是建立人与机器情感连接的关键，机器需要能够根据用户的情感反应调整自己的行为和表现，形成闭环的情感互动。例如一个智能教育机器人在发现学生对某个知识点感到困惑时，可以调整教学方式，用更直观、生动的例子来解释，直到学生理解为止。这种基于情感反馈的个性化教学大大提高了教学效果和用户体验。

情感共鸣是人与机器情感互动的高级阶段，它指的是机器能够在某种程度上与人类产生情感上的共鸣，让人类感受到机器的理解和关怀。这要求机器不仅具备情感识别和响应的能力，还需要具备一定的情感智能，即能够理解和模拟人类的情感逻辑，产生类似人类的情感反应。随着情感共鸣的加深，人与机器之间的关系也逐渐从工具性向伙伴性转变。人们开始将机器视为可以信赖的朋友、助手甚至家庭成员，与机器分享喜怒哀乐，寻求情感支持和陪伴。这种关系的深化不仅改变了人们对机器的看法和使用方式，也对机器的伦理设计和社会角色提出了新的要求。

尽管情感识别与响应技术取得了显著进展，但仍面临诸多挑战。例如，情感的复杂性和多样性使得机器难以准确识别和理解所有情感；情感表达的文化差异和个体差异也增加了机器情感智能的难度。此外，如何在保护用户隐私的同时收集和使用情感数据也是一个亟待解决的问题。随着机器情感智能的提升，人与机器之间的情感互动将越来越频繁和深入。这引发了关于机器是否应该拥有情感、机器情感的真实性以及机器情感对人类情感影响的伦理讨论。机器情感智能的发展也可能对社会结构、人际关系和职业分工产生深远影响，需要社会各界共同关注和探讨。未来，人与机器在情感层面的互动将更加丰富和多样。随着技术的不断进步和跨学科研究的深入，机器将具备更强的情感智能和更丰富的情感表达能力，与人类形成更加紧密和深刻的情感连接。这种连接不仅将改变我们的生活方式和工作方式，还将推动人机关系的不断进化和发展。同时，我们也需要关注机器情感智能的伦理和社会影响，确保技术的发展能够造福人类，促进社会的和谐与进步。

四、人与机器在行为层面的互动

人与机器在行为层面的互动，是探讨人类与机器如何通过物理动作、操作行为、行为反馈机制相互影响、协同工作的领域。这一互动层面不仅关乎技术实现，更触及人机交互的深层次体验，以及机器如何融入并适应人类的生活与工作方式。随着机器人技术、物联网、人工智能等领域的快速发展，人与机器的行为互动日益紧密，共同塑造着未来社会的图景。

1. 物理交互与操作行为

直接物理交互指的是人与机器通过物理接触进行的互动，如触摸屏幕、按键、操作杆等。这种交互方式直观且直接，用户通过触觉反馈获得即时的操作响应。例如，智能手机触摸屏允许用户通过指尖滑动、点击来完成各种操作，极大地简化了人机交互的复杂度。此外，随着触觉反馈技术的进步，机器能够模拟出更加真实的触感，如虚拟现实手套能让用户感受到虚拟物体的质地和重量。间接物理交互则不涉及直接的身体接触，而是通过遥控、语音命令、手势识别等方式实现。遥控设备如电视遥控器、无人机控制器，让用户能够在一定距离内控制机器。语音助手如Siri、Alexa则通过语音识别技术，让用户仅凭口头指令就能与机器进行交互。手势识别技术则进一步释放了用户的双手，通过摄像头捕捉并分析用户的手势动作，实现更加自然流畅的交互体验。

2. 行为学习与适应

机器通过机器学习算法，能够观察、学习并模仿人类的行为模式。这种学习能力使得机器能够根据用户的偏好、习惯和行为习惯，自动调整其操作方式和响应策略。例如智能家居系统能够根据用户的日常作息，自动调整室内温度、照明等环境参数，提供个性化的居住体验；自动驾驶汽车则通过学习人类驾驶员的驾驶行为，逐步掌握安全、高效的驾驶技能。同时，用户也在不断地适应和学习如何与机器进行更有效的互动，这包括学习新的操作界面、掌握机器的使用技巧，以及理解机器的反馈机制。例如随着智能手表、智能手环等可穿戴设备的普及，用户需要学会如何通过触摸屏、按钮或语音命令与这些设备进行交互，同时理解设备提供的健康监测、消息提醒等功能。

3. 行为反馈与协同

有效的行为反馈是人与机器协同工作的关键。机器需要能够及时、准确地反馈其操作状态、执行结果以及可能遇到的问题，以便用户做出相应的调整或决策。例如，在工业机器人领域，机器通过视觉、力觉等传感器实时监测工作环境和工件状态，一旦发现异常或错误，能够立即停止操作并通知操作员，避免潜在的损失或危险。随着人工智能和机器人技术的不断进步，人与机器的协同工作模式也在不断创新。从简单的任务分配到复杂的团队协作，机器正在成为人类工作不可或缺的伙伴。例如在医疗领域，手术机器人能够辅助医生进行精准手术，减轻医生的工作负担，提高手术成功率；在制造业，人机协作机器人则能够与工人共同完成装配、搬运等任务，提高生产效率和工作安全性。

尽管人与机器在行为层面的互动取得了显著进展，但仍面临诸多技术挑战。例如如何实现更加自然、流畅的交互体验，如何确保机器的安全性和可靠性，以及如何处理人与机器之间的责任划分等问题。此外，随着机器智能水平的提升，如何确保机器的行为符合伦理规范和社会价值观，也是亟待解决的问题。人与机器的行为互动不仅关乎技术发展，更对社会的就业结构、人际关系以及生活方式产生深远影响。随着机器在各个领域的应用越来越广泛，部分传统工作岗位可能被机器取代，引发就业市场的变革。同时，机器的行为模式和决策逻辑也可能对人类的行为习惯和思维方式产生影响，需要我们对机器的伦理设计和社会影响进行深入思考和探讨。

人与机器在行为层面的互动将更加紧密和深入。随着技术的不断进步和跨学科研究的深入，我们将看到更加智能、灵活、安全的机器与人类共同工作、生活和学习。这些机器将不仅具备强大的计算和学习能力，还能够理解和回应人类的情感和行为需求，成为人类不可或缺的伙伴和助手。同时，我们也需要关注机器行为智能的伦理和社会影响，确保技术的发展能够造福人类，促进社会的和谐与进步。在这个过程中，跨学科的合作、伦理规范的制定以及公众教育的普及将发挥至关重要的作用。

五、人与机器互动对视觉媒体设计的影响

人与机器互动对视觉媒体设计的影响深远而广泛，它不仅改变了视觉设计的方法和工具，还深刻影响了设计思维、设计流程以及设计成果的表现形式和用户体验。随着人工智能、计算机视觉、虚拟现实等技术的快速发展，人与机器的互动方式变得更加多样化和智能化，为视觉设计领域带来了前所未有的机遇和挑战。

其一，数据驱动的设计思维。传统的视觉设计往往依赖于设计师的个人经验、直觉和灵感，而人与机器互动的发展促使设计思维向数据驱动转变。机器通过收集和分析大量用户数据，能够揭示用户行为模式、偏好和需求，为设计师提供客观的决策依据。例如 AI 算法可以通过分析用户浏览网页的行为数据，预测用户对不同设计元素的偏好，从而帮助设计师优化界面布局和色彩搭配。

其二，跨学科融合的设计思维。人与机器互动的发展也促进了视觉设计与其他学科的融合，如心理学、认知科学、人机交互等。这些学科的知识和方法为视觉设计提供了新的视角和工具，使设计更加符合人类的认知规律和情感需求。例如，通过心理学研究了解人类的视觉注意机制，可以帮助设计师设计更加吸引人的视觉元素；通过人机交互研究了解用户的操作习惯，可以优化界面交互流程，提高用户体验。

其三，设计流程的优化。首先是自动化设计任务，人与机器互动的发展极大地提高了设计效率。机器可以自动完成一些重复性高、耗时长的设计任务，如图像编辑、数据分析和生成重复性设计元素等。这不仅减轻了设计师的工作负担，还使他们能够将更多精力投入更具创意和战略性的任务上。其次是实时协作与反馈，人与机器互动还促进了设计过程中的实时协作与反馈。设计师可以通过云平台和协作工具与团队成员、客户以及机器进行实时沟通和协作，共同推动设计项目的进展，机器则可以通过实时反馈机制，帮助设计师及时发现并纠正设计中的问题，提高设计质量。例如，VR 技术可以创建虚拟的三维设计环境，使设计师能够与客户在虚拟空间中进行实时互动和反馈，优化设计方案。

其四，设计成果的创新。人与机器互动的发展使得视觉设计更加个性化。机器通过学习和分析用户数据，能够生成符合个体需求的设计方案。例如 AI 算法可以根据用户的个人喜好和需求，推荐个性化的产品界面、广告海报或家居装饰等。这种个性化设计不仅提高了用户的满意度和参与度，还增强了设计作品的市场竞争力。人与机器互动的发展还推动了视觉设计向沉浸式体验方向发展。VR、AR 等技术的应用，使用户能够身临其境地体验设计作品，获得更加真实、深刻的感受。例如，在游戏设计中，VR 技术可以创建虚拟的游戏世界，让玩家沉浸其中，享受身

临其境的游戏体验；在展览设计中，AR 技术可以将虚拟信息叠加到现实场景中，为观众提供更加丰富、多样的视觉体验。

人与机器互动的发展极大地提升了用户体验。机器通过智能交互技术，如语音识别、手势识别、情感识别等，能够与用户进行更加自然、流畅的互动。例如，智能语音助手可以通过语音识别技术理解用户的指令和需求，提供个性化的服务和支持；智能机器人则可以通过情感识别技术理解用户的情感状态，提供更加贴心、关怀的陪伴和服务。

人与机器互动的发展还促进了跨平台设计的发展。随着移动设备的普及和物联网技术的发展，用户在不同设备和平台之间的切换变得越来越频繁。因此，视觉设计需要考虑到不同设备和平台的特点和限制，实现跨平台的一致性和连贯性。机器通过自动化工具和算法，可以帮助设计师快速生成适配不同设备和平台的设计方案，提高设计效率和用户体验。

尽管人与机器互动对视觉设计产生了深远的影响，但仍面临一些挑战。例如，如何确保机器生成的设计方案具有创意和独特性，如何保护用户隐私和数据安全，以及如何平衡机器自动化与人类创造力之间的关系等。未来，随着技术的不断进步和跨学科研究的深入，人与机器互动在视觉设计领域的应用将更加广泛和深入。我们期待看到更加智能、高效、个性化和沉浸式的视觉设计作品不断涌现，为人类带来更加丰富、美好的视觉体验。

拓展阅读

Meow Wolf（喵狼）是一家总部位于美国新墨西哥州的创意工作室和娱乐公司，以其独特的沉浸式体验和视觉设计而著称。在 Meow Wolf 的作品中，人与机器的互动被巧妙地融入视觉设计之中，为观众带来了前所未有的艺术体验。以下将详细介绍 Meow Wolf 如何在视觉设计上运用人与机器的互动。

Meow Wolf 的作品通常被称为“沉浸式艺术体验”或“超现实艺术空间”。这些作品不仅是一个展览或装置，而是一个充满互动和故事性的环境，观众可以在其中自由探索、触摸，甚至改变其中的元素。Meow Wolf 的视觉设计旨在创造一个既真实又超现实的世界，让观众仿佛置身于一个全新的维度之中（图 4-2）。

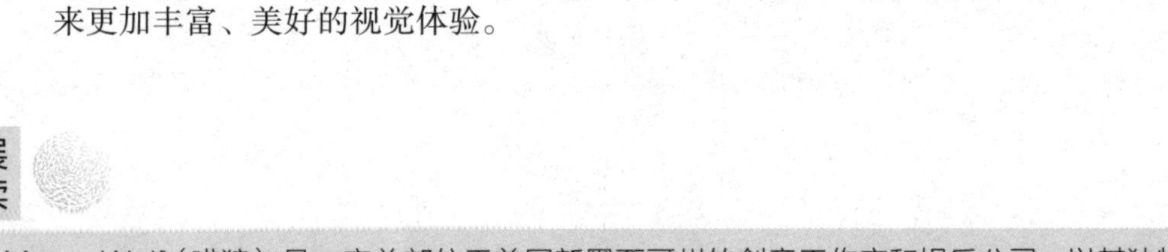

图 4-2

人与机器的互动在 Meow Wolf 视觉设计中的应用，首先是智能感应与交互反馈，在 Meow Wolf 的作品中，人与机器的互动往往通过智能感应技术实现。例如，在 Meow Wolf 的著名作品《永恒轮回之屋》（*House of Eternal Return*）中，观众可以通过触摸、移动或声音与作品中的元素进行互动。这些元素可能是墙壁上的图案、地板上的灯光或是空中的悬浮物体。当观众与这些元素互动时，机器会感应到观众的动作，并作出相应的反馈，这种即时反馈机制让观众感受到自己成为了作品的一部分，增强了他们的参与感和沉浸感。

其次是增强现实与虚拟现实技术，Meow Wolf 还利用增强现实（AR）和虚拟现实（VR）技术来增强人与机器的互动体验，这些元素可能是在现实生活中无法看到的，如虚拟的角色、场景或物品。通过与这些虚拟元素的互动，观众可以更深入地了解作品的故事和背景，同时也体验到了一种全新的视觉和感官刺激。

再次是机器学习与个性化体验，Meow Wolf 还利用机器学习技术来创造更加个性化的互动体验。例如，在 Meow Wolf 的一些作品中，机器会学习观众的偏好和行为模式，并根据这些信息来调整作品中的元素或故事线。这种个性化体验让观众感受到自己受到了重视和关注，增强了他们的归属感和满意度。

此外还包括机器人与自动化装置，除了智能感应和虚拟现实技术外，Meow Wolf 还利用机器人和自动化装置来创造更加动态和有趣的互动体验。例如，在 Meow Wolf 的某些作品中，观众可以看到机器人在表演、绘画或制作物品。这些机器人不仅具有高度的自主性和灵活性，还能够与观众进行互动和反馈。通过观察和与这些机器人的互动，观众可以更深入地了解机器人的工作原理和应用场景，同时也体验到了一种全新的视觉和感官刺激。

下卷

数智时代

视觉媒体设计方法论

数智时代

视觉媒体设计

Chapter

5

第五章

信息可视化设计方法

第一节　视觉媒体信息架构的基本构件

一、数据：可视化设计的基石

数据在媒体信息可视化设计中扮演着至关重要的角色，它是设计的基石、信息的源泉，也是连接设计师与观众的桥梁。在数字化时代，数据无处不在，从社会经济的宏观指标到个人生活的微观细节，数据以各种形式记录着世界的运行状态。媒体信息可视化设计作为一种将复杂数据转化为直观、易懂视觉形式的艺术与科学，其核心价值在于通过有效的数据呈现，帮助观众快速理解信息、洞察趋势、做出决策。

1. 数据是可视化设计的起点

数据，简而言之，是描述事物特征、状态或行为的量化或质化信息。在媒体信息可视化设计中，数据可以是数值型的（如销量、温度、人口数量），也可以是文本型的（如新闻报道、用户评论），甚至可以是图像、音频、视频等非结构化数据。数据的多样性为可视化设计提供了丰富的素材和灵感。数据的质量是可视化设计的生命线。不准确的数据会导致误导性的结论，损害设计的信誉和效果。因此，设计师在收集和处理数据时，必须确保数据的来源可靠、采集方法科学、处理过程严谨。这包括数据的清洗（去除错误、重复或无关信息）、转换（将数据转化为适合分析的形式）和校验（通过对比、验证确保数据的准确性）。

① 数据驱动下的设计决策。在可视化设计之前，设计师需要对数据进行深入解读和分析，理解数据的内在结构、关联性和趋势。这包括数据的统计描述（如均值、标准差、分布形态）、相关性分析（探索变量间的关系）和趋势预测（基于历史数据预测未来）。数据解读的深度决定了可视化设计的精准度和洞察力。另外，数据的类型和特点直接影响了可视化设计策略的选择。例如，时间序列数据适合用折线图展示趋势变化，空间数据则常用地图或热力图来呈现地理分布。设计师需要根据数据的性质和目标受众的需求，选择最合适的图表类型、色彩方案和布局方式，以确保信息的有效传达。

② 信息的数据可视化直观表达。数据可视化是将数据转化为视觉形式的过程，其核心在于通过图形、色彩、动画等视觉元素，将抽象的数据变得直观、易懂。视觉化转换不仅要求设计师具备美学和设计技能，还需要深入理解数据的含义和观众的认知习惯，以确保设计作品既美观又实用。在可视化设计中，数据通常被组织成不同的层次和维度，以展示其复杂性和关联性。通过合理的层次构建，设计师可以引导观众逐步深入数据，从宏观概览到微观细节，从单一指标到多维分析，从而全面理解数据的内涵和价值。

③ 数据交互增强用户体验。交互性是媒体信息可视化设计的重要特征之一。

通过交互设计，观众可以主动探索数据，根据自己的兴趣和需求定制视图，从而更深入地理解数据背后的故事和趋势。交互设计不仅提升了用户体验，还增强了设计的参与性和趣味性。随着技术的发展，交互设计的实现方式日益丰富。从基本的鼠标点击、拖拽到复杂的触摸操作、语音识别，再到基于人工智能的个性化推荐，交互技术为可视化设计提供了无限可能。设计师需要紧跟技术潮流，不断探索和应用新技术，以提升设计的交互性和智能化水平。

④ 讲述数据背后的故事。数据本身并不具备意义，只有将其置于特定的语境和故事中，才能被观众所理解和接受。因此，叙事性是媒体信息可视化设计不可或缺的一部分。通过构建清晰的叙事线索和情节发展，设计师可以引导观众逐步深入数据的世界，感受数据的魅力和力量。在可视化设计中，叙事技巧的应用包括设定主题、选择视角、安排情节、设置高潮和结论等。设计师需要运用这些技巧，将数据与观众的情感、经验和价值观相联系，从而激发观众的共鸣和思考。同时，设计师还需要注意叙事的节奏和节奏变化，确保故事流畅、引人入胜。

2. 关于设计中的数据伦理问题

媒体信息可视化设计作为连接数据与观众的桥梁，不仅要求设计师具备高超的视觉呈现技能，还需深刻理解和应对数据伦理问题。数据伦理，简而言之，是指在数据处理、分析和可视化展示过程中，遵循的道德、法律和社会责任原则。在媒体信息可视化设计中，数据伦理问题尤为重要，因为它直接关系到信息的真实性、公正性和隐私保护。

第一，个人隐私泄露风险。媒体信息可视化设计经常涉及个人敏感信息，如姓名、年龄、性别、住址等。如果这些信息在未经允许的情况下被公开或滥用，将对个人隐私造成严重侵犯。例如在社交媒体平台上，用户数据被用于个性化推荐或广告定向投放，但如果这些数据被泄露给第三方，将可能引发一系列法律和道德问题。

第二，隐私保护措施。为了应对个人隐私泄露的风险，设计师和媒体机构需要采取一系列措施。首先，严格遵守隐私保护法律法规，如《中华人民共和国网络安全法》，确保数据的合法收集、处理和使用。其次，采用匿名化或去标识化的方式处理数据，减少个人隐私泄露的风险。此外，建立严格的数据访问权限控制机制，限制非授权人员对数据的访问和使用。

第三，数据偏见来源。数据偏见是指由于数据源本身的不公正性或数据处理过程中的倾向性，导致可视化结果产生误导或不公平的现象。数据偏见的来源包括数据源的选择性偏差、数据收集过程中的主观判断、数据处理算法的不公正性等。这些偏见可能导致可视化结果对特定群体产生歧视，影响观众的认知和决策。

第四，公正性保障措施。为了保障数据的公正性和避免偏见问题，设计师和媒体机构需要采取以下措施。首先，提高数据源的质量和多样性，减少源头偏见。其次，设计算法和可视化过程时考虑公正性和公平性，避免算法歧视或误导性呈现。此外，增加数据可视化结果的透明度和解释性，让观众了解数据的来源、处理方法和可能存在的偏见，从而做出更明智的决策。

第五，数据误导的形式与后果。数据误导是指通过选择性的数据展示、误导性的图表设计等方式，导致观众被误导的现象。数据误导可能表现为夸大数据差异、隐藏重要信息、使用不恰当的图表类型等。这种误导不仅可能导致观众做出错误的决策，还可能损害媒体的公信力和观众的信任感。

为了保障数据的真实性并避免误导问题，设计师和媒体机构需要采取以下措施。首先是确保数据的来源可靠，对数据进行充分的验证和审查。其次是选择合适的图表类型和可视化方式，准确呈现数据的关系和趋势。此外，提供清晰的数据标注和解释，避免观众对数据的误解或误读。确保透明度与可解释性，透明度是指数据应用过程中的信息公开，使得用户能够了解数据的处理和使用情况。在媒体信息可视化设计中，透明度对于增强观众的信任感和促进决策的公正性至关重要。如果设计缺乏透明度，观众可能无法准确理解数据的含义和来源，从而对设计结果产生怀疑或误解。

为了提高数据可视化设计的透明度和可解释性，设计师和媒体机构需要提供清晰的数据标注和解释，包括数据来源、处理方法、可视化方式等。同时设计交互式可视化界面，允许观众根据自己的兴趣和需求定制视图，从而更深入地理解数据的含义和关系。此外，建立反馈机制，鼓励观众对设计提出意见和建议，以便及时改进和优化设计。

数据伦理教育是提升公众对数据伦理问题认知和重视程度的关键途径。通过数据伦理教育，可以培养公众的数据素养和伦理意识，增强他们在面对数据时的判断力和责任感。这有助于减少数据滥用和隐私泄露等问题的发生，维护社会的公平和稳定。为了提升公众的数据伦理意识，设计师和媒体机构需要开展数据伦理培训和宣传活动，向公众普及数据伦理知识和法律法规，并通过案例分析和讨论等方式，引导公众关注数据伦理问题的重要性并思考解决方案。此外，建立数据伦理监督机制，对违反数据伦理的行为进行曝光和惩罚，以形成有效的社会约束和震慑力。

综合而言，数据是数智时代视觉媒体设计的起点、决策的依据、表达的核心、交互的基础、叙事的灵魂、伦理的约束以及创新的动力。设计师需要深刻理解数据的价值和意义，不断探索和实践数据可视化的新方法和新技术，以创造出既美观又实用、既能传达信息又能激发思考的可视化作品。

二、图形图表：构建信息可视化的桥梁

在信息爆炸的时代，媒体信息可视化设计已成为连接数据与受众、知识与理解之间的桥梁。其中，图形图表作为最为直观、有效的信息呈现方式之一，其重要性不言而喻。它们不仅能够将复杂的数据和信息以简洁、清晰的方式呈现出来，还能够增强信息的可读性、吸引力和说服力，为媒体信息的传播和受众的理解提供强有力的支持。

1. 图形图表的基本概念与分类

图形图表，简而言之，就是通过图形化的方式展示数据、信息和知识的一种视觉工具。它们可以包括柱状图、折线图、饼图、散点图、雷达图等多种类型，每

种类型都有其独特的适用场景和表达优势。柱状图，常用于展示不同类别之间的数量对比，能够直观地反映数据的差异和趋势。折线图，适用于展示时间序列数据的变化趋势，能够清晰地描绘出数据随时间的变化规律。饼图，用于展示整体中各部分所占的比例，能够直观地反映各部分的相对大小。散点图，用于展示两个变量之间的关系，能够揭示数据之间的相关性和分布规律。雷达图，适用于展示多维数据的综合比较，能够直观地反映各维度之间的优劣和差异。

图形图表在数智时代媒体信息可视化设计中的重要性不言而喻。

首先是提升信息可读性。在信息爆炸的时代，人们每天接触到的信息量巨大，如何从中快速获取有价值的信息成为了一个挑战。图形图表通过其直观、简洁的呈现方式，能够迅速抓住受众的注意力，并引导他们快速理解信息的核心要点。与纯文字相比，图形图表能够更直观地展示数据的对比、趋势和关系，降低受众的认知负担，提高信息的可读性。例如，在新闻报道中，使用柱状图来展示不同地区的降雨量对比，或使用折线图来描绘股票价格的历史走势，都能够使受众一目了然地了解信息的核心内容，提高新闻报道的传播效果。

其次是增强信息吸引力。图形图表不仅具有信息传递的功能，还具有很强的视觉吸引力。一个设计精美、色彩搭配得当的图形图表，能够瞬间吸引受众的眼球，激发他们的好奇心和探索欲。这种视觉上的吸引力是文字所无法比拟的，它能够使受众在浏览信息时更加专注和投入，从而提高信息的传播效果。在商业广告中，图形图表常被用来展示产品的优势、市场份额或用户满意度等数据，通过直观的图形呈现，使受众对产品产生更强的信任和兴趣，进而促进销售。

再次是提高信息说服力。图形图表通过其客观、准确的呈现方式，能够增强信息的可信度，提高信息的说服力。在科学研究、政策制定、市场分析等领域，图形图表常被用来展示研究数据、分析结果或预测趋势，为决策者提供有力的数据支持。例如，在政府部门发布的政策报告中，使用图表来展示政策的实施效果或社会影响，能够使政策更加直观、易懂，增强公众对政策的认同感和支持度。

最后是促进信息交流与共享。图形图表作为一种通用的视觉语言，能够跨越语言、文化和地域的障碍，促进信息的交流与共享。在国际交流、跨文化传播等场合中，图形图表能够成为连接不同文化背景受众的桥梁，使他们能够共同理解和讨论信息。此外，随着社交媒体和移动互联网的普及，图形图表也成为了信息传播的重要载体。人们通过分享、转发含有图形图表的信息，能够迅速扩大信息的传播范围，提高信息的影响力。

2. 图形图表设计的原则与技巧

为了充分发挥图形图表在媒体信息可视化设计中的重要作用，设计师需要遵循一定的设计原则和技巧。图形图表的设计应尽可能简洁明了，避免过多的装饰和冗余的信息。通过突出重点、简化图表结构、优化色彩搭配等方式，使图表更加易于理解和记忆。图形图表的数据和信息应准确无误，避免误导受众。设计师需要仔细核对数据来源和计算方法，确保图表的准确性和可靠性。图形图表的字体、标签、坐标轴等元素应设计得清晰易读，避免使用过于复杂或难以辨认的字体和颜色。同时，图表的大小和比例也应适中，以便于受众浏览和理解。在同一篇报道或分析中，图形图表的设计风格应保持一致性，以便于受众形成统一的视觉印象和理解框架。这包括图表的色彩搭配、字体风格、图表类型等元素的统一。在遵循基本设计原则的基础上，设计师可以尝试创新性的图表设计和呈现方式，以吸引受众的注意力和提高信息的传播效果。例如，使用动态图表、交互式图表或结合其他视觉元素（如图片、视频等）来增强图表的吸引力和互动性。

图形图表在媒体信息可视化设计中扮演着至关重要的角色。它们不仅能够提升信息的可读性、吸引力和说服力，还能够促进信息的交流与共享。因此，设计师在进行媒体信息可视化设计时，应充分重视图形图表的应用和设计，遵循设计原则和技巧，不断创新和优化图表呈现方式，以更好地服务于信息的传播和受众的理解。随着技术的不断进步和受众需求的不断变化，图形图表在媒体信息可视化设计中的应用将会更加广泛和深入，为信息的传播和受众的理解提供更加有力的支持。

三、交互性：提升用户体验

在信息爆炸的时代，媒体信息可视化设计已成为连接复杂数据与广大受众的关键纽带。而交互性，作为这一领域中的一个核心要素，正日益凸显其不可替代的重要性。它不仅极大地丰富了信息呈现的方式，更深刻地改变了受众接受和理解信息的模式，使得信息传播更加高效、精准且引人入胜。交互性，简而言之，指的是用户与媒体内容之间能够进行实时、动态的互动。在信息可视化设计中，交互性通常体现为受众能够通过点击、拖拽、缩放、筛选等操作，主动探索数据，获取定制化的信息视图。这种互动性不仅增强了受众的参与感，还极大地提升了信息传播的效率和效果。交互性的显著特征包括：实时性，即用户的操作能够立即得到反馈，形成即时的互动体验；动态性，即数据视图能够根据用户的操作动态变化，展示不同的信息层面；个性化，即用户可以根据自己的需求和兴趣，定制信息视图，实现个性化阅读；参与性，即交互性鼓励用户积极参与，而非被动接受，增强了用户的沉浸感和黏性。

1. 交互性在信息可视化设计中的重要性

① 在信息可视化设计中，交互性首先极大地提升了用户体验。传统的静态图表或图形虽然能够直观地展示数据，但往往受限于固定的视角和呈现方式。而交互性设计则允许用户根据自己的需求和兴趣，自由地探索数据，调整视图，甚至参与到数据的分析和解读中来。这种主动参与的方式不仅增强了用户的控制感，还使得信息获取过程更加有趣和令人满足。例如，在新闻报道中，一个关于全球气温变化的交互性地图可以让用户通过点击不同的地区，查看该地区的历史气温数据、变化趋势以及与其他地区的对比情况。这种互动体验远比单纯的文字描述或静态图表更加生动和吸引人。

② 交互性设计通过提供多维度的数据探索方式，极大地增强了受众对信息的理解深度和广度。用户可以通过不同的交互操作，挖掘数据背后的故事和关联，发现隐藏的规律和趋势。这种深度探索的能力是传统信息呈现方式所无法比拟的。在

商业分析中，交互性仪表盘可以让管理者通过筛选、排序、钻取等操作，深入了解企业的运营状况、市场趋势和竞争态势。这种全面的数据分析能力为决策提供了有力的支持。

③ 交互性设计还能够实现信息的个性化传播。通过用户的操作和反馈，系统可以了解用户的偏好和需求，进而为用户推荐更加符合其兴趣的信息内容。这种个性化的信息传播方式不仅提高了信息的针对性和有效性，还增强了用户的忠诚度和满意度。在线上教育领域中，交互性课程可以根据学生的学习进度和反馈，动态调整教学内容和难度，实现个性化教学。这种教学方式不仅提高了教学效果，还激发了学生的学习兴趣和动力。

④ 交互性设计通过让用户亲自参与数据的探索和分析，增强了信息的可信度和说服力。当用户能够通过自己的操作验证数据的真实性和准确性时，他们对信息的信任度会大大提高。同时，交互性设计还能够通过动态展示数据的来源、计算方法和分析过程，增加信息的透明度和可追溯性。在科学研究领域，交互性数据可视化工具可以让研究人员通过交互操作验证研究假设和结论的有效性。这种验证过程不仅提高了研究的科学性和严谨性，还增强了研究成果的说服力和影响力。

⑤ 交互性设计作为媒体信息可视化设计的重要组成部分，不断推动着媒体的创新与发展。随着技术的不断进步和受众需求的不断变化，媒体需要不断探索新的交互方式和呈现形式，以满足受众对信息获取和体验的更高要求。交互性设计正是这种探索和创新的重要方向之一。例如在当下数智时代，触控屏幕和智能设备的普及为交互性设计提供了更加广阔的舞台。媒体可以通过设计触控交互、语音交互等新型交互方式，为用户带来更加便捷、高效和有趣的信息获取体验。同时，交互性设计还可以与虚拟现实、增强现实等前沿技术相结合，创造出更加沉浸式和交互式的媒体体验。

2. 交互性设计的挑战与应对策略

尽管交互性在信息可视化设计中具有诸多优势，但也面临着一些挑战。例如，如何设计直观易用的交互界面？如何确保交互操作的流畅性和稳定性？如何保护用户的隐私和数据安全？针对这些挑战，设计者需要采取相应的应对策略。比如设计者需要遵循用户友好性原则，设计直观易用的交互界面。通过合理的布局、清晰的标识和简洁的操作流程，降低用户的学习成本和使用难度。

另如为了确保交互操作的流畅性和稳定性，设计者需要加强技术支撑和测试工作。通过采用先进的技术框架和算法、进行严格的性能测试和优化、及时处理用户反馈和问题等方式，提高交互性设计的可靠性和用户体验。

在数智时代交互性设计中，保护用户的隐私和数据安全至关重要。设计者需要采取加密传输、访问控制、数据脱敏等安全措施，确保用户数据的安全性和隐私性。同时，还需要遵守相关法律法规和行业标准，确保交互性设计的合法性和合规性。交互性对于媒体信息可视化设计具有不可替代的重要性。它不仅提升了用户体验和信息理解的深度与广度，还促进了信息的个性化传播和增强了信息的可信度和说服力。交互性设计也是推动媒体创新与发展的重要力量。面对未来的挑战和机遇，设计者需要不断探索和创新交互性设计的方式和方法，为受众带来更加优质、高效和有趣的信息获取体验。

第二节 媒体信息可视化设计的技术与工具

一、媒体信息可视化设计的主要技术

信息可视化设计是一个将复杂的数据和信息通过图形、图表、图像等可视化形式展示出来的过程，它旨在帮助人们更好地理解和分析数据，洞察事物之间的关联和趋势。

1. 地理空间可视化

地理空间可视化是信息可视化设计中的一个重要分支，它将数据与地理空间信息相结合，通过地图、地标、热力图等可视化形式，直观地展示数据在地理空间上的分布、关系和变化。这种技术不仅增强了数据的可读性和理解性，还为用户提供了更加丰富的空间分析视角，广泛应用于城市规划、环境监测、气象预测、交通管理等多个领域。地理空间可视化的核心在于将抽象的数据与具体的地理位置相结合。这通常涉及的基本元素首先是地图，作为地理空间可视化的基础，地图提供了地理坐标系统，使得数据能够准确地定位在地球上的特定位置。现代地图可视化技术不仅限于传统的二维平面地图，还包括三维立体地图、卫星影像图等多种表现形式。其次是数据层，叠加在地图上的数据层是地理空间可视化的关键。这些数据可以包括点（如城市、人口分布）、线（如道路、河流）、面（如国家、省份边界）以及更复杂的多边形和栅格数据（如气温分布、降雨量）。再次是可视化工具，用于将数据转换为图形化表示的软件或平台，如 GIS（地理信息系统）、在线地图服务（如谷歌地图、百度地图）以及专业的可视化软件（如 Tableau、Power BI）。

具体而言，地理空间可视化的主要技术包括：

① 地图叠加。将不同来源、不同类型的数据层叠加到同一地图上，以展示数据之间的空间关系和相互影响。例如，将人口密度数据与环境污染数据叠加，可以直观分析两者之间的关联。

② 热力图。通过颜色深浅或图案密度来表示数据在地理空间上的分布强度和变化趋势。热力图常用于展示人口密度、交通流量、气温分布等连续变量。

③ 地理编码。将非地理数据（如地址、邮编）转换为地理坐标（经纬度），以便在地图上准确定位。这是实现精确地理空间可视化的基础步骤。

④ 空间插值。对于稀疏或不规则分布的数据点，通过空间插值技术（如克里金法、反距离加权法）来预测未知点的数据值，从而生成更加连续和平滑的可视化效果。

⑤ 动态地图。展示数据随时间变化的空间分布，如气象预报中的云图动画、

城市交通流量的实时变化等。动态地图能够揭示数据的时空演变规律。

⑥ 三维可视化。利用三维建模和渲染技术，创建真实感更强的地理空间模型，如城市三维模型、地形模拟等。三维可视化提供了更加沉浸式的体验，有助于深入理解复杂空间结构。

地理空间可视化的应用场景广泛，比如城市规划，即通过地理空间可视化，城市规划师可以评估土地利用效率、交通网络布局、公共服务设施分布等，为城市规划提供科学依据。另如环境监测，即结合遥感数据和地面监测数据，可视化展示空气质量、水质、森林覆盖率等环境指标，帮助环保部门及时发现环境问题并采取应对措施。再如灾害预警，即利用地理空间可视化技术，结合气象、地质等数据，预测和展示自然灾害（如洪水、地震）的可能影响范围，为应急响应提供决策支持。此外还有交通管理，即通过实时交通数据可视化，交通管理部门可以监控交通流量、拥堵情况，优化交通信号控制，提高道路通行效率。

地理空间可视化作为信息可视化设计的重要组成部分，不仅提升了数据的可视化效果，还促进了跨学科的数据融合与分析，为决策制定提供了强有力的支持。随着技术的不断进步和应用领域的拓展，地理空间可视化将在更多领域发挥重要作用。

2. 时序动态可视化

时序动态可视化是信息可视化设计的一个重要领域，它专注于展示数据随时间变化的过程和趋势。通过动态图表、动画和交互式界面，时序动态可视化能够揭示数据中的时间模式、周期性变化、异常事件以及长期趋势，为用户提供了深入理解和分析时间序列数据的强大工具。时序动态可视化的核心在于将时间作为数据的一个维度，并通过视觉元素（如线条、点、颜色等）来表示数据随时间的变化。其基本特征包括：

① 时间轴。作为时序数据的基准，时间轴清晰地展示了数据的时间顺序，使得用户能够直观地理解数据的时间框架。

② 动态更新。时序动态可视化能够实时或按照预设的时间间隔更新数据，反映数据的最新状态，这对于监测实时变化的数据尤为重要。

③ 趋势展示。通过平滑的曲线或变化的图形，时序动态可视化能够清晰地展示数据随时间的变化趋势，帮助用户识别数据的增长、下降或波动。

④ 交互性。用户可以通过缩放、平移、悬停等操作与可视化结果进行互动，获取更详细的数据信息，或者探索数据中的特定时间段。

具体而言，时序动态可视化的主要技术有：

① 折线图。折线图是时序动态可视化中最常用的图表类型，它通过连接数据点的线条来展示数据随时间的变化趋势，适用于展示连续变量的时间序列数据。

② 面积图。面积图在折线图的基础上，通过填充折线下方的区域来强调数据总量随时间的变化，它适用于展示数据的累积效果或总量趋势。

③ 柱状图与堆叠柱状图。虽然柱状图通常用于展示分类数据的对比，但在时序动态可视化中，它也可以用来表示不同时间段的数据量，堆叠柱状图则进一步展示了数据在不同类别上的分布和随时间的变化。

④ 动画。动画是时序动态可视化中的一种强大工具。通过逐帧展示数据的变化，动画能够生动地呈现数据随时间演变的过程，例如气象预报中的云图动画、人口迁移的动画展示等。

⑤ 仪表盘。仪表盘是一种综合性的可视化界面，它结合了多种图表和指标，用于实时监控和展示关键绩效指标（KPI）随时间的变化。仪表盘通常包含多个动态更新的组件，如速度计、进度条、温度计等。

⑥ 时间序列分解。时间序列分解技术将原始时间序列数据分解为趋势、季节性和残差三个部分，帮助用户更好地理解数据中的长期趋势、周期性变化和随机波动。

时序动态可视化的应用场景也十分广泛，比如金融市场分析，即通过时序动态可视化，金融分析师可以实时监测股票价格的波动、交易量的变化以及市场指数的趋势，为投资决策提供有力支持。另如气象预报，即气象部门利用时序动态可视化技术，将气象数据（如气温、降水量、风速等）以动画或实时更新的图表形式展示，帮助公众和决策者及时了解天气变化。再如健康监测，即在医疗领域，时序动态可视化被用于监测患者的生理指标（如心率、血压、血糖等）随时间的变化，帮助医生及时发现异常并调整治疗方案。

3. 多维数据可视化

多维数据可视化是信息可视化设计中的一个高级领域，它专注于处理和展示具有多个维度的数据集。在多维数据中，每个数据点都由多个属性或变量描述，这些属性构成了数据的不同维度。多维数据可视化通过图形、颜色、形状、大小等多种视觉元素，将数据的多个维度同时呈现出来，帮助用户理解数据之间的复杂关系和模式。

随着数据收集技术的不断进步，我们面临的数据越来越复杂，往往包含多个维度。然而，人类视觉和认知系统对多维信息的处理能力是有限的，这就给多维数据可视化带来了挑战。有效的多维数据可视化不仅能够克服这些挑战，还能够揭示隐藏模式，通过同时展示数据的多个维度，多维数据可视化能够揭示出数据中隐藏的关联、聚类和趋势，这些模式在单维或二维数据中可能难以察觉。多维数据可视化通过直观的图形表示，使得用户能够更容易地理解和解释数据，无需深入的数据分析技能。多维数据可视化提供的全面视角有助于决策者综合考虑多个因素，做出更加明智的决策。

多维数据可视化的主要技术包括：

① 散点图矩阵。散点图矩阵是多维数据可视化中最基本的技术之一。它通过绘制每对维度之间的散点图来展示数据点之间的关系。虽然简单，但散点图矩阵能够快速地揭示出数据中的关联和分布模式。

② 平行坐标轴。平行坐标轴是一种将多维数据映射到二维平面上的技术。每条坐标轴代表一个维度，数据点在这些轴上的位置表示其在该维度上的值。通过连接数据点在各轴上的投影，可以形成折线，从而揭示数据点之间的关联和趋势。

③ 多维缩放（MDS）。多维缩放是一种降维技术，它试图在保持数据点之间相似性的同时，将数据从高维空间映射到低维空间（通常是二维或三维）。MDS 使得

用户能够在低维空间中直观地探索高维数据的关系。

④ 热力图与矩阵图。对于具有数值型维度的数据，热力图和矩阵图是通过颜色编码来表示数据值的大小或强度。这些图表能够清晰地展示数据在多个维度上的分布和模式。

⑤ 三维可视化与虚拟现实。对于三维或更高维度的数据，三维可视化和虚拟现实技术提供了更加沉浸式的探索方式。用户可以在三维空间中旋转、缩放和移动数据点，以获得对数据关系的直观理解。

⑥ 交互式可视化。交互式多维数据可视化允许用户通过拖拽、缩放、过滤和选择等操作与数据进行互动。这种交互性使得用户能够根据自己的需求和兴趣探索数据，发现隐藏的模式和关联。

数智时代，多维数据可视化在许多场景中均得到运用，如市场研究，即在市场研究中，多维数据可视化被用于分析消费者行为、产品特征和市场竞争等多个维度，帮助企业制定有效的市场策略。另如生物信息学，即在生物信息学领域，多维数据可视化被用于分析基因表达数据、蛋白质相互作用网络等复杂数据集，揭示生物过程中的关键模式和关系。再如金融风险管理，即金融机构利用多维数据可视化来监测市场风险、信用风险和流动性风险等多个维度，以及时识别和应对潜在的风险。此外还有社交网络分析，多维数据可视化被用于探索用户之间的关系、兴趣分布和影响力传播等多个方面，为社交媒体平台提供用户行为洞察。

多维数据可视化不仅为用户提供了全面、直观的数据探索工具，还促进了数据科学、机器学习和人工智能等领域的发展。随着技术的不断进步和应用场景的拓展，多维数据可视化将在更多领域发挥重要作用，为数据的理解和应用提供新的视角和方法。

4. 虚拟现实与增强现实可视化

虚拟现实与增强现实作为前沿技术，正在深刻改变着信息可视化设计的边界与可能性，它们不仅为用户提供了前所未有的沉浸式体验，还极大地丰富了数据呈现与交互的方式，使得信息可视化设计迈向了更高层次的三维、动态与交互性融合。

（1）虚拟现实可视化

虚拟现实可视化利用 VR 技术，将用户完全沉浸于一个由计算机生成的、模拟真实或虚构的三维环境中。在这个环境中，用户可以自由地观察、操作和分析数据，仿佛置身于数据所描述的场景之中，包括沉浸式体验和三维交互，VR 可视化让用户能够“走进”数据中，以第一人称视角探索数据的各个角落，无论是复杂的分子结构、庞大的城市模型，还是遥远的天体运动，都能在 VR 环境中得到直观展现。而在三维交互中用户可以通过头部转动、手部动作甚至全身移动来与数据进行交互，这种自然的交互方式极大地提升了数据探索的灵活性和深度。此外，VR 可视化能够创建接近真实的情境模拟，如历史事件的重现、未来场景的预测等，为用户提供身临其境的学习和分析环境。

（2）增强现实可视化

增强现实可视化则是将虚拟信息叠加到现实世界之上，通过 AR 设备（如智能手机、AR 眼镜）实现数据与物理环境的无缝融合。这种技术不仅保留了现实世界的直观性，还增添了数字信息的丰富性，比如即时信息叠加，AR 可视化能够在用户视野中的实际物体上直接叠加相关数据、图表或说明，使得信息获取更加直接和高效。另如空间定位与导航，利用 AR 技术，用户可以在物理空间中定位数据点，如通过 AR 导航找到博物馆中的特定展品，或是在施工现场标注管线位置。再如互动体验，AR 可视化支持用户与虚拟信息进行互动，如通过手势控制调整数据视图、触发动画演示或获取更多详细信息。

虚拟现实与增强现实可视化技术在当下经济社会建设中得到广泛应用，在教育与培训领域，VR 和 AR 可视化的应用尤为突出，它们能够创建生动的学习环境，如历史事件的虚拟重现、科学实验的模拟操作，以及职业技能的实战演练。在医疗领域，VR 和 AR 可视化被用于手术模拟、患者教育以及复杂医疗数据的三维展示，提高了医疗培训的效率和质量，也增强了患者对病情的理解。在建筑设计与规划领域，建筑师和规划师可以利用 VR 和 AR 可视化技术来预览建筑设计效果、评估城市规划方案，甚至进行虚拟漫步，以更直观地理解和优化设计方案。在市场营销与广告领域，VR 和 AR 可视化为消费者提供了全新的产品体验方式，如虚拟试衣、产品演示和互动广告，增强了品牌与消费者之间的互动性和吸引力。在工业制造与维护领域，VR 和 AR 可视化被用于设备维护培训、生产线模拟以及故障诊断，提高了工作效率，降低了培训成本和安全风险。

5. 交互可视化

交互可视化是信息可视化设计中的一个关键领域，它强调用户与可视化内容之间的动态、双向交流。通过集成交互技术，交互可视化不仅展示了数据的静态特征，还允许用户以直观、灵活的方式探索数据的深层次信息和模式。这种用户参与和动态反馈的机制，极大地提升了数据分析的效率和深度，使得信息可视化成为了一种强大的数据探索工具。

交互可视化的核心特征包括：

① 用户参与。即交互可视化的核心在于用户的积极参与。用户不再是被动的信息接受者，而是成为了数据探索的主体，使用者可以通过各种交互手段（如点击、拖拽、缩放、过滤等）与可视化内容进行互动，根据自己的需求和兴趣定制视图。

② 动态反馈。即用户的交互行为会立即得到可视化系统的响应，系统会根据用户的操作实时更新视图，展示新的数据细节或关联信息，这种即时反馈机制使得用户能够快速地迭代探索，逐步深入数据的核心。

③ 个性化定制。即交互可视化允许用户根据自己的偏好和习惯定制可视化界面。用户可以调整颜色、字体、布局等视觉元素，甚至创建自己的分析模板和仪表盘。

交互可视化的关键技术包括：

① 交互设备。交互可视化依赖于各种交互设备来实现用户与数据的互动。随着技术的发展，越来越多的新型交互设备（如 VR 控制器、AR 眼镜）被应用于交互可视化中。

② 交互技术。交互技术是实现用户与可视化内容互动的关键，这些技术除了包括点击和拖拽操作、滑动和缩放控制、过滤和排序功能等，还包括语音控制、手势识别和眼动追踪。

③ 数据绑定与动态更新。交互可视化系统需要将用户交互与底层数据紧密绑定，当用户改变视图或筛选条件时，系统需要能够实时地更新数据并重新渲染视图，这要求系统具备高效的数据处理能力和快速的渲染速度。

④ 可视化编程。为了实现复杂的交互功能，交互可视化系统通常需要借助可视化编程工具或框架，这些工具或框架提供了丰富的交互组件和API接口，使得开发者能够轻松地构建出功能强大的交互可视化应用。

⑤ 钻取与联动。让用户能够深入数据的不同层次或不同维度进行探索，可以更加全面地理解数据的内在关联和趋势。

6. 数据叙事与故事化

在信息爆炸的时代，数据无处不在，但单纯的数据堆砌往往难以引起人们的兴趣和共鸣。信息可视化设计通过图表、图像等视觉元素，使数据变得易于理解和吸引人。而数据叙事与故事化，则是信息可视化设计中的一种高级策略，它通过将数据融入有情节、有情感的故事中，使观众在享受视觉盛宴的同时，深刻理解数据背后的意义和价值。数据叙事，是指利用数据作为核心元素，通过构建逻辑清晰、引人入胜的叙述框架，将数据背后的信息、趋势和洞察以故事的形式呈现出来。它不仅仅是数据的简单展示，更是对数据背后深层含义的挖掘和传达。故事化，则是将数据叙事进一步提升，通过添加情节、角色、冲突和解决方案等元素，使数据呈现出一个完整、生动的故事。故事化的数据可视化不仅能够吸引观众的注意力，还能够激发他们的情感共鸣，使数据传播的效果达到最大化。

数据叙事与故事化可以提升观众兴趣，人们大都喜欢故事，一个好的故事能够迅速吸引观众的注意力，使他们愿意花时间去了解和探索数据；还可以增强品牌记忆与理解，故事化的叙述方式能够将数据与具体的情境、人物和事件相结合，形成强烈的记忆点。观众在回忆故事的同时，也能够回想起与之相关的数据和信息。此外，数据本身是中性的，但通过故事化的呈现，可以赋予数据情感和价值观。这种情感的传递能够激发观众的共鸣，使他们更加关注数据所反映的问题和现象。最为重要的是，通过数据叙事和故事化，可以将复杂的数据转化为易于理解的、有说服力的信息，这有助于决策者更快地把握问题的核心，做出明智的决策，并推动相关行动的实施。

数据叙事与故事化的构建首先需要明确主题，一个好的数据故事需要有一个清晰的主题或中心思想。这个主题应该是观众关心的、有价值的，并且能够通过数据得到有力的支持。其次需要选择合适的数据，数据是故事的基础，选择哪些数据、如何呈现数据至关重要。数据应该与主题紧密相关，具有代表性和说服力，同时，数据的可视化方式也需要根据故事的需要进行精心设计。再次需要构建情节，情节是故事的骨架，它决定了故事的发展和走向，在数据叙事中，情节可以通过数据的变化、对比和关联来构建，例如可以通过时间序列数据展示一个事件的发展过程，或者通过不同群体之间的数据对比来揭示社会现象的不平等。此外，还需要塑造角色，角色是故事中的灵魂，他们可以是真实的人物、虚构的代表或者数据本身。通过为数据赋予人格化的特征，可以使故事更加生动和有趣，例如在讲述贫困问题的数据时，可以塑造一个贫困家庭的形象，通过他们的生活和困境来展现数据的意义。当然，好的数据叙事还需要注重细节与情感，细节是故事的真实性和生动性的体现，而情感则是故事与观众之间的桥梁，在数据叙事中，应该注重数据的细节呈现，如数据的来源、采集方法和准确性等。同时，还需要通过语言、图像和声音等多种手段来传达情感，使观众能够真正感受到数据背后的故事。

数据叙事与故事化可以应用于新闻报道，在新闻报道中，数据叙事和故事化被广泛应用。记者通过收集和分析相关数据，构建出具有冲击力和感染力的故事，使观众能够更加深入地了解新闻事件背后的真相和意义。也可以应用于公共政策宣传，公共政策往往涉及大量的数据和统计信息，通过数据叙事和故事化可以将这些枯燥的数据转化为生动的故事，使公众更容易理解和接受政策的内容和目标。还可以应用于商业营销，在商业营销中，数据叙事和故事化也被用来吸引消费者的注意力和建立品牌形象。企业可以通过分析消费者数据来构建具有共鸣的故事情节，从而增强消费者对品牌的认同感和忠诚度。同样可以应用于教育与培训，数据叙事和故事化常被用来提高教学效果和学员的参与度，教师可以通过将数据融入有趣的故事中来激发学生的学习兴趣和探究欲望，使他们能够更好地理解和掌握相关知识。而在社会公益领域，数据叙事和故事化也被用来呼吁公众关注社会问题并推动相关行动，通过揭示社会问题的数据和背后的故事，可以激发公众的同情心和责任感，促使他们采取行动来解决问题。

二、媒体信息可视化设计的主要工具

1. Tableau

Tableau 是一款功能强大的商业智能（BI）和数据可视化工具，旨在帮助用户从大量数据中提取有价值的信息。它支持连接到多种数据源，包括 Excel、SQL 数据库、云服务等，并通过直观的界面，用户可以轻松创建和分享交互式的仪表板和报告。Tableau 的核心原理是通过拖放操作，将数据字段拖动到视图中，生成各种类型的图表。Tableau 用于信息可视化设计的特点包括：

① 交互性强。用户可以通过简单的拖拽操作，轻松创建各种图表，并通过过滤器、参数等功能实现与数据的深度交互。用户可以添加各种交互元素，如参数、过滤器、动作等，使数据展示更加灵活。

② 易于使用。Tableau 的用户界面设计简单直观，用户无需编程经验即可使用。通过拖放操作，用户可以轻松创建图表和仪表板，大大降低了数据分析的门槛。

③ 实时数据分析。Tableau 支持实时数据连接，能够实时更新数据分析结果，确保用户始终基于最新的数据做出决策。无论是静态数据还是动态数据，Tableau 都能快速响应并呈现分析结果。

④ 图表类型丰富。Tableau 支持多种图表类型，包括柱状图、折线图、饼图、散点图、地图等，能够满足各种数据分析需求。用户可以根据数据特点选择最合适的图表类型，充分展示数据的含义。

⑤ 数据处理能力强。Tableau 能够处理大规模数据集，并支持多种数据预

处理操作，如数据清洗、变换、聚合等。无论是结构化数据还是非结构化数据，Tableau 都能高效处理并进行可视化展示。

⑥ 跨平台支持。Tableau 支持多种操作系统，包括 Windows、macOS 等，同时支持移动设备。用户可以在不同平台上使用 Tableau 进行数据分析和展示。Tableau 能够与多种工具和平台进行集成，如数据仓库、ETL 工具、云服务等，形成完整的数据分析解决方案。通过与其他工具的无缝集成，用户可以实现数据从采集、处理、分析到展示的全流程自动化。

在信息可视化设计领域，Tableau 被广泛应用于各种场景，如业务智能分析、市场分析、财务分析、运营优化等。通过 Tableau，用户可以轻松创建出直观、交互性强的可视化图表和仪表板，从而帮助企业领导和管理者更好地了解业务状况、做出决策。Tableau 凭借其强大的功能、易于使用的界面和丰富的可视化选项，在信息可视化设计领域占据了重要地位。无论是企业经理、数据分析师还是市场策略师，都可以利用 Tableau 将原本枯燥复杂的数据转化为生动的视觉叙事，从而洞察数据背后的深层次信息。

2. Power BI

Power BI 是一套软件服务、应用和连接器的集合，它们协同工作以将相关数据来源转换为连贯的视觉逼真的交互式见解。Power BI 不仅支持简单的 Excel 电子表格，还能处理基于云和本地混合数据仓库的集合，使用户能够轻松地连接到数据源，直观看到重要内容，并与他人共享分析结果。

Power BI 用于信息可视化设计的特点包括：

① 强大的数据可视化功能。Power BI 提供了丰富的数据可视化方式，包括各种图表、地图和表格等。用户可以根据自己的需求选择最适合的可视化方式，将数据转化为易于理解和分析的信息。这些可视化组件可以通过 Web 技术在 Web 应用程序中嵌入，使得用户可以在网页上与数据进行交互。

② 快速的数据处理和分析能力。Power BI 能够从多种数据源中提取数据，包括数据库、文件、Web 数据和云服务等，然后对数据进行处理和分析。它可以使用自动化算法和机器学习技术，快速生成分析结果，帮助用户更快地做出决策。此外，Power BI 还支持实时数据连接，确保用户始终基于最新的数据进行分析。

③ 灵活的数据共享和协作功能。Power BI 可以轻松共享分析结果和报告，使得多个人员可以同时参与数据分析和决策制定。它还提供了一系列协作工具，如评论、标记和共享等，方便用户之间的协作和沟通。用户可以将创建好的报表和仪表板发布到 Power BI 服务上，与团队成员共享，并设置权限以控制访问和编辑。

④ 易于使用和扩展。Power BI 的操作界面简单直观，用户无需编程经验即可上手。它提供了丰富的可视化组件和模板，用户可以通过拖放操作轻松创建报表和仪表板。此外，Power BI 还支持自定义开发，用户可以使用 DAX 公式语言进行高级数据分析，并创建自定义的视觉对象以满足特定需求。

⑤ 跨平台支持。Power BI 支持多种操作系统和设备，包括 Windows、Mac、iOS、Android 等。用户可以在不同平台上使用 Power BI 进行数据分析和展示，提高了工作的灵活性和响应速度。

⑥ 安全性与合规性。Power BI 采用多层安全机制，确保用户的数据得到保护。它支持数据行级别安全、列级别安全和角色级别安全等功能，确保数据只被授权的人员可以访问。此外，Power BI 还提供了数据访问控制和加密技术，以满足企业在处理敏感数据时的合规性要求。

⑦ 丰富的数据源支持。Power BI 能够连接到数百个数据源，包括 Salesforce、Microsoft Dynamics CRM、Google Analytics 等。这使得用户能够从多个数据源中获取数据，并进行整合和分析，从而获得更全面的业务洞察。

⑧ 实时数据更新与通知。Power BI 支持实时数据更新，用户可以随时获取最新的数据分析结果。此外，Power BI 还支持设置警报功能，当数据满足特定条件时，用户会收到通知，以便及时采取行动。

通过 Power BI，用户可以轻松创建出直观、交互性强的可视化图表和仪表板，从而帮助企业领导和管理者更好地了解业务状况、监控关键绩效指标（KPI）、发现潜在问题和机会，并做出更加明智的决策。Power BI 凭借其强大的数据可视化功能、快速的数据处理和分析能力、灵活的数据共享和协作功能以及易于使用和扩展的特点，在信息可视化设计领域发挥着重要作用。无论是中小企业还是大型企业，都可以利用 Power BI 将数据转化为有价值的洞察，推动数据驱动的决策制定。

3. FineReport 与 FineVis

FineReport 和 FineVis 均是由帆软公司开发的信息可视化工具，它们在数据可视化领域各有特色，共同为企业提供了强大的数据分析和展示能力。其中 FineReport 是一款企业级 Web 报表工具，以其“专业、简捷、灵活”的特点著称。它集数据展示（报表）和数据录入（表单）功能于一身，通过简单的拖拽操作即可设计复杂的中国式报表，并搭建数据决策分析系统。

首先，具备强大的报表设计功能。FineReport 支持多种报表模式，包括普通报表、聚合报表、决策报表等，满足不同企业的多样化需求。它提供类 Excel 的设计模式，使得用户可以轻松设计各种复杂的表格和图表。

其次，具备数据整合与处理能力。FineReport 能够连接多种数据源，包括关系型数据库、BI 多维数据库等，轻松实现跨库取数和数据整合。同时，它支持大数据量填报和智能数据提交控制设置，提供全方位的数据校验功能。

再次，具备丰富的图表类型和交互功能。FineReport 拥有自主研发的 HTML5 图表，同时支持接入 Echarts 等第三方控件，满足数据报表的可视化开发需求。图表类型丰富，交互功能强大，具有良好的视觉体验。

然后，还有完善的权限管理和数据安全。FineReport 提供完善的权限管理体系，支持细粒度的权限控制，确保数据安全。它支持多人同时开发同一套报表，并通过模板加锁功能防止编辑冲突。

最后，具备灵活的部署和集成。FineReport 支持各类项目的部署和集成，包括服务器部署、Web 集群配置、Web 页面集成、单点登录等功能。同时，它提供丰富的 API 接口和插件开发支持，满足用户的个性化需求。

FineVis 是一款专注于数据可视化的 BI 工具，以其直观、易用的界面设计和丰富的图表类型著称。它能够帮助用户轻松创建各种复杂的可视化图表和仪表板，实现数据的实时监控和分析。FineVis 提供多种图表类型，包括柱状图、折线图、饼图、地图等，满足不同场景下的数据可视化需求。它支持自定义图表样式和布局，使得用户可以根据自己的需求进行个性化设计。FineVis 也支持多种交互方式，如筛选、钻取、联动等，使得用户可以在同一个仪表盘上进行多维度的数据分析。这种交互功能有助于用户更深入地了解数据之间的关系和趋势。此外，FineVis 能够连接多种数据源，包括数据库、Excel、CSV 等，方便用户整合不同来源的数据。这使得用户可以轻松地将各种数据导入 FineVis 中进行可视化分析。而在自适应设计与多终端展示方面，FineVis 提供自适应设计功能，确保数据在不同大小和分辨率的显示设备上都能保持良好的可读性。它支持多种终端设备展示，包括 PC 端、移动端和大屏设备等，满足不同场景下的数据展示需求。

FineReport 和 FineVis 在信息可视化设计领域各有特色。FineReport 更侧重于报表制作和数据分析功能，提供丰富的报表类型和强大的数据处理能力；而 FineVis 则更专注于数据可视化方面，提供直观的界面设计和丰富的图表类型以及强大的交互功能。用户可以根据自己的需求选择适合的工具来进行信息可视化设计。

4. D3.js

D3.js（Data-Driven Documents）是一个基于 Web 标准的 JavaScript 可视化库，由著名的计算机科学家和数据可视化专家迈克·博斯托克（Mike Bostock）于 2011 年创建。D3.js 的核心理念是利用数据来驱动文档的生成和操作，使数据可视化成为可能。它通过将数据与 HTML、CSS 和 SVG 等 Web 标准结合，使得数据可以以一种直观和易于理解的方式进行呈现。

在具体运用上，首先，D3.js 允许将数据绑定到 DOM（文档对象模型）元素上，通过数据驱动的方式来更新元素的样式、位置和属性。这种绑定机制使得数据的变化可以自动反映在视觉元素上，从而实现动态的可视化效果。其次，D3.js 提供了丰富的图形操作方法，可以创建各种类型的数据可视化效果，包括但不限于条形图、折线图、饼图、散点图、地图、树图、力导向图等。这些图形类型几乎涵盖了所有常见的数据可视化需求。再次，D3.js 支持丰富的交互功能，如鼠标事件、动画效果、提示框等，可以增强用户体验和数据展示效果。用户可以通过操作与可视化作品进行交互，从而更好地理解和探索数据。此外，D3.js 提供了极高的定制化能力，开发者可以根据需求自定义可视化效果，满足不同的需求。无论是图表的样式、颜色、布局，还是交互行为，都可以通过 D3.js 进行精细的控制和调整，可以自定义可视化效果，支持 SVG、Canvas 等绘图技术。这使得 D3.js 在不同的使用场景中非常灵活，可以适应各种复杂的数据可视化需求。而且，D3.js 还拥有庞大的用户群体和活跃的社区，社区提供了大量的示例和教程，同时还有许多相关的库和插件可以扩展 D3.js 的功能和应用范围，这使得 D3.js 成为一个不断发展和完善的可视化工具。

D3.js 在信息可视化设计中的应用非常广泛。它可以用于创建动态和交互式的信息图表，将数据以视觉吸引的方式展现给用户。此外，D3.js 还可以用于构建允许用户通过不同的视角和维度来探索数据集的工具，以及用于创建地理数据可视化、实时数据可视化等应用场景。例如，《纽约时报》的数据可视化团队广泛使用 D3.js 来创建互动式图表和地图，以丰富其新闻报道。Airbnb 使用 D3.js 来分析和可视化房源数据和用户行为数据，以改善其服务和用户体验。GitHub 在一些页面上使用 D3.js 进行数据可视化，如用户的贡献活动、代码库的统计数据等。D3.js 是一个功能强大、灵活且可扩展的 JavaScript 数据可视化库，适用于各种复杂的数据可视化需求。它提供了丰富的 API 和功能，允许开发者以灵活的方式处理数据和生成可视化效果。同时，D3.js 还拥有庞大的社区和丰富的资源，有助于开发者学习和解决问题。

5. Google Data Studio

Google Data Studio 是由 Google（谷歌）推出的一款强大的数据分析与可视化工具，旨在帮助企业轻松创建互动性强、视觉效果出色的报告和图表。这款工具不仅免费，而且与 Google 生态系统中的多个产品无缝对接，如 Google Analytics、Google Sheets、BigQuery 等，为用户提供了一个全方位的数据分析环境。Google Data Studio 用于信息可视化设计的特点主要体现在以下几个方面：

① 数据整合能力。Google Data Studio 能够连接多个数据源，包括云端和本地数据源，如 Google Analytics、Google Sheets、MySQL 等。用户无需手动导入数据，只需通过简单的设置即可实现数据的实时连接和整合。这使得用户能够在一个平台上全面分析来自不同来源的数据，提高了工作效率和数据利用率。

② 丰富的图表类型和高度自定义。Google Data Studio 提供了多种图表类型，包括柱状图、折线图、饼图、散点图、地图等，几乎涵盖了所有常见的数据可视化需求。用户可以根据自己的数据类型和展示需求选择最适合的图表类型，并通过自定义图表的样式、颜色、标签等，使其更符合自己的品牌和设计需求。此外，Google Data Studio 还支持动态和交互式图表，如筛选器、下拉菜单等，使用户能够更自由地探索和分析数据。

③ 实时更新和协作。Google Data Studio 支持实时更新数据，这意味着当数据源中的数据发生变化时，图表会自动更新，保持数据的实时性。此外，Google Data Studio 还支持多用户协作，用户可以与团队成员共享和编辑报告，实现团队间的数据共享和协作分析。这大大提高了团队协作效率，使得数据分析工作更加顺畅。

④ 易用性和学习曲线。Google Data Studio 的操作界面简洁直观，用户可以通过拖放操作轻松创建图表和报告，无需编写复杂的代码。同时，系统内置的帮助文档和视频教程为用户提供了详尽的操作指南，使得初学者也能迅速上手。此外，Google Data Studio 还支持多种模板和定制选项，用户可以根据自身需求调整报告格式和样式，进一步降低了学习成本。

⑤ 强大的共享和发布功能。Google Data Studio 允许用户轻松将报告分享给团队成员或其他相关人员，实现数据分析成果的共享与合作。用户还可以将报告导出为 PDF 格式或嵌入网页中，方便在各种场合下展示和分享数据可视化成果。

⑥ 与 Google 生态系统的无缝对接。Google Data Studio 作为 Google 旗下的一款产品，与 Google 生态系统中的其他产品无缝对接。这使得用户能够轻松地将 Google Analytics、Google Sheets 等数据源中的数据导入 Data Studio 中进行分析和可视化，进一步提高了工作效率和数据利用率。

此外，Google Data Studio 还支持用户自定义数据连接器，这意味着除了 Google 自家的服务之外，用户还可以接入其他第三方平台的数据，极大地扩展了应用场景。

Google Data Studio 是一款功能强大、易用且免费的数据分析与可视化工具，适用于各种规模的企业和数据分析初学者。它不仅能够实现多数据源的整合和实时更新，还提供了丰富的图表类型和高度自定义功能，使得用户能够创建出既专业又美观的数据可视化作品。同时，Google Data Studio 还支持多用户协作和强大的共享和发布功能，使得数据分析工作更加顺畅和高效。

拓展阅读

SmartWear（为颂）是一家专注于智能穿戴设备研发的科技品牌，其产品包括智能手表、健康手环等（图 5-1）。为了更好地了解市场趋势、优化产品设计和提升用户体验，SmartWear 决定利用 Tableau 进行数据可视化分析。

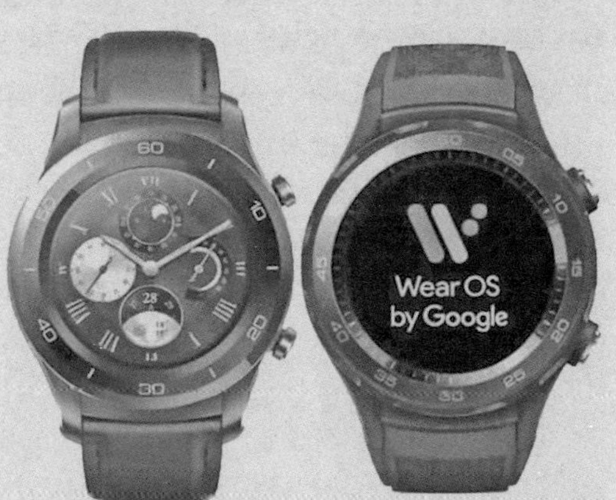

图 5-1

首先是对销售数据分析，分析各产品在不同地区的销售情况，了解市场需求和竞争态势；用地理地图来展示各国的年销售额，应用颜色深浅来表示销售额的大小。同时，使用堆叠条形图来展示不同产品类别的销售额，允许用户选择特定的国家或多个国家进行比较。通过直观的地图和条形图，SmartWear 能够快速识别出哪些地区和产品类别销售表现最佳，从而调整市场策略和产品开发方向。

其次是用户行为分析，分析用户在使用 SmartWear 产品时的行为模式，如使用频率、功能偏好等。使用折线图展示用户活跃度的变化趋势，使用饼图或环形图展示用户对不同功能的偏好分布。通过用户行为分析，SmartWear 能够深入了解用户需求和使用习惯，从而优化产品功能和用户体验。

再次是市场份额与竞争对手分析，分析 SmartWear 在智能穿戴设备市场的份额及其与竞争对手的对比情况。使用气泡图来展示各品牌市场份额与增长率的关系，气泡的大小表示销售额的大小。同时，通过筛选器功能允许用户选择特定的时间段或地区查看数据。通过市场份额与竞争对手分析，SmartWear 能够明确自身在市场中的位置以及竞争对手的优劣势，从而制定更有效的市场策略。

此外是产品性能分析，分析 SmartWear 产品的性能表现，如电池续航时间、设备故障率等。使用散点图展示产品性能指标的分布情况，如电池续航时间与设备重量的关系。同时，使用热力图展示不同地区或不同时间段内产品故障率的分布情况。通过产品性能分析，SmartWear 能够识别出产品存在的性能问题并及时进行改进，提高产品质量和用户满意度。

通过以上案例可以看出，Tableau 在 SmartWear 品牌信息可视化设计中发挥了重要作用。它不仅帮助 SmartWear 实现了销售数据、用户行为、市场份额、产品性能等多方面的可视化分析，还通过交互式仪表盘提高了数据探索和分析的效率和便捷性。这使得 SmartWear 能够更好地了解市场趋势、用户需求和产品性能，从而做出更加明智的决策并推动品牌的持续发展。

拓展阅读

CafeBlend 是一家虚构的专注于高品质咖啡豆烘焙与销售的连锁咖啡店，拥有多家线下门店和线上销售平台。为了更好地理解消费者行为、优化产品组合以及提升顾客满意度，CafeBlend 决定利用 Google Data Studio 进行数据可视化分析。

首先是对数据源整合，CafeBlend 首先将其 Google Analytics（分析）账户、Google Ads 广告账户、Google Sheets 中的销售数据以及 BigQuery 中的客户反馈数据整合到 Google Data Studio 中。这些数据源提供了网站流量、广告效果、销售数据以及客户反馈等多方面的信息，为后续的数据可视化分析奠定了基础。

其次是对销售业绩可视化，分析各门店及线上平台的销售业绩，了解不同销售渠道和产品的表现。使用柱状图或折线图展示各门店及线上平台的月度销售额，通过颜色或标签区分不同产品类别。同时，利用地图展示各门店的地理位置和销售额，以便更直观地了解区域销售差异。通过销售业绩可视化，CafeBlend 能够快速识别出哪些门店和产品表现优异，哪些需要改进。

再次是对消费者行为分析，分析消费者的访问路径、停留时间、转化率等关键指标，了解消费者行为模式。使用漏斗图展示消费者从访问网站到完成购买的转化率，通过不同阶段的转化率来识别潜在的瓶颈。同时，利用热力图展示网页上用户点击的热点区域，了解消费者对哪些内容更感兴趣。通过消费者行为分析，CafeBlend 能够深入了解消费者的需求和偏好，从而优化网站布局和产品设计，提高转化率。

最后是对广告效果评估，分析 Google Ads 广告的投资回报率（ROI），了解不同广告系列和关键词的表现。使用饼图或环形图展示不同广告系列和关键词的点击量和转化率，通过颜色和大小来区分表现优劣。同时，利用趋势图展示广告点击量和转化率随时间的变化趋势。通过广告效果评估，CafeBlend 能够识别出哪些广告系列和关键词表现最佳，从而优化广告预算分配和关键词选择，提高广告效果。

Google Data Studio 在虚构品牌 CafeBlend 品牌信息可视化设计中发挥了重要作用。它不仅帮助 CafeBlend 实现了销售业绩、消费者行为、广告效果以及客户反馈等多方面的可视化分析，还通过简洁直观的界面和丰富的图表类型提高了数据可视化的吸引力和用户体验。这使得 CafeBlend 能够更好地理解市场趋势、消费者需求和产品表现，从而做出更加明智的决策并推动品牌的持续发展。

第三节　数智时代媒体信息可视化设计的数据内涵

一、数据的多源性与多样性

在数字化和智能化时代，信息可视化设计中的数据多源性与多样性成为了推动信息高效传播与深度分析的关键力量。随着大数据、人工智能、物联网等技术的迅猛发展，数据的来源和形式日益丰富，这对信息可视化设计提出了新的挑战与机遇。

1. 数据的多源性

数据的多源性指的是数据来自多个不同的源头，这些源头可能包括社交媒体、传感器、企业数据库、公开数据集等。在数字化和智能化时代，数据的来源更加广泛和多样，为信息可视化设计提供了丰富的素材和视角。比如社交媒体数据，社交媒体平台如微博、微信、抖音等产生了海量的用户生成内容，包括文本、图片、视频等，这些数据反映了公众的关注点、情感倾向和社会趋势，对于媒体、品牌和企业来说具有重要的分析价值，信息可视化设计可以通过分析社交媒体数据，揭示公众舆论的走向，为决策提供支持。另如传感器数据，随着物联网技术的发展，各种传感器被广泛应用于环境监测、智能交通、医疗健康等领域，传感器数据具有实时性、连续性和高精度等特点，为信息可视化设计提供了丰富的数据来源。再如企业数据库，企业数据库存储了大量的业务数据，如销售记录、客户反馈、库存管理等，这些数据对于企业的运营决策至关重要，信息可视化设计可以通过分析企业数据库，帮助企业发现市场趋势、优化产品组合、提升客户满意度等。另外还有公开数据集，政府、研究机构等发布的公开数据集为信息可视化设计提供了丰富的数据资源，这些数据集涵盖了经济、教育、人口、环境等多个领域，对于社会研究、政策制定等具有重要意义。

2. 数据的多样性

数据的多样性指的是数据具有多种形式和类型，包括文本、图像、视频、音频、传感器数据等。在数字化和智能化时代，数据的多样性为信息可视化设计提供了更多的可能性和创意空间。其中文本数据是最常见的数据类型之一，包括新闻报道、社交媒体帖子、电子邮件等。信息可视化设计可以通过分析文本数据，提取关键词、情感倾向等信息，并通过词云、情感分析图等形式展现出来。而图像数据具有直观、形象的特点，是信息可视化设计中的重要素材。通过图像处理技术，可以将图像数据转化为可视化图表或地图，如热力图、散点图等。图像数据还可以用于生成信息图、信息海报等，提升信息的传播效果。相比较而言，视频数据结合了图像和音频的特点，具有更强的表现力和感染力。信息可视化设计可以通过分析视频数据，提取关键帧、运动轨迹等信息，并通过时间轴、动画等形式展现出来，还可以用于制作数据视频、数据动画等，为受众提供更直观、更生动的信息体验。此外，传感器数据同样具有实时性、连续性和高精度等特点，为信息可视化设计提供了丰富的数据来源，例如通过可视化传感器收集的温度、湿度、光照等数据，可以直观地展示环境参数的变化情况，为环境监测和预警提供支持。

3. 数据多源性与多样性对媒体信息可视化设计的影响

数据的多源性与多样性为信息可视化设计提供了丰富的素材和视角，使得可视化作品能够包含更多的信息和细节，提升信息的丰富度和深度。通过综合运用不同来源和类型的数据，信息可视化设计可以创造出更加直观、易懂的可视化图表和界面，降低受众的阅读和理解门槛，提升信息的可读性。同时，数据的多源性与多样性促进了不同来源和类型数据之间的融合与创新，为信息可视化设计提供了更多的可能性和创意空间。例如，通过结合社交媒体数据和传感器数据，可以创造出具有交互性和动态性的可视化作品，为受众提供更丰富、更生动的信息体验。此外，数据的多源性与多样性对信息可视化设计的技术提出了更高的要求，推动了可视化技术、数据处理技术、人机交互技术等领域的不断发展和创新。这些技术的应用也为信息可视化设计提供了更强大的支持和保障。

数智时代的信息可视化设计借力多源异构数据，赋能信息的高效传播与深度洞察。通过充分利用不同来源和类型的数据，信息可视化设计可以创造出更加直观、易懂、丰富和生动的可视化作品，为受众提供更优质的信息体验。未来，随着技术的不断进步和数据的持续增长，信息可视化设计将在更多领域发挥更大的作用和价值。

二、数据的时效性与动态性

随着大数据、云计算、物联网、人工智能等技术的迅猛发展，信息的产生、传播和处理速度达到了前所未有的高度，这要求信息可视化设计不仅能够快速响应数据变化，还要能够动态地呈现数据背后的规律和趋势。以下是对数字化和智能化时代信息可视化设计中数据时效性与动态性的深入探讨。

1. 数据的时效性

数据的时效性是指数据在特定时间内具有的价值和意义。在数字化和智能化时代，信息的时效性尤为重要，因为市场、社会、科技等领域的变化日新月异，过时的数据往往无法准确反映当前的实际情况。因此，信息可视化设计需要能够快速捕捉和处理最新的数据，以确保展示的信息是准确、及时的。首先，实时数据分析是信息可视化设计应对数据时效性挑战的重要手段。通过利用实时数据流，信息可视化设计可以动态地展示数据的变化趋势和异常情况，帮助用户及时做出决策。例如在金融领域，实时股票价格可视化可以帮助投资者快速捕捉市场波动，做出买卖决策。其次，信息可视化设计需要具备动态更新数据的能力，这意味着当数据源发生变化时，可视化作品能够自动更新以反映最新的数据情况。这要求信息可视化设计系统能够高效地处理数据流，确保数据的准确性和一致性。例如在社交媒体分析中，通过动态更新用户生成的内容，可以实时展示舆论趋势和热点话题。再次，虽然实时数据对于了解当前情况至关重要，但历史数据同样具有不可忽视的价值。通过对比历史数据，可以发现数据变化的规律和趋势，为预测未来提供依据。信息可视化设计可以通过时间轴、趋势线等形式展示历史数据的变化情况，帮助用户更好地理解数据的演变过程。

2. 数据的动态性

数据的动态性是指数据随时间、空间或其他因素发生的变化。在数字化和智能化时代，数据的动态性日益显著，这要求信息可视化设计不仅能够静态地展示数据，还要能够动态地呈现数据的变化过程和规律。其中，动态图表和动画是信息可视化设计中展现数据动态性的重要手段。通过利用动画效果、过渡效果等视觉元素，可以生动地展示数据的变化趋势和规律。例如在气象预测中，通过动态展示云层移动、风向变化等数据，可以帮助用户更直观地理解天气变化的过程。同时，交互式可视化允许用户通过操作界面与数据进行互动，从而更深入地探索数据的动态性，用户可以通过缩放、平移、筛选等操作，查看不同时间段、不同维度下的数据情况。这种互动性不仅增强了用户的参与感，还提高了数据的可解释性和可理解性。此外，基于历史数据和机器学习算法，信息可视化设计还可以进行预测和模拟，展示未来可能的数据变化趋势和情况。这要求信息可视化设计系统能够处理复杂的数据模型，并具备强大的计算和分析能力。例如在智能交通管理中，通过预测未来交通流量和拥堵情况，可以为用户提供更准确的出行建议。

在新闻与媒体领域、商业与金融领域和智慧城市与物联网领域，时效性与动态性被广泛应用。比如在新闻与媒体领域，通过利用实时数据分析和动态可视化技术，可以实时报道新闻事件、展示舆论趋势等。这有助于媒体机构更快速地传递信息、吸引受众关注，并提升新闻报道的准确性和影响力。而在商业与金融领域，通过利用实时股票价格可视化、销售数据动态分析等手段，企业可以及时了解市场动态、评估业务表现，并做出更科学的决策。此外，在智慧城市与物联网领域，通过利用实时数据分析、动态可视化技术等手段，可以实时监测城市交通、环境、能源等情况，为城市管理者提供决策支持，并提升城市服务的效率和质量。

在数智时代，信息的时效性与动态性在信息可视化设计中扮演着至关重要的角色。通过利用实时数据分析、动态图表与动画、交互式可视化等技术手段，可以快速捕捉和处理最新的数据，动态地呈现数据背后的规律和趋势，这不仅有助于提升信息的传递效率和准确性，还为各个领域提供了更科学、更智能的决策支持。

三、数据的关联性与深度挖掘

在数字化和智能化时代，信息的爆炸式增长使得数据关联性与深度挖掘成为信息可视化设计中的关键要素。数据关联性揭示了数据之间隐藏的联系和规律，而深度挖掘则进一步探索数据的内在价值和潜在意义。这两者共同构成了信息可视化设计的重要基础，为决策制定、业务优化、市场洞察等领域提供了强有力的支持。

1. 数据的关联性

数据的关联性是指不同数据集之间存在的内在联系或相互依赖关系。在数字化和智能化时代，随着数据量的剧增和数据类型的多样化，数据之间的关联性变得越来越复杂且难以直接观察。因此，通过信息可视化设计揭示数据之间的关联性，对于理解数据背后的故事、发现潜在规律具有重要意义。

首先，关联分析是数据挖掘中一项基础且重要的技术，它旨在发现大型数据库中变量之间的有趣关系。例如在零售领域，关联分析可以揭示哪些商品经常被一起购买（如啤酒和尿布的经典案例），从而帮助商家优化商品布局和促销策略。信息可视化设计可以将关联分析结果以直观的形式展现出来，如关联规则网络图、热力图等，帮助用户快速识别数据之间的关联性。其次，多维数据关联，在复杂业务场景中，数据之间的关联性往往涉及多个维度。信息可视化设计通过多维数据关联展示，可以帮助用户全面理解数据之间的关系。例如在财务分析中，可以通过可视化技术展示不同财务指标之间的关联性，帮助用户识别潜在的风险和机会。再次，对于具有时间和空间属性的数据，时空关联分析尤为重要。通过信息可视化设计，可以将时空数据以地图、时间轴等形式展示出来，揭示数据在时间和空间上的关联性。例如在交通管理中，可以通过可视化技术展示不同路段在不同时间段的交通流量情况，帮助交通管理部门优化交通信号灯控制策略。

2. 数据的深度挖掘

数据的深度挖掘是指利用先进的数据分析技术和算法，从大量数据中提取有价值的信息和知识。数智时代随着数据量的不断增加和数据类型的多样化，深度挖掘成为信息可视化设计中的关键环节。数据深度挖掘手法包括特征工程、机器学习算法和交互式深度挖掘，其中特征工程是数据挖掘过程中至关重要的一步，它包括特征选择、特征提取和特征构建。通过特征工程，可以从原始数据中提取出对预测目标最有用的特征，从而提高数据挖掘的准确性和效率。在信息可视化设计中，可以通过可视化技术展示特征工程的过程和结果，帮助用户更好地理解数据的内在结构和规律。而机器学习算法则是通过选择合适的机器学习算法，如监督学习、无监督学习和强化学习等，可以从数据中挖掘出隐藏的规律和模式。信息可视化设计可以将机器学习算法的结果以直观的形式展示出来，如分类树、聚类图等，帮助用户快速理解数据背后的故事。此外，交互式深度挖掘允许用户通过操作界面与数据进行互动，从而更深入地探索数据的内在价值和潜在意义。在信息可视化设计中，可以通过交互式图表、动态过滤器等工具，让用户根据自己的兴趣和需求对数据进行深度挖掘和分析。

关联性与深度挖掘在信息可视化设计中应用广泛。在商业智能领域，通过信息可视化设计展示销售数据、客户行为数据等之间的关联性，可以帮助企业发现潜在的市场机会和客户需求。通过深度挖掘客户反馈数据、产品使用数据等，可以为企业提供改进产品和服务的宝贵建议。在医疗健康领域，通过信息可视化设计展示患者的病历数据、医学影像数据等之间的关联性，可以帮助医生更快速、更准确地做出诊断和治疗建议。通过深度挖掘患者的基因数据、生活习惯数据等，可以为个性化医疗和疾病预防提供有力支持。在智慧城市领域，通过信息可视化设计展示城市交通数据、环境数据、公共安全数据等之间的关联性，可以帮助城市管理者更好地了解城市运行状况，优化资源配置和服务效率。通过深度挖掘城市数据中的潜在规律和模式，可以为城市规划和发展提供科学依据。

通过揭示数据之间的关联性，我们可以发现潜在规律和市场机会；而通过深度挖掘数据的内在价值和潜在意义，我们可以为企业提供改进产品和服务的宝贵建议。信息可视化设计作为连接数据和用户的桥梁，通过直观、交互的方式展示数据关联性和深度挖掘结果，为决策制定、业务优化、市场洞察等领域提供了强有力的支持。随着技术的不断进步和应用的不断拓展，相信信息可视化设计将在未来发挥更加重要的作用。

四、数据驱动的决策支持

在数字化和智能化时代，信息可视化设计在数据驱动的决策支持中发挥着至关重要的作用。数据驱动的决策支持是指利用大数据、人工智能等先进技术，通过信息可视化设计将数据转化为直观的图表、图像或动画，帮助决策者快速理解数据背后的规律和趋势，从而做出更加科学、准确的决策。

1. 信息可视化设计在数据驱动决策支持中的作用

首先，信息可视化设计能够将来自不同数据源的信息进行整合，并以直观、易懂的方式展示出来。这种整合不仅限于企业内部的数据，还包括外部的市场趋势、社交媒体数据等，通过信息可视化，决策者可以一目了然地了解全局数据，发现数据之间的关系和模式。

其次，在信息可视化设计中，实时数据监控是一个重要功能。它可以帮助决策者实时监控关键指标，如销售额、市场份额、客户满意度等。通过实时数据的更新和可视化展示，决策者可以迅速发现问题、分析原因，并制定相应的解决方案。

再次，信息可视化设计不仅限于数据的展示，还包括数据分析和挖掘。通过内置的数据分析工具，信息可视化设计可以帮助决策者揭示数据背后的规律和趋势，发现潜在的风险和机会。例如通过关联分析，可以发现不同数据之间的相关性，从而挖掘出潜在的商业机会。

最后，信息可视化设计支持交互式探索，允许决策者根据自己的需求进行数据筛选、放大、缩小等操作。这种交互式探索方式使得数据分析过程更加灵活、高效，有助于决策者从不同角度深入理解数据。

2. 数据驱动决策支持的应用场景

在企业运营管理中，信息可视化设计可以帮助决策者实时监控关键运营指标，如生产进度、库存状况、销售数据等。通过数据驱动的决策支持，企业可以优化资源配置，提高运营效率，降低运营成本。在市场分析与预测中，信息可视化设计可以帮助决策者了解市场趋势、竞争态势和消费者行为。通过数据驱动的决策支持，企业可以制定更加精准的市场策略，提高市场份额和竞争力。在风险管理与预警中，信息可视化设计可以帮助决策者实时监控关键风险指标，如信用风险、市场风险、操作风险等。通过数据驱动的决策支持，企业可以及时发现潜在风险，制定应对措施，降低损失。在智慧城市与交通管理中，信息可视化设计可以帮助决策者实时监控城市交通流量、空气质量、公共安全等关键指标。通过数据驱动的决策支持，城市管理者可以优化交通信号灯控制策略、提高公共交通效率、减少拥堵和排放。

3. 信息可视化设计在数据驱动决策支持中的优势

信息可视化设计将复杂的数据转化为直观的图表和图像，大大降低了数据理解的门槛。决策者可以快速获取关键信息，做出更加迅速、准确的决策。通过信息可视化设计，决策者可以更加深入地理解数据背后的规律和趋势，发现潜在的风险和机会。这有助于决策者制定更加科学、合理的决策方案，提高决策质量。此外，信息可视化设计可以作为各部门之间沟通的桥梁，促进信息共享和跨部门协作。通过可视化展示，不同部门的决策者可以更加清晰地了解彼此的工作和需求，从而提高整体运营效率。不仅如此，随着信息可视化设计在数据驱动决策支持中的应用越来越广泛，企业内部的数据驱动文化也逐渐形成，这种文化鼓励员工利用数据进行科学决策，推动企业的数字化转型和创新发展。

未来，信息可视化设计将更多地融入人工智能和机器学习技术。通过 AI 算法，信息可视化设计可以自动识别数据中的模式和趋势，为决策者提供更加精准的决策支持。随着物联网、5G 等技术的发展，实时数据可视化将成为信息可视化设计的重要趋势。通过实时数据采集和更新，信息可视化设计可以帮助决策者实时监控关键指标，快速响应市场变化。信息可视化设计将更加注重个性化和定制化服务。根据不同行业和企业的需求，信息可视化设计可以进行高度定制化设计，满足个性化需求。同时，随着虚拟现实、增强现实等技术的发展，信息可视化设计将提供更加沉浸式和交互式的体验。决策者可以通过更加直观、生动的方式理解数据背后的规律和趋势，提高决策效率和质量。通过信息可视化设计，决策者可以更加高效、准确地理解数据背后的规律和趋势，从而做出更加科学、合理的决策。

拓展阅读

以阿里巴巴双 11 购物节为例，通过信息可视化技术，阿里巴巴实现了对海量交易数据的实时监控与分析，为商家、消费者及平台自身提供了强有力的决策支持。自 2009 年首次举办以来，阿里双 11 购物节已成为全球最大的购物狂欢节。每年的双 11，阿里巴巴平台上的交易量都会达到惊人的规模，涉及数亿用户、数百万商家和数千亿交易额。在这样的背景下，信息可视化设计成为阿里巴巴处理和分析这些数据、提供决策支持的关键工具。

每年的双 11，阿里巴巴都会在其总部设立一个巨大的交易数据大屏，实时展示全平台的交易情况。这个大屏不仅包括总交易额、订单量等宏观数据，还细化到各个品类、商家、地区乃至单个商品的交易情况。通过直观的图表和动画效果，阿里巴巴的管理层、商家和合作伙伴能够实时了解市场动态，快速做出决策。例如，在 2021 年双 11 开门红期间，罗莱成为家纺行业预售阶段首个破亿店铺，品牌总蓄水人群资产超 1 亿，开门红 5 分钟同比增长 100%。这些信息都是通过实时交易数据大屏实时展示出来的，帮助商家及时调整营销策略，把握市场机遇。

阿里巴巴通过信息可视化技术，对双 11 期间的消费者行为进行深度分析。这包括消费者的购买偏好、浏览路径、停留时间等。通过可视化图表，阿里巴巴能够直观地展示消费者的行为特征，帮助商家理解用户需求，优化商品推荐和营销策略。例如，在美妆行业，阿里巴巴通过信息可视化技术发现，大促期间消费者对品牌的关注度极高，转化率甚至可以达到 40% ~ 50%。基于这一发现，阿里巴巴助力商家通过前置化蓄水进行品类卡位，抢占行业用户和品牌新客心智。

通过信息可视化技术，阿里巴巴能够实时展示和分析双 11 期间的交易数据，帮助商家和平台快速做出决策。同时，通过图表和动画效果，阿里巴巴将复杂的数据转化为直观的信息，降低了理解门槛，提高了决策效率。阿里巴巴的信息可视化设计覆盖了交易数据、消费者行为、商家运营等多个方面，为商家和平台提供了全面的决策支持。此外，通过信息可视化技术，阿里巴巴实现了与商家和消费者的互动。商家可以实时了解市场动态和用户需求，消费者可以获得更好的购物体验。

随着技术的不断进步和应用场景的不断拓展，阿里双 11 购物节的信息可视化设计将继续发挥更大的作用。未来，阿里巴巴将进一步优化其信息可视化平台的功能和性能，提升数据处理的效率和准确性。同时，阿里巴巴还将积极探索新的应用场景和技术融合点，如人工智能、大数据、物联网等领域的深度融合，为商家和消费者提供更加全面、高效的数据驱动决策支持。总之，阿里双 11 购物节的信息可视化设计在数据驱动的决策支持中发挥了重要作用。通过实时、直观、全面和互动的数据展示和分析，阿里巴巴为商家、消费者及平台自身提供了强有力的决策支持，推动了电商行业的持续发展和创新。

数智时代

视觉媒体设计

Chapter

6

第六章

新媒体展示设计方法

第一节 增强现实展示技术分析

增强现实技术在新媒体展示中的应用日益广泛，它通过将虚拟信息与现实世界进行融合，为用户提供了前所未有的沉浸式交互体验。增强现实技术是在虚拟现实技术的基础上发展起来的，它通过在用户的现实世界中叠加数字图像、声音、视频或其他感官增强，创造出一种全新的交互体验。增强现实技术不仅展示了真实世界的信息，还将虚拟信息同时显示出来，两种信息相互补充、叠加，从而实现对真实世界的“增强”。

一、增强现实技术原理

增强现实技术的核心在于将虚拟信息与真实世界进行无缝融合，这一过程涉及多个关键技术和步骤。

首先是数据采集与预处理。增强现实系统需要通过传感器、摄像头等设备采集用户周围环境的实时数据，这些数据包括用户的位置、姿态、视线方向等信息，以及周围物体的形状、颜色、纹理等特征，这些数据经过预处理后，将被用于后续的图像识别、空间定位等步骤。

其次是图像识别与跟踪。它通过计算机视觉技术对现实世界中的物体进行识别和跟踪，确定虚拟物体在真实世界中的准确位置和方向。这一过程可以使用传统的模式识别技术，如边缘检测、特征提取等，也可以使用深度学习技术，如卷积神经网络（CNN）等。

再次是空间定位与三维注册。空间定位技术用于确定用户在真实世界中的精确位置和方向，这可以通过GPS、室内定位系统等技术实现。三维注册技术则是将虚拟物体按照正确的空间透视关系叠加到真实场景中，确保虚拟物体与现实环境在三维空间中的精确匹配。而在确定了虚拟物体在真实世界中的位置和方向后，增强现实系统需要使用计算机图形学技术生成虚拟物体的三维模型，并进行渲染处理。渲染过程需要考虑光照、阴影、纹理等因素，以确保虚拟物体在真实环境中的逼真呈现。

此外，虚实融合与显示也是增强现实技术的核心目标。通过将渲染后的虚拟物体与真实世界的视频流进行融合处理，生成包含虚拟信息的增强现实场景。这一过程需要考虑虚拟物体与真实物体之间的遮挡关系、光照一致性、色调一致性等因素，以确保融合效果的逼真性和自然性，再通过显示设备（如AR眼镜、智能手机屏幕等）将增强现实场景呈现给用户。

其中，计算机视觉技术在增强现实系统中起着至关重要的作用。它不仅用于图像识别和跟踪，还可以用于环境感知、场景理解等方面。通过计算机视觉技术，增强现实系统能够实时感知用户周围环境的变化，并据此调整虚拟物体的位置和显示方式。而传感器技术则用于采集用户周围环境的实时数据。这些数据包括用户的位置、姿态、视线方向等信息，以及周围物体的形状、颜色、纹理等特征。这些数据对于增强现实系统的精确性和稳定性至关重要。同时，显示技术是将增强现实场景呈现给用户的关键环节。随着技术的不断发展，显示设备也在不断进化。从最初的智能手机屏幕到 AR 眼镜、头戴式显示器等专用设备，显示设备在分辨率、刷新率、视场角等方面都在不断提升，为用户提供了更加逼真的增强现实体验。此外，交互技术使得用户能够与虚拟物体进行自然交互。常见的交互方式包括手势识别、语音识别、触摸屏等。通过交互技术，用户可以对虚拟物体进行操作和控制，从而增强了增强现实体验的互动性和趣味性。

二、增强现实技术特征

第一，虚实结合，创造沉浸式体验。增强现实技术的核心在于将虚拟信息与真实世界进行无缝融合，从而创造出一种虚实结合的场景。这种融合不仅限于视觉层面，还可能包括听觉、触觉等感官体验。例如在博物馆展览中，参观者可以通过 AR 眼镜看到古代文物的虚拟复原模型，同时听到相关的历史解说，甚至可以通过手势与虚拟模型进行互动。这种虚实结合的方式极大地丰富了用户的感官体验，使其仿佛置身于一个全新的世界中。

第二，实时交互，提升用户体验。增强现实技术能够实现用户与虚拟信息的实时交互。用户可以通过手势、语音、触摸等方式与虚拟物体进行互动，这种交互是即时的、动态的，能够极大地提升用户体验。例如在零售行业中，消费者可以使用 AR 应用进行虚拟试穿或试戴，实时查看商品在不同光线、角度下的效果，从而做出更明智的购买决策。此外，在教育、医疗等领域，AR 技术也能够通过实时交互的方式提供更为生动、直观的教学或诊断支持。

第三，三维注册，确保信息精准叠加。为了实现虚拟信息与真实世界的无缝融合，增强现实技术需要依赖三维注册技术。三维注册技术能够确保虚拟物体在真实世界中的精确定位和显示，使得虚拟信息与真实环境在三维空间中保持一致。这种技术对于实现精准的虚实结合至关重要，它能够确保用户看到的虚拟物体与现实世界中的物体在位置、大小、方向等方面保持一致，从而增强用户体验的真实感和沉浸感。

第四，多媒体融合，丰富展示内容。增强现实技术能够融合多种媒体形式，如文字、图像、视频、音频等，从而为用户提供更为丰富、生动的展示内容。例如，在旅游导览中，AR 应用可以将景点的历史背景、文化特色等信息以文字、图片或视频的形式呈现给用户，使其能够更好地了解景点的相关信息。此外，在教育、娱乐等领域，AR 技术也能够通过多媒体融合的方式提供更为生动、有趣的学习或娱乐体验。

第五，跨平台支持，拓展应用场景。随着智能设备的普及和移动互联网的发展，增强现实技术已经能够在多种平台上实现跨平台支持。这意味着用户可以在不同的设备上使用相同的 AR 应用，享受一致的沉浸式体验。例如，用户可以在智能手机、平板电脑或 AR 眼镜等设备上使用相同的 AR 应用进行虚拟试穿、虚拟导览等操作。这种跨平台支持极大地拓展了增强现实技术的应用场景，使其能够在更广泛的领域中得到应用和推广。

第六，个性化定制，满足多样化需求。增强现实技术具有高度的个性化定制能力。通过收集和分析用户的行为数据、偏好信息等数据，AR 应用可以为用户提供更为个性化的服务和体验。例如，在电商行业中，AR 应用可以根据用户的购买历史、浏览记录等信息为其推荐更符合其需求的商品；在娱乐行业中，AR 应用可以根据用户的兴趣爱好为其推荐更符合其口味的游戏或视频内容。这种个性化定制的能力使得增强现实技术能够更好地满足用户的多样化需求，提升用户体验的满意度和忠诚度。

增强现实技术是一个不断发展的领域，随着技术的不断进步和创新，其应用场景和用户体验也在不断优化和提升。例如随着 5G 网络的普及和物联网技术的发展，增强现实技术将能够实现更为高效、稳定的数据传输和交互体验；随着人工智能技术的不断发展，增强现实技术也将能够更好地理解用户的需求和意图，提供更为智能化、个性化的服务。这种持续进化的能力使得增强现实技术能够始终保持其领先地位，推动新媒体展示领域的技术创新和进步。

三、增强现实技术的应用场景

在教育领域，AR 技术能够将抽象的概念以三维模型、动画等形式直观地呈现出来，帮助学生更好地理解和学习。例如在生物课上，学生可以通过 AR 应用观察细胞结构、生物进化过程等；在地理课上，学生可以通过 AR 应用查看地形地貌、气候分布等。AR 技术还能够模拟真实的实验环境和操作过程，为学生提供安全、便捷的虚拟实验室体验。在医学、化学等领域，学生可以通过 AR 应用进行模拟手术、化学实验等操作，提高实践能力和安全意识。

在零售行业中，AR 技术能够实现虚拟试穿、试戴等功能，让消费者在购买前就能直观地了解商品的效果。例如在服装、鞋帽、眼镜等商品的销售中，消费者可以通过 AR 应用查看商品在不同光线、角度下的效果，从而做出更明智的购买决策。AR 技术还能够将广告与品牌推广活动变得更加有趣和更具互动性。例如，品牌可以通过 AR 应用创建互动广告，让消费者通过扫描二维码或特定图案来触发 AR 效果，如虚拟角色出现、商品动画展示等，从而吸引消费者的注意力并提升品牌认知度。

在文化旅游领域，AR 技术能够为游客提供更加生动、有趣的导览体验。例如，在博物馆、历史遗迹等场所，游客可以通过 AR 应用查看文物的虚拟复原模型、历史背景解说等信息，增加游览的趣味性和教育意义。AR 技术还能够将已经消失或损毁的文化遗产进行虚拟复原和重现，让游客能够目睹这些历史遗迹的原始风貌。例如在古罗马斗兽场、埃及金字塔等著名历史遗迹中，AR 技术已经实现了对遗址的虚拟复原和重现。

在娱乐游戏领域，AR 技术能够将虚拟角色和场景与现实世界进行融合，为玩家带来全新的游戏体验。例如在 AR 游戏中，玩家可以通过手机或 AR 眼镜等设备与虚拟角色进行互动、战斗或合作完成任务。AR 技术还能够将现实世界中的元素与虚拟游戏进行融合，创造出独特的游戏体验。

在工业制造领域，AR 技术能够模拟产品的组装过程和操作步骤，为工人提供直观的演示和指导。例如在汽车、电子设备等产品的制造过程中，工人可以通过 AR 应用查看产品的三维模型、组装顺序等信息，提高生产效率和产品质量。AR 技术还能够实现远程维修与指导功能。例如当设备出现故障时，维修人员可以通过 AR 应用与现场人员进行实时通信和视频共享，查看设备的实时状态并提供维修指导；同时，专家也可以通过 AR 应用远程协助现场人员进行故障诊断和排除。

在医疗健康领域，AR 技术能够为医生提供手术模拟和指导功能。例如在复杂手术之前，医生可以通过 AR 应用进行手术模拟和规划，了解手术步骤和注意事项；在手术过程中，医生可以通过 AR 眼镜等设备查看患者的三维医学影像和手术器械的实时位置等信息，提高手术的精确性和安全性。AR 技术还能够为患者提供教育和康复指导功能。例如在骨科康复中，患者可以通过 AR 应用查看自己的骨骼三维模型和康复计划等信息，了解康复过程中的注意事项和锻炼方法；在心理治疗中，AR 技术也能够为患者提供沉浸式的治疗环境和互动体验。

在智慧城市建设领域，AR 技术能够实现智慧交通与导航功能。例如在驾驶过程中，驾驶员可以通过 AR 眼镜等设备查看前方道路的实时路况、交通标志等信息，提高驾驶安全性和舒适度；在步行或骑行过程中，用户也可以通过 AR 应用查看周边的景点、商店等信息，享受更加便捷的出行体验。AR 技术还能够用于公共信息的展示和交互。例如在公共场所如公园、商场等地方设置 AR 导览系统或广告屏等设备，用户可以通过扫描二维码或特定图案来触发 AR 效果，查看周边的景点介绍、商家信息等内容；同时，用户也可以通过 AR 应用与公共设施进行互动，如查询公交到站时间、控制智能路灯等。

新媒体展示中的增强现实技术已经广泛应用于教育培训、商业营销、文化旅游、娱乐游戏、工业制造与维修、医疗健康以及智慧城市与导航等多个领域，为用户带来了全新的沉浸式交互体验。随着技术的不断进步和创新应用的不断拓展，相信 AR 技术将在未来发挥更加重要的作用并创造更多的价值。

拓展阅读

故宫博物院作为中国最重要的文化遗产之一，每年吸引着数百万国内外游客前来参观。为了更好地服务游客，提升参观体验，同时加强文化遗产的数字化保护与展示，故宫博物院于近年来启动了AR 导览项目。该项目利用AR 技术将虚拟信息与真实环境相融合，为游客提供更加生动、直观、互动的参观体验（图 6-1）。

首先，故宫博物院的 AR 导览项目实现了 AR 实景导航功能。游客只需通过手机或 AR 眼镜等智能设备扫描故宫内的特定标识或二维码，即可开启 AR 导航模式。在 AR 导航界面中，游客可以看到虚拟的箭头和路线指示，引导他们前往想要参观的景点或设施。同时，AR 技术还能够根据游客的位置和朝向实时调整导航信息，确保导航的准确性和实用性。

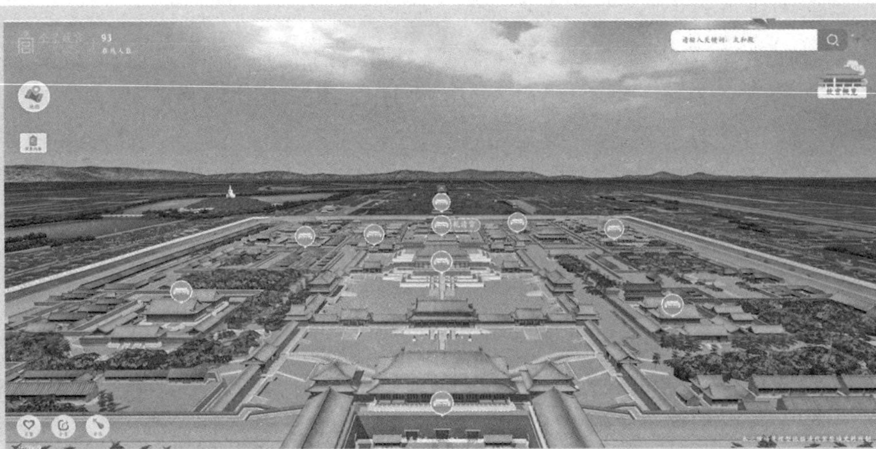

图 6-1

其次，除了实景导航外，故宫博物院的 AR 导览项目还实现了虚拟展品展示功能。通过 AR 技术，游客可以在手机或 AR 眼镜等智能设备上观看到虚拟的故宫展品。这些虚拟展品不仅包括故宫内的珍贵文物，还包括一些已经消失或损毁的历史建筑和景观。游客可以通过旋转、缩放、移动等操作来仔细观赏虚拟展品的各个细节，甚至可以与虚拟展品进行互动。

再次，故宫博物院的 AR 导览项目还利用 AR 技术重现了一些重要的历史场景。例如，游客可以通过 AR 技术观看到故宫在明清时期的繁华景象，感受历史的厚重与文化的魅力。这种历史场景重现不仅丰富了游客的参观体验，还有助于他们更好地理解故宫的历史和文化背景。

为了提升游客的参与感和趣味性，故宫博物院的 AR 导览项目还融入了多种互动体验设计。例如，游客可以通过 AR 技术参与到一些虚拟的游戏或挑战中，如解谜游戏、寻宝游戏等。这些互动体验设计不仅增加了游客的参观乐趣，还有助于他们更深入地了解故宫的历史和文化。通过引入 AR 等先进科技手段，故宫博物院实现了对文化遗产的数字化采集、处理、展示和传播。这些数字化成果不仅丰富了博物馆的展示内容和形式，还提升了博物馆的服务质量和运营效率。同时，智慧博物馆建设还有助于推动文化产业的创新发展，为文化遗产的保护与传承提供新的思路和方法。

故宫博物院的 AR 导览项目虽然取得了显著的效果和意义，但仍面临一些挑战和问题。例如 AR 技术的实现需要依赖高质量的图像识别、跟踪注册等技术支持，而这些技术在复杂环境或光照条件下可能存在不稳定的问题。此外，AR 导览项目的推广和普及也需要考虑游客的接受程度和操作习惯等因素。

拓展阅读

AR 试衣间技术则是基于计算机视觉、图像识别、三维建模和实时渲染等先进技术，通过智能设备（如智能手机、平板电脑或专用 AR 眼镜）的摄像头捕捉用户的身体图像，并将虚拟服装精准地叠加在用户的真实图像上。这一过程涉及以下几个关键环节。首先是图像识别与人体追踪，AR

试衣间技术通过智能设备的摄像头捕捉用户的身体图像，并利用先进的图像识别算法识别用户的体型、姿势和动作。系统还会对人体进行实时追踪，以确保虚拟服装能够随着用户的动作而自然移动。其次是三维建模与虚拟服装生成，基于识别到的人体数据，系统会生成一个与用户体型相匹配的三维人体模型。同时，虚拟服装也通过三维建模技术被创建出来，并可以根据不同的款式、颜色、材质等进行精细设计和调整。再次是实时渲染与融合，系统将虚拟服装与三维人体模型进行实时渲染和融合，确保虚拟服装能够完美地贴合在用户的身体上。这一过程需要高效的图形处理能力和精准的渲染算法，以呈现出逼真的试穿效果。

其技术特点与优势首先在于高度个性化，AR 试衣间技术能够根据每位用户的体型、肤色和喜好，提供个性化的试穿体验。用户可以自由选择不同的款式、颜色和尺寸，甚至可以根据自己的需求对虚拟服装进行调整和搭配。其次是便捷高效，相比传统的实体店试衣，AR 试衣间技术更加便捷高效。用户无需亲自前往商场，只需在家中通过智能设备即可轻松试穿多款服装。这不仅节省了用户的时间和精力，还避免了实体店试衣的繁琐过程。再次是提升购物体验，AR 试衣间技术通过提供沉浸式的试穿体验，极大地提升了用户的购物满意度。用户可以在虚拟环境中自由探索不同的穿搭风格，发现适合自己的时尚搭配，从而增加购物的乐趣和信心。此外还包括降低退换货率，由于 AR 试衣间技术能够为用户提供高度逼真的试穿效果，因此用户在购买前可以更准确地了解服装的款式、尺寸和颜色等信息，从而降低因尺码不合适或颜色不满意而导致的退换货情况。这不仅节省了商家的运营成本，还提高了用户的购物满意度和忠诚度。

拓展阅读

目前，已有多个知名服装品牌推出了自己的 AR 试衣间技术，如 Tommy Hilfiger（汤米·希尔费格）、Farfetch（发发奇）等。Tommy Hilfiger 与 Kivicube（弥知科技 AR 在线平台）试穿试戴平台合作，在微信小程序中推出了 AR 虚拟试衣体验。用户只需上传自己的照片或身体数据，即可在虚拟环境中试穿 Tommy Hilfiger 的最新款式。这种创新的试衣方式吸引了大量年轻消费者的关注，并提升了品牌的曝光度和知名度。

Farfetch 在其在线商店中推出了 AR 虚拟试穿功能，用户可以通过语音指令将不同款式的服装试穿在身上，并实现一键下单或分享至社交平台。这种创新的试衣方式为用户提供了更加便捷和有趣的购物体验，同时也增强了品牌的互动性和社交性。

尽管 AR 试衣间技术在服装品牌中得到了广泛应用并取得了一定成效，但仍面临一些挑战和问题。例如技术实现上需要解决图像识别精度、人体追踪稳定性、虚拟服装渲染逼真度等问题；用户体验上需要关注操作的便捷性、试穿效果的准确性以及隐私保护等问题。未来，随着 AR 技术的不断发展和完善，服装品牌的AR试衣间技术有望实现更加精准、逼真和个性化的试穿体验。同时，AR 试衣间技术还有望与更多时尚元素和创新技术相结合，如虚拟现实、人工智能等，共同推动时尚产业的数字化变革和创新发展。例如，通过 VR 技术可以创建更加沉浸式的试衣环境；通过 AI 技术可以根据用户的购物历史和浏览行为等数据提供个性化的商品推荐和穿搭建议。这些创新应用将进一步提升用户的购物体验和满意度，为服装品牌带来更多的商业价值和市场机遇。

第二节 虚拟现实展示技术分析

新媒体展示中的虚拟现实技术，是一种通过计算机生成的完全虚拟的三维环境，使用户能够沉浸其中并与之互动的高级仿真技术。这种技术不仅为新媒体展示带来了前所未有的沉浸式体验，还极大地拓宽了信息呈现的方式和维度。虚拟现实技术是一种模拟真实世界环境，并允许用户与之进行交互的计算机技术。它利用多种技术手段，如三维建模、实时渲染、传感器跟踪等，创建出一个高度逼真的虚拟环境，使用户能够身临其境地感受虚拟世界。

一、虚拟现实技术在新媒体展示中的基本原理

三维建模是虚拟现实技术的基础，它利用计算机图形学的方法，通过点、线、面等基本元素构建出虚拟场景中的物体和环境。这些模型不仅具有几何形状，还可以通过纹理贴图、光照处理等技术赋予其真实的外观和质感。在新媒体展示中，三维建模被广泛应用于构建虚拟博物馆、虚拟展厅、虚拟城市等场景，这些场景不仅具有高度的逼真度，还可以根据展示需求进行灵活的调整和优化。

实时渲染是指计算机在极短的时间内对虚拟场景进行连续渲染，以生成连续、流畅的视觉效果，这是实现虚拟现实沉浸感的关键技术之一。在新媒体展示中，实时渲染技术被用于生成高质量的虚拟场景图像，通过高效的图形处理算法和硬件加速技术，系统能够在用户移动头部或改变视角时迅速更新画面，确保视觉效果的连续性和流畅性。

传感器跟踪是实现虚拟现实交互性的重要手段。它利用陀螺仪、加速度计、磁力计等传感器设备，实时捕捉用户的头部运动、手部动作等信息，并将其转化为计算机可识别的数字信号，当用户移动头部时，系统能够实时更新虚拟场景中的视角和画面，使用户能够自然地浏览虚拟环境。

立体显示是指通过特殊的显示设备和技术，将虚拟场景以三维立体的方式呈现给用户。这种显示方式能够增强用户的沉浸感和真实感，这些设备通常配备高分辨率的显示屏和特殊的透镜系统，能够将虚拟场景以逼真的三维立体效果呈现给用户。同时，音效模拟也是增强虚拟现实沉浸感的重要手段。通过空间音效技术，系统能够模拟声音的方向和距离感，使用户在虚拟环境中能够听到来自不同方向和位置的声音效果。

交互设计是虚拟现实技术的重要组成部分。它涉及用户与虚拟环境之间的交互方式、操作逻辑等方面。一个好的交互设计能够使用户更加自然地与虚拟环境进行互动，例如用户可以通过手柄、手套等设备与虚拟展品进行互动，系统也可以根据用户的操作提供相应的反馈效果，如视觉反馈、声音反馈等。

二、虚拟现实技术在新媒体展示中的应用优势

新媒体展示中的虚拟现实技术作为当代科技的前沿代表，正以其独特的魅力

和无限的应用潜力，深刻改变着信息传播和展示的方式，其通过构建一个高度沉浸式的三维环境，使用户能够身临其境地体验虚拟世界，从而在新媒体展示中展现出诸多显著的应用优势。

1. 沉浸式体验：打破现实与虚拟的界限

虚拟现实技术的核心在于其提供的沉浸式体验。通过头戴式显示器（HMD）、动作捕捉设备等技术手段，用户能够完全沉浸在由计算机生成的虚拟环境中，仿佛置身于一个全新的世界。这种沉浸感不仅来源于视觉上的三维立体显示，还包括听觉、触觉甚至嗅觉等多感官的综合模拟。在新媒体展示中，这种沉浸式体验能够极大地吸引用户的注意力，提高他们对展示内容的兴趣和参与度。用户不再是被动的信息接受者，而是成为了虚拟世界中的积极参与者，能够自由地探索、交互和体验。

2. 交互性增强：实现用户与内容的深度互动

虚拟现实技术的另一大优势在于其强大的交互性。与传统的二维展示方式相比，虚拟现实允许用户通过自然的动作和语音与虚拟环境进行互动。无论是操作虚拟物体、触发事件，还是与虚拟角色进行交流，用户都能获得即时且直观的反馈。这种深度互动不仅增强了用户的参与感，还使得信息传播更加生动和有效。在新媒体展示中，交互性的设计能够让用户更加深入地了解展示内容，甚至参与到故事的发展中去，从而加深对信息的理解和记忆。

3. 可视化呈现：复杂信息直观化

对于某些复杂或抽象的信息，传统的文字、图片或视频展示方式可能难以让用户全面理解。而虚拟现实技术则通过三维建模和实时渲染技术，将这些信息以直观、可视化的方式呈现出来。无论是科学数据的模拟、历史事件的重现，还是复杂产品的内部结构展示，虚拟现实都能让用户以第一人称的视角进行观察和探索。这种可视化呈现方式不仅降低了信息的理解门槛，还提高了信息的传播效率和准确性。

4. 个性化定制：满足不同用户的需求

虚拟现实技术还具有高度的个性化定制能力。根据用户的偏好、兴趣或特定需求，新媒体展示可以为用户量身定制虚拟环境和交互内容。这种个性化定制不仅提升了用户体验的满意度，还使得信息传播更加精准和有效。例如，在教育领域，虚拟现实可以根据学生的学习风格和进度，提供个性化的学习资源和互动体验；在营销领域，企业可以根据目标受众的喜好，打造具有吸引力的虚拟品牌和产品展示。

5. 突破时空限制：拓展展示场景和受众范围

虚拟现实技术打破了传统展示方式的时空限制。无论用户身处何地，只要具备相应的设备和网络连接，就能随时随地进入虚拟环境进行体验。这种跨地域、跨时间的特性使得新媒体展示能够覆盖更广泛的受众群体，扩大信息的传播范围和影响力。同时，虚拟现实还为那些由于地理、经济或身体原因无法亲临现场的用户提供了体验机会，实现了信息传播的公平性和普及性。

6. 促进知识传播与教育创新

在教育领域，虚拟现实技术为知识传播和教育创新提供了有力支持。通过模拟实验、历史场景重现等方式，学生能够以更加直观和生动的方式学习知识。这种教学方式不仅提高了学生的学习兴趣和积极性，还促进了知识的内化和应用能力的培养。同时，虚拟现实还为远程教育、特殊教育等领域提供了新的解决方案和可能性。新媒体展示中的虚拟现实技术以其沉浸式体验、交互性增强、可视化呈现、个性化定制、突破时空限制、创新营销模式以及促进知识传播与教育创新等多重优势，正逐渐成为信息传播和展示领域的重要力量。随着技术的不断发展和完善，虚拟现实技术将在更多领域展现出其巨大的应用潜力和价值。

三、虚拟现实技术在新媒体展示中的应用前景

随着技术的不断发展和进步，虚拟现实技术在新媒体展示中的应用将越来越广泛。未来，虚拟现实技术将更加注重用户体验和交互性设计；同时，它还将与其他新兴技术如人工智能、5G 通信等相结合，共同推动新媒体展示的创新和发展。中研普华产业研究院发布的《2024—2029 年中国虚拟现实行业市场全景调研与发展前景预测报告》显示，中国虚拟现实市场在近年来呈现出快速增长的态势。2023 年中国虚拟现实市场规模达到了 1126 亿元，同比上升 22.8%。预计到 2028 年，这一市场规模将达到 2125.9 亿元，显示出强劲的增长潜力。

首先是技术进步推动应用深化。VR 头显设备的分辨率、刷新率、舒适度等方面都在不断提升，为用户提供更加逼真、流畅的虚拟体验。例如，Pancake 光学方案因其轻薄设计受到关注，Micro OLED 和 Micro LED 显示技术因其高分辨率和低延迟特性受到厂商青睐。游戏开发者们不断利用新技术创造出丰富多元的虚拟世界。AI 技术的融合使得游戏中的 NPC 变得更加智能，提升了游戏的互动性和可玩性。同时，VR 内容服务正在扩充创作者队伍，并利用 AI 技术提升创作效率。

其次是应用场景多元化。VR 技术能够为学习者提供沉浸式的学习体验，增强记忆力和参与度。在教育领域，VR 可用于模拟实验、历史场景重现等，使抽象的知识变得直观易懂。通过 VR 技术，用户可以足不出户地游览世界各地的名胜古迹、博物馆等，体验虚拟旅游的乐趣。这为新媒体展示提供了全新的展示方式，吸引了大量用户。VR 技术能够为品牌打造独特的虚拟体验空间，吸引用户的注意力并给用户留下深刻印象。这种创新的营销方式有助于提升品牌影响力和用户忠诚度。VR 社交平台逐渐成为新的市场热点，为用户提供沉浸式互动和协作体验。在虚拟世界中，用户可以与朋友一起玩游戏、看电影、参加活动等，享受全新的社交娱乐方式。

再次是政策支持与产业发展。中国政府对 VR 产业的发展给予了高度关注，并出台了一系列相关政策以推动其发展。例如，在 2024 年 6 月和 9 月，国内发布了多项关于虚拟现实 / 增强现实（VR/AR）的政策，涉及文化、旅游、教育、科技等多个领域。这些政策旨在推动 VR 技术在各个领域的应用，促进 VR 产业的创新和

发展。"十四五"规划将"虚拟现实和增强现实"列为数字经济重点产业，提出以数字化转型整体驱动生产方式、生活方式和治理方式变革，催生新产业新业态新模式，壮大经济发展新引擎。《虚拟现实与行业应用融合发展行动计划（2022—2026年）》由工信部、文旅部等部门联合发布，明确提出了发展云化虚拟现实线上服务平台、基于用户地理位置服务的增强现实运营平台等目标，并推动智慧警务与应急管理等领域的信息化创新建设。《工业和信息化部关于推动5G加快发展的通知》鼓励培育新型消费模式，推动发展云化虚拟现实线上服务平台，支持基于用户地理位置服务和高精度视觉定位服务的增强现实应用对线下街区赋能。《关于进一步释放消费潜力促进消费持续恢复的意见》提出利用新技术拓展购物消费体验，探索利用人工智能大模型、虚拟现实（VR）全景和数字人等技术，拓展电商直播场景。

此外是新媒体展示中的虚拟现实的应用场景多元化。在新媒体展示领域，虚拟现实技术的应用正日益多元化，为观众带来了前所未有的沉浸式体验。从商业展示到教育培训，从文化旅游到医疗健康，VR技术正在不断拓宽新媒体展示的应用边界，为各行各业带来革命性的变革。

在商业展示领域，VR技术为企业提供了全新的产品展示方式。通过高精度的3D建模与VR技术的深度融合，企业可以在虚拟空间中创建逼真的产品展示环境。消费者不再是旁观者，而是化身为探索者，与虚拟产品互动，亲身体验其独特魅力。例如，在虚拟展厅中，企业可以举办产品发布会，全方位展示产品的细节与功能，让消费者仿佛置身于真实的购物场景中。企业展示厅也不再受时间和空间的限制，可以24小时不间断地向全球客户敞开大门，提升品牌知名度和影响力。

在教育培训领域，VR技术为学习者提供了沉浸式的学习体验。无论是医学手术模拟、危险环境作业训练，还是历史场景重现、科学实验模拟，VR技术都能让学习者在虚拟环境中进行实际操作和体验。这种学习方式不仅提高了学习者的参与度和兴趣，还大大降低了实际操作的风险和成本。例如，在医学教育中，VR技术可以帮助医学生进行手术模拟训练，提升他们的实践技能和手术精准度；在危险环境作业培训中，VR技术可以让工人模拟高空作业、电气设备维修等危险场景，学习正确的应对方法，避免实际操作中的安全隐患。

在文化旅游领域，VR技术为游客带来了全新的游览体验。通过VR技术，游客可以足不出户地游览世界各地的名胜古迹、博物馆和文化遗产。虚拟导览和互动体验让游客仿佛穿越时空，与古人对话，深刻理解历史与文化的精髓。VR技术还可以为旅游景区提供虚拟导览服务，提升游客的游览体验和服务质量。例如，博物馆可以利用VR技术创建虚拟展览，让游客在虚拟空间中欣赏珍贵文物，了解历史背景和文化内涵；旅游景区则可以通过VR技术为游客提供虚拟导览服务，帮助他们更好地了解景区特色和历史文化。

在医疗健康领域，VR技术正在发挥着越来越重要的作用。通过VR技术，医生可以进行远程手术指导、患者康复训练等医疗活动。例如，在远程手术指导中，医生可以通过VR技术实时观看手术过程，与现场医生进行沟通和指导，提高手术的成功率和安全性；在患者康复训练中，VR技术可以为患者提供虚拟的康复环境，让他们在虚拟空间中进行康复训练，提高康复效果和趣味性。VR技术还可以用于心理治疗、疼痛管理等方面，帮助患者缓解焦虑、抑郁等心理问题，减轻疼痛感。

在社交娱乐领域，VR 技术为用户提供了全新的社交方式和娱乐体验。通过 VR 技术，用户可以在虚拟空间中与朋友进行面对面的交流、玩游戏、看电影等活动。这种社交方式不仅打破了时间和空间的限制，还提高了用户的参与度和互动性。例如，在虚拟社交平台上，用户可以创建自己的虚拟形象，与其他用户进行交流和互动；在虚拟游戏中，用户可以扮演不同的角色，在虚拟世界中进行冒险和挑战；在虚拟影院中，用户可以在家中享受身临其境的观影体验。

除了以上几个领域外，VR 技术还在城市规划、房地产销售、工业设计等领域发挥着重要作用。在城市规划中，VR 技术可以帮助规划师创建虚拟的城市模型，进行交通模拟、环境评估等工作；在房地产销售中，VR 技术可以让购房者在家中通过虚拟看房了解房源信息，提高购房体验和效率；在工业设计中，VR 技术可以帮助设计师创建虚拟的产品模型，进行功能测试、外观优化等工作。随着技术的不断进步和应用场景的不断拓展，VR 技术在新媒体展示领域的应用前景将更加广阔。未来，我们可以期待更多创新性的 VR 应用出现，为观众带来更加丰富、沉浸式的体验。同时，随着 5G、人工智能等技术的融合应用，VR 技术将实现更多创新功能和服务模式，为各行各业带来更加深远的影响和变革。

综上而言，随着数智技术的纵深发展，新媒体展示中的虚拟现实在社会经济中的发展趋势体现在如下几点：

首先，VR 设备的分辨率、刷新率、色彩表现等关键指标将持续提升，为用户提供更加清晰、细腻且色彩丰富的虚拟视觉体验。同时，VR 设备的轻量化、舒适化设计也将成为趋势，降低用户长时间佩戴的不适感。随着手势识别、语音控制、眼球追踪等交互技术的不断进步，VR 设备的交互方式将更加自然、直观。这将使用户能够更加流畅地与虚拟环境互动，提升沉浸感和参与度。此外，无线 VR 设备将逐渐成为主流，摆脱线缆的束缚，让用户能够在更广阔的空间内自由移动，享受更加自由的 VR 体验。

其次，随着 VR 技术的普及和应用场景的拓展，越来越多高品质、大众化的 VR 内容将不断涌现。这将包括游戏、影视、旅游、教育等多个领域的内容，满足用户多样化的需求。AI 技术的应用将降低 VR 内容的创作门槛，提高开发效率。例如，基于生成对抗网络（GAN）的内容生成技术，将使用户能够通过简单的输入就生成相应的虚拟场景或角色。此外，未来 VR 设备将实现更好的跨平台兼容性，用户可以在不同设备间自由切换和共享 VR 内容。这将促进 VR 内容的传播和共享，进一步丰富 VR 内容生态。

再次，VR 技术将在企业培训、产品展示、远程协作等领域发挥更大作用。例如，企业可以通过 VR 技术进行员工培训，模拟真实工作场景，增强培训效果；在产品展示方面，VR 技术可以创建虚拟展示厅，让客户身临其境地了解产品特点。VR 技术将在社交娱乐领域发挥更大潜力。用户可以在虚拟空间中与朋友进行面对面的交流、玩游戏、看电影等活动，享受更加沉浸式的社交娱乐体验。此外，VR 技术将在文化传播和教育领域发挥重要作用。例如，学校可以利用 VR 技术进行历史课程教学，让学生“穿越”到古代文明中，感受历史的魅力。

最后，随着 VR 内容的丰富和多样化，订阅制与按需付费的商业模式将成为主流。用户可以根据自己的需求选择订阅相应的 VR 内容服务或按需购买特定的 VR 内容。VR 平台将与品牌和广告主合作，推出定制化的广告和营销内容。这将为用户带来更加个性化的体验，也为品牌和广告主提供新的营销渠道。同时，VR 设备制造商将与内容提供商合作，推出硬件与内容捆绑销售的产品，这将降低用户获取高质量 VR 内容的门槛，并促进 VR 设备的销售，对于新媒体行业而言，积极拥抱 VR 技术将有助于提升用户体验、拓展应用场景并实现商业模式的创新。

拓展阅读

敦煌虚拟艺术展馆（图 6-2）是新媒体展示中虚拟现实技术应用的杰出代表，它不仅为观众带来了前所未有的沉浸式体验，还极大地丰富了敦煌文化的展示方式，使其跨越时空限制，触达更广泛的受众。敦煌虚拟艺术展馆是一个利用现代科技手段，将敦煌莫高窟的珍贵文化遗产以虚拟形式展现给观众的数字艺术空间。通过 VR、AR 等新媒体技术，观众可以身临其境地探索莫高窟的洞窟、壁画和塑像，感受千年文化的魅力。

① 虚拟现实技术的运用。敦煌虚拟艺术展馆利用 VR 技术，对莫高窟的代表性洞窟进行了 1 ：1 高精度立体还原。观众只需戴上 VR 眼镜，就能仿佛置身于真实的洞窟之中，360° 自由探索洞窟的细节。例如，“寻境敦煌”项目就利用 VR 技术，还原了西魏第 285 窟等经典洞窟，让观众能够近距离观察壁画上的兵器、马匹等细节，感受壁画背后的历史与文化。

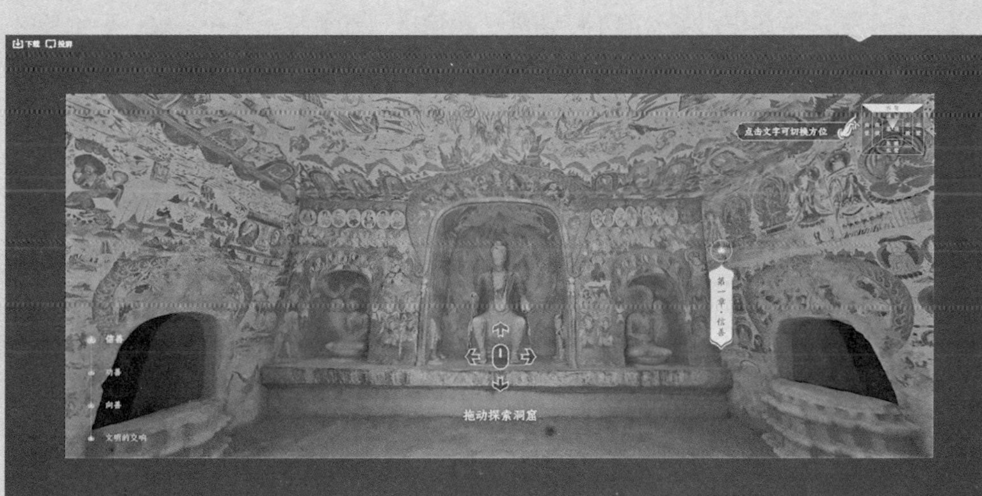

图 6-2

② 三维重建艺术复原。除了 VR 技术，敦煌虚拟艺术展馆还采用三维重建技术，对莫高窟的整窟进行了艺术复原。例如，莫高窟第 57 窟就被三维重建，无论是整窟形制与大小，还是壁画色彩与肌理、彩塑造型及神韵，都逼真至极，让人难分真假。这种三维重建技术不仅让观众能够更直观地了解洞窟的结构和布局，还通过灯光效果呈现出更多精彩细节，增强了观众的视觉体验。

③ 虚拟漫游与互动体验。敦煌虚拟艺术展馆还提供了虚拟漫游功能，观众可以在虚拟环境中自由行走，探索莫高窟的各个角落。同时，展馆还设置了一些互动环节，如虚拟触摸、虚拟拍照等，让观众能够更深入地与展品互动。例如，在“数字藏经洞”项目中，观众可以从 6 个人物形象中选择扮演 1 个，穿越到晚唐、北宋、清末等历史时期，经历洞窟开凿、封藏万卷、重现于世、文物流散到再次聚首的过程，以类似亲身体验的方式与历史发生互动。

④ AR 增强现实技术。除了 VR 技术外，敦煌虚拟艺术展馆还运用了 AR 增强现实技术。观众可以通过手机或 AR 眼镜扫描特定的标记或图像，从而在现实世界中叠加虚拟的敦煌元素。例如，在兰州敦煌艺术馆的 AR 体验中，游客通过扫码就能在艺术馆门口看到飞天、九色鹿等虚拟形象，并实现与虚拟场景合影拍照的愿望。这种 AR 体验不仅增强了观众的互动性和趣味性，还让他们能够在现实世界中感受到敦煌文化的魅力。

此外，展馆还提供了虚拟导览、语音讲解等个性化服务，让观众能够根据自己的兴趣和需求进行探索和了解。敦煌虚拟艺术展馆还充分利用了社交化分享的功能。观众在参观过程中可以通过手机或 AR 眼镜拍摄虚拟场景和展品的照片和视频，并分享到社交媒体上。这种社交化分享的方式不仅提高了展览的传播力和影响力，还让观众能够与他人分享自己的参观体验和感受。

敦煌虚拟艺术展馆是新媒体展示中虚拟现实技术应用的杰出代表。通过 VR、AR 等新媒体技术，它成功地将敦煌莫高窟的珍贵文化遗产以虚拟形式展现给观众，提供了前所未有的沉浸式体验。这种虚拟艺术展馆不仅解决了文物保护与旅游开发之间的矛盾，还为观众提供了更加丰富、便捷、安全的参观体验。同时，敦煌虚拟艺术展馆的成功也为其他文化遗产的数字化展示提供了有益的借鉴和启示。随着技术的不断进步和应用场景的不断拓展，相信虚拟现实技术将在新媒体展示领域发挥更加重要的作用。

拓展阅读

《VR 全景看武汉最美湿地》是湖北日报融媒体中心在《湿地公约》第十四届缔约方大会期间推出的一项创新融媒体产品（图 6-3）。该项目旨在通过 VR 技术，带领观众身临其境地领略武汉丰富的湿地资源、保护成效及生物多样性。武汉被誉为“百湖之市”“湿地之城”，拥有众多美丽的湿地景观，如沉湖国际重要湿地、东湖国家湿地公园、金银湖国家城市湿地公园等。这些湿地不仅是城市的生态屏障，也是众多野生动植物的栖息地，具有重要的生态价值和观赏价值。

① 全景影像的采集与制作。在《VR 全景看武汉最美湿地》项目中，首先需要进行全景影像的采集与制作。项目团队使用高清的 360° 全景相机，辅以无人机等设备，对武汉的各个代表性湿地进行了全方位、多角度的拍摄。通过特殊的全景拼接技术，这些图像被处理成无缝连接的 360° 全景图像或视频。这些全景影像不仅具有高分辨率和逼真的色彩还原，还能够实现 360° 的自由视角切换，为观众带来身临其境的视觉体验。

② VR 设备的选择与优化。为了确保观众能够获得最佳的 VR 体验，项目团队精心选择了多款 VR 头显设备，如 Oculus Rift、HTC Vive 等。这些设备不仅具有高分辨率的显示屏和精准的头部

追踪技术，还能够提供舒适的佩戴体验和丰富的交互功能。此外，项目团队还对 VR 设备进行了优化处理，以确保其在不同网络环境下的稳定性和流畅性。

③ 交互式元素的融入。在《VR 全景看武汉最美湿地》项目中，交互式元素的融入是提升用户体验的关键。通过 VR 技术，观众不仅可以自由地探索湿地的各个角落，还可以通过点击、触摸等方式与虚拟环境进行互动。例如，观众可以点击湿地中的植物或动物，了解它们的生态习性和保护意义；还可以参与虚拟的生态保护活动，如清理垃圾、种植植被等，以增强对湿地保护的认识和责任感。

④ AI 技术的辅助应用。在《VR 全景看武汉最美湿地》项目中，AI 技术也发挥了重要作用。项目团队利用 AI 技术，对湿地中的植物、动物等进行了智能识别和标注。当观众将视线停留在某个生物上时，AI 系统会自动弹出该生物的相关信息介绍，包括名称、种类、生活习性等。这种智能化的信息呈现方式不仅提高了观众的认知效率，还增强了他们的学习兴趣和探索欲望。

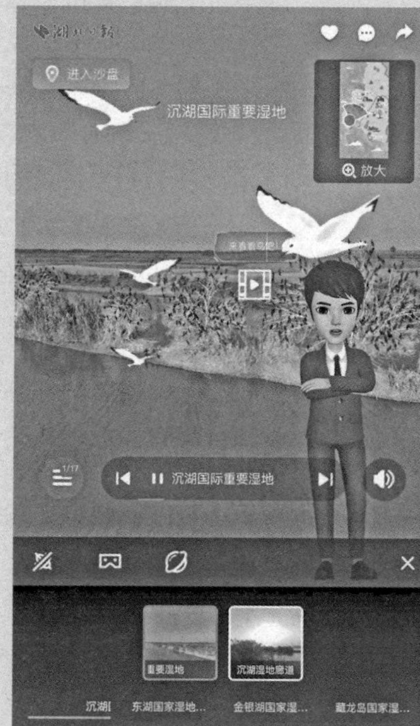

图 6-3

《VR 全景看武汉最美湿地》项目的推出，取得了显著的成效和广泛的影响。一方面，该项目通过 VR 技术，将武汉的湿地美景以全新的方式呈现在观众面前，极大地提升了他们的观赏体验和认知度。另一方面，该项目还通过新媒体平台的广泛传播，吸引了大量网友的关注和参与，进一步扩大了湿地保护的社会影响力。此外，《VR 全景看武汉最美湿地》项目还为新媒体展示领域树立了新的标杆。它充分展示了 VR 技术在新媒体展示中的创新应用潜力和广阔前景，为其他媒体机构提供了有益的借鉴和启示。未来，随着 VR 技术的不断发展和完善，相信它将在更多领域得到广泛应用，为我们带来更加丰富、便捷、真实的视觉体验。

第三节　全息成像展示技术分析

全息成像展示技术（全息成像技术），顾名思义，是一种能够记录和再现物体全部光波信息（包括振幅、相位和偏振等）的成像技术。与传统的平面摄影或电视图像不同，全息图像可以在观察者的视觉范围内呈现出立体感，就像物体本身一样。这种立体感不仅来源于图像的空间深度感，还来源于观察者可以从不同角度观察到物体的不同侧面。因此，全息成像展示技术被广泛应用于需要展示物体三维形态和细节的场合。

全息成像展示技术的发展可以追溯到 20 世纪 40 年代，当时英国匈牙利裔物理学家丹尼斯·加博尔教授提出了全息摄影术（holography）的概念，并因此获得了 1971 年的诺贝尔物理学奖。然而，由于当时技术条件的限制，全息图像的成像质量并不理想。随着激光技术、电子成像技术和计算机技术的不断发展，全息成像展示技术逐渐取得了突破性的进展。20 世纪 60 年代以后，各种新型记录介质和再现方法不断涌现，使得全息图像的分辨率、亮度和色彩还原度得到了显著提高。如今，全息成像展示技术已经发展成为一门涉及多个学科领域的综合性技术，广泛应用于新媒体展示、科学研究、医疗诊断、工程设计等多个领域。

一、全息成像展示技术的基本原理

首先是光的干涉原理。干涉是光波叠加时产生的一种现象。当两束或多束相干光波在空间某点相遇时，它们的振动矢量会进行叠加，形成新的光波。如果两束光的相位差为 2π 的整数倍，则叠加后的光强加强，形成亮条纹；如果相位差为 π 的奇数倍，则叠加后的光强减弱，形成暗条纹。这些明暗相间的条纹就构成了干涉图样。在全息成像展示技术中，干涉原理被用来记录物体的光波信息。利用激光等相干光源照射物体，形成包含物体光波信息的物光束。由于物体光波和参考光波的相位差不同，它们叠加后会在记录介质上形成明暗相间的干涉条纹。这些干涉条纹实际上记录了物体的振幅和相位信息，为后续的再现过程提供了基础。

其次是光的衍射原理。衍射是光波在遇到障碍物或通过小孔时产生的一种现象。当光波遇到障碍物或通过小孔时，它会绕过障碍物或通过小孔继续传播，形成衍射图样。衍射图样的形状和分布取决于障碍物的形状、大小以及光波的波长和相位等因素。在全息成像展示技术中，衍射原理被用来再现物体的光波信息。在记录介质上形成干涉条纹后，利用与参考光波相同或共轭的光波照射记录介质。此时，记录介质上的干涉条纹会作为衍射光栅，对入射光波产生衍射作用。由于干涉条纹记录了物体的振幅和相位信息，因此衍射后的光波会呈现出物体的三维立体影像。观察者可以在适当的位置和角度观察到这一影像，就像物体本身一样悬浮在空中。

随着技术的不断发展和创新，全息成像技术已经衍生出多种类型，每种类型都有其独特的工作原理和应用场景。

一是传统光学全息。传统光学全息是全息成像技术的基础，它利用相干光（如激光）作为照明光源来记录实际存在物体的全息图。这种技术虽然成像质量高，但制作过程复杂，对环境条件要求严格，且成像过程较为耗时。

二是数字全息。数字全息是传统光学全息与现代数字技术相结合的产物。它利用光电传感器（如 CCD）代替传统光学的全息干板来记录全息图，并将全息图以数字形式存储和处理。通过计算机模拟光学衍射过程，可以快速实现全息图的再现。数字全息图可以在计算机上进行各种处理和分析，如滤波、增强、三维重建等。数字全息技术已经应用于形貌测量、数字全息显微、三维图像识别、医学诊断等领域。

三是计算全息。计算全息是一种完全基于计算机模拟和计算的全息成像技术。它不需要实际的光学记录和再现过程，而是通过数学和物理模型来模拟光的干涉和衍射效应，从而生成逼真的全息图像。可以根据需要自由设计全息图的形状、大小、颜色等参数。无需昂贵的实验设备和材料，只需一台计算机即可完成全息图的制作。计算全息技术在虚拟现实、增强现实、三维打印等领域具有广阔的应用前景。

除了上述三种主要的全息成像技术外，还有一些其他类型的全息成像技术也值得关注，包括：彩虹全息，一种利用白光再现的全息技术，可以在白光照射下呈现出色彩斑斓的全息图像；反射式全息，与传统透射式全息不同，反射式全息利用光的反射原理来再现物体的三维图像，适用于小型装饰物的三维显示；像面全息，记录的是物体像面的全息图，可以直接观察到物体的像面信息，适用于显微术和干涉度量学等领域；合成全息，将多个全息图合成在一起，形成包含多个物体信息的全息图像，适用于复杂场景的展示和记录；动态全息，能够记录和再现动态物体的全息图像，适用于动态场景的监测和分析。

二、全息成像展示技术的实现步骤

全息成像展示技术不仅能够在空间中呈现出物体的立体影像，还能为观众带来身临其境的视觉体验。在实现全息成像展示技术之前，需要进行一系列的准备工作。一是选择光源。通常使用激光作为光源，因为激光具有高度的相干性和单色性，是记录全息图的理想选择。激光的波长、功率和稳定性等参数需要根据具体应用需求进行选择。二是记录介质。记录介质是全息图存储的载体，常用的记录介质包括干板、全息膜、光敏聚合物等。不同的记录介质具有不同的灵敏度和分辨率，需要根据具体应用需求进行选择。此外还有搭建光路系统。根据全息成像展示技术的原理，搭建合适的光路系统，包括光源、分束器、反射镜、扩束镜等光学元件，确保光路系统的稳定性和准确性。

记录阶段是全息成像展示技术实现的关键步骤之一。它将需要记录的物体放置在光路系统中，确保物体能够被激光充分照射。激光照射到物体上后，形成包含物体光波信息的物光束。物光束的强度、方向和相位等参数取决于物体的形状、材质和位置等因素。同时引入另一束与物光束相干性良好的激光作为参考光束，参考光束与物光束在记录介质上发生干涉，形成包含物体振幅和相位信息的干涉条纹。通过调整光路系统，使物光束和参考光束在记录介质上发生干涉，形成明暗相间的干涉条纹，这些干涉条纹实际上记录了物体的振幅和相位信息，是后续再现物体三维图像的基础。根据记录介质的特性，对记录介质进行适当的处理，如显影、定影等，以确保干涉条纹的稳定性和清晰度。

再现阶段是将记录在全息图上的物体光波信息重新呈现出来的过程。通常选择与记录时相同的激光作为再现光源，以确保干涉条件的一致性，将再现光源照射到全息图上，使全息图上的干涉条纹产生衍射效应，衍射光波会重新形成物光束和参考光束的叠加，从而在空间中呈现出物体的三维图像。在适当的位置和角度观察再现的三维图像，由于全息图记录了物体的振幅和相位信息，因此再现的三维图像具有高度的真实感和立体感。

在实现全息成像展示技术的过程中，可能需要进行一系列的优化与调整工作，以确保成像质量和展示效果。可以根据成像效果的需求，对光路系统中的各个光学元件进行调整，以优化物光束和参考光束的干涉条件。也可以尝试使用不同类型的记录介质或改进记录介质的制备工艺，以提高干涉条纹的记录质量和稳定性。此外，可以通过调整再现光源的波长、功率和角度等参数，以及观察位置和角度的选择，来优化再现的三维图像质量和视觉效果。

全息成像展示技术不仅可以用于科学研究、医疗诊断、工程设计等领域中的三维图像记录和再现，还可以应用于虚拟现实、增强现实、三维打印等新兴领域，为人们带来更加丰富和真实的视觉体验。

三、全息成像技术在新媒体展示中的运用

全息成像技术作为新媒体展示领域的一项重要创新，为观众带来了前所未有的视觉盛宴和沉浸式体验。它利用光的干涉和衍射原理，将物体的三维图像以逼真的方式呈现给观众，让人无需佩戴任何辅助设备即可享受裸眼 3D 的视觉效果。在新媒体展示中，全息成像技术的应用日益广泛。

1. 展览展示

在展览展示领域，全息成像技术以其独特的魅力吸引了大量观众的目光。通过全息投影技术，展品可以以立体、生动的形式呈现，为观众带来更加直观和震撼的观展体验。例如在博物馆、科技馆、企业展厅等场所，全息成像技术被广泛应用于文物展示、科学原理演示、产品推广等方面。观众可以近距离观察到文物的三维图像，甚至可以通过互动操作了解文物的历史背景和制作工艺；在科学原理演示中，全息成像技术可以将复杂的科学原理以直观、形象的方式展现出来，帮助观众更好地理解；在产品推广中，全息成像技术可以模拟产品的使用场景和功能演示，提高产品的吸引力和市场竞争力。

2. 舞台表演

全息成像技术在舞台表演中的应用也日益广泛。通过全息投影技术，演员可以与虚拟的影像进行互动，创造出令人惊叹的视觉效果。在演唱会、舞蹈表演、戏剧演出等场合，全息成像技术可以被用来创建虚拟的舞台背景、角色形象或特效，增强演出的艺术表现力和感染力。同时，全息成像技术还可以实现远程实时互动表演，让观众在不同地点也能共同欣赏到精彩的演出。

3. 广告营销

在广告营销领域，全息成像技术同样具有广泛的应用前景。通过全息投影技术，广告主可以将产品以三维图像的形式呈现在消费者面前，提高产品的吸引力和记忆点。例如在商场、超市、展会等场所，全息成像技术可以被用来创建虚拟的产品展示柜、广告牌或互动体验区，吸引消费者的目光并促进销售。同时，全息成像技术还可以与虚拟现实、增强现实等技术相结合，为消费者提供更加沉浸式的购物体验。

4. 教育与培训

在教育与培训领域，全息成像技术也发挥着重要作用。通过全息投影技术，教师可以将抽象的概念、原理或现象以直观、形象的方式展现出来，帮助学生更好地理解和掌握知识。例如在物理、化学、生物等学科的实验教学中，全息成像技术可以被用来模拟实验过程、展示分子结构或细胞形态等；在职业教育和技能培训中，全息成像技术可以模拟真实的工作环境或操作场景，提高学员的实践能力和安全意识。

5. 娱乐与游戏

在娱乐与游戏领域，全息成像技术同样具有广泛的应用前景。通过全息投影技术，玩家可以沉浸在虚拟的游戏世界中，与虚拟的角色和环境进行互动。在虚拟现实游戏中，全息成像技术可以被用来创建逼真的游戏场景和角色形象；在增强现实游戏中，全息成像技术可以将虚拟的游戏元素与真实的物理世界相结合，为玩家带来更加丰富的游戏体验。

拓展阅读

Circus Roncalli（龙卡里马戏团），这个位于德国北部城市吕贝克的马戏团，以其独特的创新方式，成为了世界上第一个采用全息投影技术替代真实动物表演的马戏团，为新媒体展示领域树立了一个全新的标杆。全息成像技术的应用，不仅为马戏团带来了前所未有的变革，也为观众带来了全新的视觉盛宴和沉浸式体验。Circus Roncalli 成立于 1976 年，自成立以来，该马戏团一直致力于提供高质量的娱乐表演。然而，随着时间的推移，马戏团逐渐意识到传统动物表演所带来的伦理和道德问题。为了确保演出不涉及任何残忍的虐待动物的行为，并让所有观众都能看到精彩的表演，Circus Roncalli 自 20 世纪 90 年代以来开始逐步停止使用真正的动物进行表演。这一决定标志着马戏团向更加人道和科技化的发展方向迈出了重要一步。

为了实现无动物表演的目标，Circus Roncalli 引入了全息成像技术。在马戏团中，全息成像技术被广泛应用于动物表演、场景营造和互动体验等方面。在 Circus Roncalli 的表演中，环场跑马、大象倒立和小狗坐热气球等经典项目均以全息影像的形式呈现在观众面前。这些全息影像通过环绕舞台四周的一面透明显示网来呈现。显示网由尼龙材料制成，投影仪向它一侧投射的动态影像会被另一侧的物质吸收，从而显现出动物表演的逼真立体影像。马戏团技术工作人员表示，舞台各处分布着 11 台投影仪，演出过程中每台投影仪会根据总控电脑所发送的信号进行配合，来播放整体图像中的一部分。这种技术不仅实现了动物表演的虚拟化，还保留了传统马戏表演的精彩和刺激（图 6-4）。

除了动物表演的全息化外，Circus Roncalli 还利用全息成像技术营造出了逼真的场景。例如在表演中，观众可以看到虚拟的森林、沙漠和海洋等环境，这些环境通过全息投影技术呈现出逼真的三维效果。这种沉浸式体验让观众仿佛置身于另一个世界中，与表演者们共同经历了一段奇妙的旅程。全息成像技术还为 Circus Roncalli 带来了创新的互动体验。观众可以通过特定的设备或手势与全息影像进行互动，这种互动体验不仅增强了观众的参与感和沉浸感，还为马戏团表演带来了更多的可能性和创意空间。

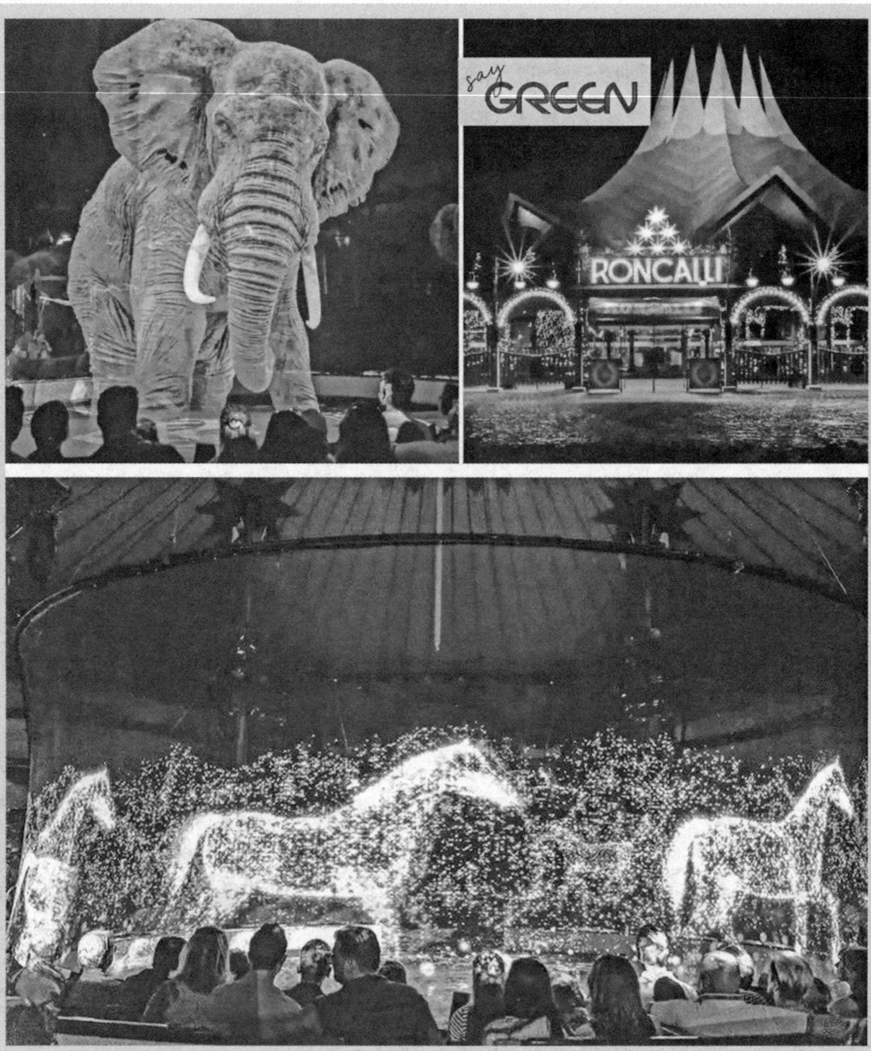

图 6-4

Circus Roncalli 的成功案例为新媒体展示领域提供了宝贵的经验和启示。全息成像技术作为新媒体展示中的一项重要创新，正在逐渐改变着我们的视觉体验和信息传递方式。全息成像技术为新媒体展示带来了前所未有的视觉体验。通过逼真的三维图像和沉浸式的场景营造，观众可以更加直观地了解展品的信息和特点。这种视觉体验不仅提高了观众的参与度和兴趣度，还为展品本身赋予了更多的价值和意义。在新媒体展示中，全息成像技术还可以实现信息的多样化传递。通过动态的三维图像和互动体验方式，观众可以更加深入地了解展品的历史背景、制作工艺和使用方法等信息。这种信息传递方式不仅提高了观众的认知水平和理解能力，还为展品本身赋予了更多的文化内涵和教育价值。

随着技术的不断进步和发展，全息成像技术在新媒体展示中的应用前景将越来越广阔。未来，我们可以期待看到更多创新性的应用案例出现。例如在博物馆、科技馆、企业展厅等场所中，全息成像技术可以被用来创建虚拟的展览空间、互动体验区和教育培训平台等；在广告营销领域中，全息成像技术可以被用来创建创意广告和虚拟试衣镜等产品；在娱乐和游戏领域中，全息成像技术可以被用来创建虚拟现实游戏和互动娱乐项目等。Circus Roncalli 的成功案例展示了全息成像技术在新媒体展示中的巨大潜力和创新价值。随着技术的不断完善，我们有理由相信全息成像技术将在未来为我们带来更多惊喜和震撼。同时，这也为新媒体展示领域的发展提供了新的思路和方向，推动了整个行业的创新和进步。

拓展阅读

2023 年 5 月，香港红磡体育馆迎来了一场别开生面的演唱会——李克勤庆祝“三十周年”演唱会。这场演唱会不仅是一场音乐的盛宴，更是一次全息成像技术在新媒体展示中的精彩应用。特别是演唱会中使用的 360° 立体全息舞台，将科技与艺术完美融合，为观众带来了前所未有的视觉体验。360° 立体全息舞台是一种先进的虚拟成像技术，它结合了三维影像、实景模型和先进的投影技术，实现了全方位、多角度的展示效果。这种技术通过多台高亮度投影仪将图像投射到特制的半透明屏幕上，再利用光的折射和反射原理，使观众能够在不佩戴任何辅助工具的情况下，欣赏到逼真的立体画面。同时，通过精确的同步控制，可以实现图像与表演者动作的实时互动，营造出一种亦真亦幻的视觉效果。

在演唱《红日》时，舞台后方出现了逼真的日出景象，金色的阳光透过云层洒向舞台，与李克勤激昂的歌声相互呼应，营造出一种震撼人心的氛围（图 6-5）。

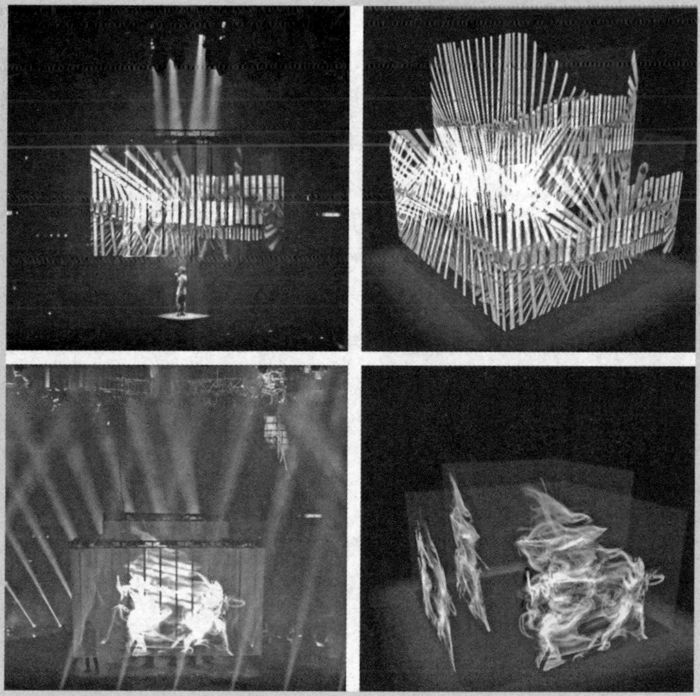

图 6-5

演唱会上，李克勤邀请了多位重量级嘉宾助阵。为了增强嘉宾表演的互动性，制作团队利用360° 立体全息舞台技术，将虚拟的影像与嘉宾的表演融为一体。例如，在郑秀文演唱《信者得爱》时，舞台周围出现了虚拟的火焰和光影效果，与郑秀文动感十足的舞姿相互呼应，营造出一种热烈而神秘的氛围。除了具体的曲目表演外，360° 立体全息舞台还被用于营造沉浸式的场景。例如，在演唱会的开场和结尾部分，舞台周围出现了虚拟的星空和海洋景象，观众仿佛置身于一个梦幻的世界中。这种沉浸式的场景营造不仅增强了观众的参与感和沉浸感，还为整个演唱会增添了一份神秘和浪漫的色彩。

演唱会中的360° 立体全息舞台只是全息成像技术在新媒体展示中的一个缩影，在娱乐和游戏领域中，全息成像技术被用来创建虚拟现实游戏和互动娱乐项目等。通过逼真的三维影像和互动体验方式，玩家可以更加深入地沉浸在游戏世界中，享受更加刺激和有趣的游戏体验。同时，这种技术还可以被用来创建虚拟演唱会和音乐会等娱乐项目，为观众带来身临其境的视听盛宴。

拓展阅读

在21世纪的科技与文化交汇点上，全息成像技术以其独特的魅力，正在逐步改变我们的视觉体验和信息传递方式。艺术家文森特·霍茨（Vincent Houzé）、斯蒂芬·贝克（Stephen Baker）和戴维·比安恰尔迪（David Bianciardi）为了仲夏夜空（Night festival）的开幕式，共同创作了一个名为“水”的沉浸式全息空间，这一作品不仅展示了全息成像技术的无限潜力，也为新媒体展示领域树立了新的标杆。“水”空间是一个没有照明的6000平方英尺（约为557平方米）的仓库中心，艺术家们利用全息成像技术，将这里变成了一个半透明的三角形墙壁环绕的沉浸式环境。在这个空间中，全息投影技术被用来创造一种液体般的光影效果，仿佛整个空间都被水充满。这种视觉效果不仅令人震撼，更通过抽象图案的变化行为，探索了有意识与无意识之间的临界状态。

“水”空间的全息成像技术主要依赖于高亮度投影仪、特殊材质的全息介质以及精确的同步控制系统。艺术家们使用了多台高亮度投影仪，将精心设计的三维图像投射到特制的全息介质上。这些介质具有特殊的光学特性，能够使光线在其中发生折射和反射，从而形成逼真的三维影像。同时，通过精确的同步控制系统，艺术家们可以确保所有投影仪的图像完美同步，实现无缝衔接的视觉效果。艺术家们设计了一系列抽象图案，这些图案在全息介质上不断变化、流动，仿佛整个空间都被水充满。这种视觉效果不仅令人震撼，更通过光影的变幻，营造出一种神秘而富有诗意的氛围。

“水”空间作为全息成像技术在新媒体展示中的创新应用，具有以下几个方面的特点：

① 沉浸式体验。全息成像技术通过创造逼真的三维影像，为观众带来了沉浸式的视觉体验。在“水”空间中，观众仿佛置身于一个充满液体的神秘世界，能够全方位地感受到光影的变幻和流动。这种沉浸式体验不仅增强了观众的参与感和沉浸感，更为新媒体展示提供了全新的可能性。

② 创意表达的无限可能。全息成像技术为艺术家们提供了无限的创意表达空间。在“水”空

间中，艺术家们通过抽象图案的变化行为，探索了有意识与无意识之间的临界状态。这种创意表达不仅令人耳目一新，更为新媒体展示注入了新的活力。艺术家们可以利用全息成像技术创造出各种独特的视觉效果和互动体验，满足观众对于新奇、独特体验的需求。

③ 跨领域融合。全息成像技术在新媒体展示中的应用不仅限于视觉艺术领域，还可以与其他领域进行跨领域融合。例如，在“水”空间中，全息成像技术与建筑设计、音乐表演等领域进行了有机结合，共同营造出了一个独特的沉浸式环境。这种跨领域融合不仅丰富了新媒体展示的内容和形式，更为观众带来了更加多元化的体验。

“水”空间作为全息成像技术在新媒体展示中的创新应用，为我们展示了这一技术的无限潜力和广阔前景。通过这一作品，我们不仅感受到了全息成像技术带来的震撼视觉效果和沉浸式体验，更看到了它在新媒体展示领域中的广泛应用和深远影响。

数智
时代

视觉媒体
设计

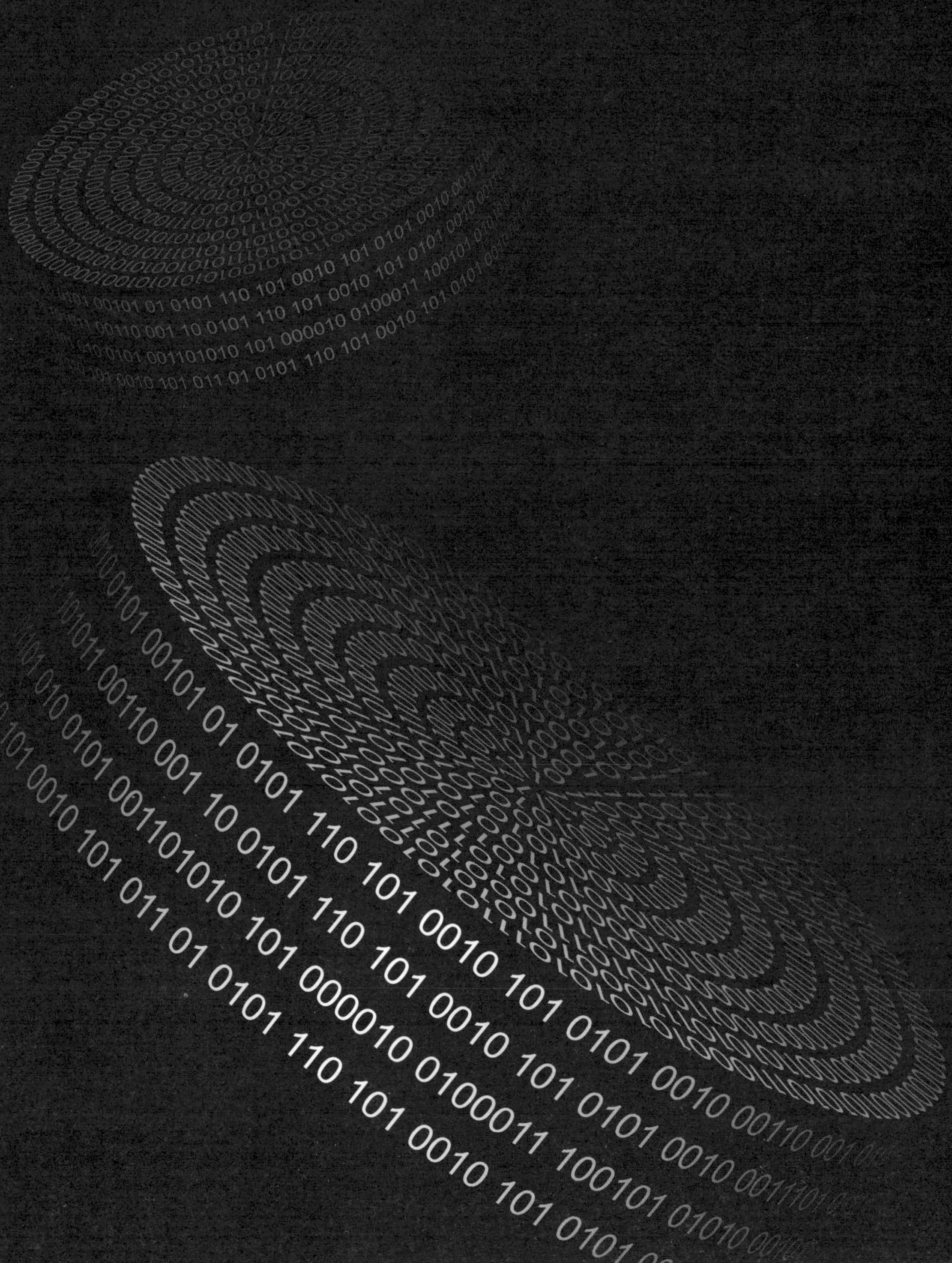

Chapter 7

第七章 智能服务设计方法

第一节　文化探测与移情图绘制

智能服务设计作为一种以用户为中心的设计方法，其核心在于理解并满足用户的需求和期望。然而，用户的需求和行为往往深受其所在文化环境的影响。因此，在服务设计过程中，文化探测成为了一个不可或缺的环节。文化探测旨在深入理解目标用户群体的文化背景、价值观、行为习惯等，以确保设计出的服务能够与用户产生共鸣，提供真正符合用户需求且尊重文化差异的体验。

一、智能服务设计中的文化探测

1. 文化探测的重要性

文化探测能够提升服务的接受度。服务设计若忽视文化差异，可能导致设计出的服务在某些文化背景下不被接受或产生误解。通过文化探测，设计师能够了解并尊重目标用户的文化习惯，设计出更加贴合用户期望的服务。文化是影响用户体验的重要因素。了解用户的文化背景，可以帮助设计师在服务设计中融入更多文化元素，提升服务的趣味性和互动性，从而增强用户体验。在全球化的背景下，服务往往需要跨越不同的文化和地域界限。文化探测有助于设计师理解不同文化之间的差异，设计出具有跨文化适应性的服务，促进不同文化背景下的用户之间的交流与理解。

2. 文化探测的方法

首先是文献回顾与理论研究。文献回顾是文化探测的初步阶段，通过查阅目标文化背景下的历史文献、民族志研究、社会学著作等，设计师可以系统地了解该文化的起源、发展历程、社会结构、宗教信仰、节日庆典、语言习惯等。这些基础知识为后续的文化探测提供了坚实的理论基础，帮助设计师构建对目标文化的初步认知框架。理论研究则侧重于分析文化理论如何影响人们的行为和决策。例如，通过霍夫斯泰德的文化维度理论，设计师可以了解不同文化在权力距离、个人主义与集体主义、不确定性规避等方面的差异，从而预测用户可能的服务偏好。

其次是实地考察与沉浸式体验。实地考察是文化探测中最直接且生动的方式。设计师需亲自前往目标文化环境，观察人们的日常生活、工作方式、社交习惯等。通过参与当地的节日庆典、市场活动、家庭聚会等，设计师可以亲身体验文化的氛围，感受文化的细微差别，从而获得对文化的直观理解。沉浸式体验则要求设计师更深入地融入当地文化，甚至尝试在当地生活一段时间。这种深度体验有助于设计师从内部视角理解文化，发现那些仅通过表面观察难以察觉的文化细节和行为模式。

再次是深度访谈与焦点小组讨论。深度访谈是文化探测中收集用户声音的重要手段。通过与目标用户进行一对一的深度交流，设计师可以深入了解用户的个人经历、价值观、服务使用习惯及文化敏感性。访谈过程中，设计师应鼓励用户讲述自己的故事，通过叙事的方式揭示文化的深层含义。焦点小组讨论则是一种集体访谈形式，通过邀请一组目标用户围绕特定主题进行讨论，设计师可以观察到群体间的互动，了解文化背景下的共识与分歧。这种方法特别适用于探索文化对群体行为的影响。

此外还有文化元素分析与原型测试。文化元素分析是对文化符号、色彩、图案、语言、音乐等文化元素的深入剖析。设计师需了解这些元素在文化中的含义和象征意义，以及它们如何影响用户的感知和行为。通过分析，设计师可以在服务设计中巧妙地融入文化元素，增强服务的文化特色。原型测试是文化探测的收尾阶段，也是验证设计有效性的关键环节。设计师需将融入文化元素的服务原型呈现给用户，通过用户反馈评估设计的接受度和文化契合度。测试过程中，设计师应关注用户的反应、情绪和行为，及时调整设计，确保服务既符合用户需求又尊重文化差异。文化探测过程中，设计师可能面临文化复杂性、文化敏感性、跨文化沟通等挑战。为应对这些挑战，设计师需保持开放的心态，尊重并学习不同文化；增强文化敏感性，避免文化刻板印象和误解；提升跨文化沟通能力，建立与用户的深度连接。

文化探测是服务设计中不可或缺的一环，它要求设计师深入理解目标用户的文化背景，挖掘文化对用户需求和行为的影响。通过文献回顾与理论研究、实地考察与沉浸式体验、深度访谈与焦点小组讨论、文化元素分析及原型测试等方法，设计师可以构建对文化的全面认知，设计出既符合用户需求又尊重文化差异的服务。面对文化探测的挑战，设计师需不断提升自身的文化素养和跨文化能力，以创造出真正与用户文化共鸣的服务设计。

3. 文化探测在服务设计中的应用

服务设计，作为连接用户需求与服务提供的关键环节，其核心在于深入理解用户，创造出既实用又富有吸引力的服务体验。在这个全球化的时代，服务往往跨越不同的文化边界，因此，文化探测成为了服务设计中不可或缺的一部分。文化探测深入理解用户群体的文化语境，是服务设计融入多元文化并实现文化敏感性与用户需求契合的关键环节。以下将详细探讨文化探测在服务设计中的应用及其重要性。

文化是影响人们需求和行为的重要因素。通过文化探测，设计师能够深入了解目标用户的生活方式、价值观、消费习惯等，从而设计出更加贴合用户需求的服务。例如在某些文化中，家庭是社会的基本单位，服务设计可能需要更多地考虑家庭成员之间的互动和需求。忽视文化差异可能导致服务在特定文化背景下产生误解或冲突。文化探测帮助设计师识别并尊重文化差异，避免在服务设计中出现与文化相悖的元素，确保服务的接受度和满意度。文化多样性是创新的源泉。通过深入了解不同文化的特色，设计师可以从中汲取灵感，创造出独特且富有文化韵味的服务体验。

在服务定位与品牌塑造方面，通过文化探测，设计师可以明确服务在目标文化中的定位，如是否强调传统、现代、奢华或亲民等，确保服务形象与当地文化相契合。挖掘文化故事，将其融入品牌叙事中，增强品牌的文化底蕴和情感连接。例如，利用当地的历史事件、民间传说或特色节日，构建具有文化特色的品牌故事。

在服务流程与交互设计方面，了解并尊重目标文化的习俗和礼仪，如交流方式、时间观念、空间使用等，确保服务流程符合当地文化习惯。设计符合目标文化审美和习惯的交互界面，包括颜色、图案、布局、语言等，提升用户体验。例如，在某些文化中，红色可能代表吉祥和热情，而在其他文化中则可能代表危险或警告。

在产品与服务创新方面，将文化元素融入产品或服务设计中，如传统图案、音乐、食材等，创造具有文化特色的服务体验。例如，结合当地传统美食与现代烹饪技术，开发出既保留传统风味又符合现代口味的餐饮服务。利用文化探测促进跨文化交流，如通过举办文化节庆活动、文化工作坊等，增进用户对不同文化的理解和尊重，同时拓展服务的文化视野。

在服务推广与营销策略方面，制定符合目标文化价值观的营销策略，避免文化冒犯。例如在广告中使用当地文化符号和人物，传递与当地文化相契合的信息。利用社交媒体和文化社群进行精准营销，与目标用户建立文化连接。例如，通过分享文化故事、用户故事、服务体验等，增强用户对服务的认同感和归属感。

二、文化探测的挑战与应对

在全球化日益加深的今天，服务设计跨越文化边界，成为连接不同用户群体与服务的桥梁。文化探测是服务设计的核心环节，设计师在实践中面临着诸多挑战。本文将深入探讨文化探测在服务设计中的挑战，并提出相应的应对策略。

1. 文化探测的挑战

文化是一个复杂且多元的体系，涉及历史、宗教、习俗、语言、社会结构等多个维度，不同文化背景下的人们在价值观、行为模式、交流方式等方面存在显著差异，设计师在探测文化时，需要全面而深入地理解这些文化差异，避免以偏概全或刻板印象。文化敏感性也是文化探测中的关键问题，设计师在挖掘文化信息时，必须谨慎处理，避免触犯文化禁忌或引发文化冲突，对于某些敏感话题或文化符号，设计师需要特别小心，以免在服务设计中产生负面效果。而跨文化沟通是文化探测中不可避免的一环。设计师可能与来自不同文化背景的用户、专家或团队成员进行交流，由于语言、思维方式、交流习惯等方面的差异，跨文化沟通往往充满挑战，容易导致误解或信息传递不畅，在实际项目中，设计师往往面临资源和时间的双重限制。文化探测需要投入大量时间和精力进行实地考察、深度访谈、文献研究等。然而，在紧张的项目周期和有限的预算下，设计师可能难以进行充分的文化探测，导致设计结果缺乏文化深度或准确性。

2. 应对策略

首先，建立跨学科团队。组建包含文化学、人类学、社会学等多学科背景的团队，可以充分利用各领域的专业知识，提高文化探测的深度和广度。团队成员之间的互补性有助于全面理解文化，减少文化偏见和误解。

其次，深入实地考察与沉浸式体验。通过实地考察和沉浸式体验，设计师可以亲身体验目标文化的氛围，观察人们的日常生活和行为习惯。这种直接的文化接触有助于设计师获得更直观、更深刻的文化理解，从而在设计中更准确地反映文化特色。

再次，增强文化敏感性培训。为设计师提供文化敏感性培训，帮助他们了解不同文化的禁忌、敏感话题和交流方式。通过培训，设计师可以学会在设计中避免文化冲突，尊重并融入多元文化。

最后，利用技术手段辅助文化探测。随着技术的发展，越来越多的工具和方法被应用于文化探测中。例如，利用大数据分析用户行为和文化趋势，利用虚拟现实技术模拟文化场景等。这些技术手段可以提高文化探测的效率和准确性，为设计师提供更丰富的文化信息。

此外，设计师需要具备敏锐的观察力和灵活的应变能力，以应对文化的动态变化。通过持续关注文化发展趋势，设计师可以及时调整设计策略，使服务更加符合用户的文化期望和需求。与当地文化专家、社区领袖或用户建立合作关系，可以获取更深入的文化洞察和更广泛的支持。通过共享资源和知识，设计师可以更好地理解文化，设计出更符合用户需求的服务。

文化探测在服务设计中扮演着至关重要的角色，它不仅是理解用户需求、避免文化冲突的基础，更是激发创新灵感、塑造跨文化敏感服务体验的关键。然而，文化探测过程中存在诸多挑战，为了克服这些挑战，设计师需要采取一系列应对策略，如建立跨学科团队、深入实地考察与沉浸式体验、增强文化敏感性培训、利用技术手段辅助文化探测等。通过这些策略的实施，设计师可以更有效地进行文化探测，设计出既符合用户需求又尊重文化差异的服务，从而在全球化市场中脱颖而出。

拓展阅读

金沙遗址博物馆，位于四川省成都市，是一座为保护、研究、展示金沙文化和古蜀文明而兴建的考古博物馆。自 2007 年开馆以来，金沙遗址博物馆不仅致力于文物的保护与展示，还积极探索智能服务设计，通过文化探测，将现代科技与传统文化深度融合，为游客提供更加丰富、互动和沉浸式的参观体验。金沙遗址博物馆的藏品主要包括金沙遗址出土的金器、玉器、青铜器等，这些文物见证了古蜀文明发展演进的四个阶段。其中，商周太阳神鸟金饰和大金面具是金沙遗址的标志性文物，不仅展示了古蜀先民对太阳和鸟的崇拜，还体现了其精湛的工艺水平。金沙遗址博物馆的文化背景深厚，这为智能服务设计中的文化探测提供了丰富的素材和灵感（图 7-1）。

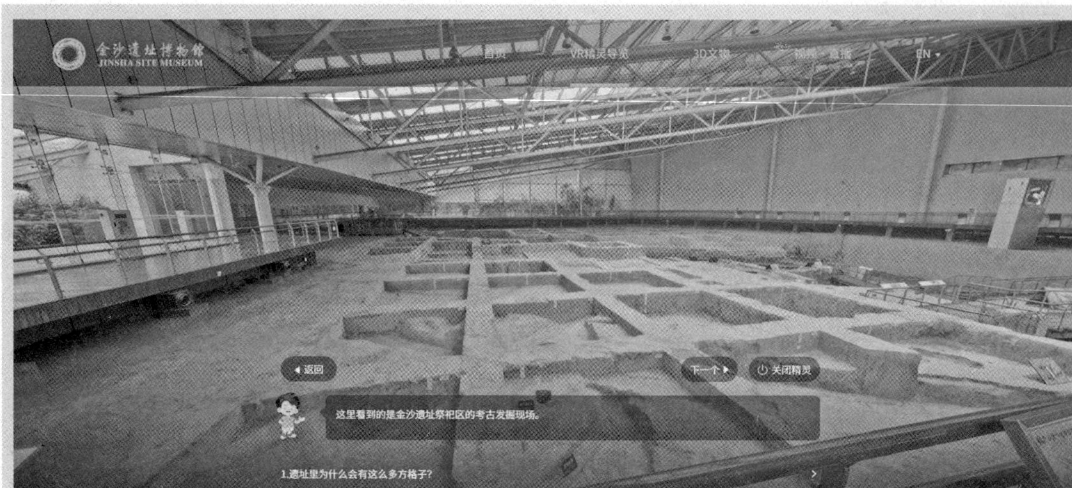

图 7-1

智能服务设计中的文化探测实践包括:

① 数据采集与文物保护。在智能服务设计的初步阶段，金沙遗址博物馆首先进行了全面的数据采集工作。通过对 25 万平方米的考古发掘资料，如图纸、照片进行数字化处理，完成了 76 件三维数据采集、2976 件（套）文物高清图拍摄，以及遗迹馆 7688 平方米高精度三维数据采集等。这些数据采集工作不仅为文物的保护提供了科学依据，也为后续的智能服务设计提供了丰富的数据支持。

② 文物预防性保护。金沙遗址博物馆还建立了“金沙遗址博物馆文物保存环境监测站”，对考古发掘展示区、展厅、珍贵文物展柜内、文物库房进行监测，监测指标包括温湿度、光照紫外线强度、二氧化碳、挥发性有机化合物等。这些监测数据通过智能系统实时传输至管理端，一旦发现异常，系统将自动发出警报，确保文物处于最佳保存状态。这种预防性保护措施体现了对文物文化的尊重和保护，也是智能服务设计中文化探测的重要应用。

③ 智慧导览系统。在智能服务设计方面，金沙遗址博物馆推出了智慧导览系统。游客通过扫描文物或展厅内的二维码，即可获取文物的详细信息、历史背景及文化故事。系统还提供了多种语言版本，满足不同国家和地区游客的需求。智慧导览系统不仅提高了游客的参观体验，还通过文化探测，将文物的文化内涵以数字化、互动化的方式传递给游客。

④ 沉浸式体验项目。为了进一步增强游客的参观体验，金沙遗址博物馆还推出了多个沉浸式体验项目。例如，“再现金沙”VR 眼镜项目，游客佩戴 VR 眼镜后，即可身临其境地感受 3000 多年前的古蜀祭祀活动；“考古时空门”项目则通过高精度三维数据模型，复原了祭祀区考古发掘前、中、后的过程，游客可以通过沉浸式视频或手柄操作感受考古发掘的乐趣。这些沉浸式体验项目不仅丰富了游客的参观内容，还通过文化探测，将古蜀文明的历史场景以生动、直观的方式呈现给游客。

⑤ 线上展览与虚拟导游。金沙遗址博物馆还创新推出了线上展览和虚拟导游服务。游客通过官方网站或移动应用即可在线参观博物馆的各个展厅，了解文物的详细信息和文化背景。虚拟导游则通过三维动画和语音讲解，带领游客游览博物馆的各个角落。这种线上展览和虚拟导游服务不仅满足了游客的参观需求，还通过文化探测，将金沙遗址博物馆的文化资源以数字化、网络化的方式传递给更广泛的受众。

金沙遗址博物馆在智能服务设计中的文化探测实践具有深远的意义。一方面，它提高了博物馆的服务效率和游客的参观体验，使游客能够更加便捷、深入地了解文物的文化内涵和历史背景；另一方面，它也促进了文物的保护和传承，通过数字化、智能化手段，确保文物处于最佳保存状态，并将其文化内涵以更加生动、直观的方式传递给更广泛的受众。此外，金沙遗址博物馆的智能服务设计实践还为其他文化机构提供了有益的借鉴和启示。在文化探测方面，文化机构应深入了解自身的文化背景和特色，挖掘文化资源的内涵和价值；在智能服务设计方面，则应注重用户体验和互动性，通过数字化、智能化手段，将文化资源以更加生动、直观的方式呈现给游客。金沙遗址博物馆在智能服务设计中的文化探测实践不仅提升了博物馆的服务水平和游客体验，还促进了文物的保护和传承，为其他文化机构提供了借鉴。随着科技的不断发展和应用，相信未来会有更多创新、智能的文化服务方式出现，为文化传承和发展注入新的活力。

三、智能服务设计中的移情图绘制

在智能服务设计的广阔领域中，移情图（empathy map）作为一种强大的用户研究工具，正逐渐成为设计师们理解用户、洞察需求、优化体验的重要武器。移情图，顾名思义，其核心在于“移情”——即设计师通过深入的用户研究，将自己置于用户的情境中，感受用户的所思、所感、所说、所做，从而构建出一个全面、立体、鲜活的用户形象。本文将详细阐述移情图在智能服务设计中的概念、构成、应用及其价值。移情图，又称同理心地图或共情图，是一种视觉化的用户研究工具，旨在帮助设计师从用户的角度出发，全面理解用户的内心世界和外部行为。

移情图的核心价值在于其能够帮助设计师“穿上用户的鞋子”，从用户的视角出发，理解他们的需求、期望、痛点以及行为背后的动机和情感。这种深入的理解是设计出色智能服务的基础，因为只有当设计师真正理解了用户，才能设计出真正符合用户需求、解决用户问题的服务。

移情图通常由以下几个核心象限构成：

① 思考（think）。这一象限主要记录用户内心的想法、观点、信念、假设和决策过程。它揭示了用户对于特定服务或产品的认知、期望和担忧。

② 感受（feel）。这一象限捕捉用户的情感体验，包括他们在使用服务或产品时的情绪反应，如快乐、沮丧、焦虑、兴奋等。这些感受对于理解用户的满意度和忠诚度至关重要。

③ 说（say）。这一象限记录用户的直接言语，包括他们在访谈、调查或社交媒体上的表述。这些言语反映了用户的观点、需求和反馈。

④ 做（do）。这一象限展示用户的具体行为，包括他们如何与服务或产品互动，以及他们的日常习惯、偏好和决策过程。

除了这四个基本象限，设计师还可以根据具体需求添加其他象限，如“听（hear）”（记录用户听到的信息或反馈）、“看（see）”（记录用户观察到的环境或界面元素)、“环境影响(influences)”(记录影响用户决策和行为的外部因素)等。

1. 移情图在智能服务设计中的重要性

在智能服务设计的广阔舞台上，移情图以其独特的魅力和实用价值，成为连接用户与设计师之间不可或缺的桥梁。它不仅是用户研究的深化工具，更是指导设计决策、提升用户体验、促进服务创新的关键所在。

首先需要深入理解用户。智能服务的核心在于满足用户的需求，而深入理解用户则是实现这一目标的前提。移情图作为一种用户研究工具，通过系统地收集和分析用户的信息，包括他们的思考、感受、言语和行为，为设计师构建了一个全面、立体、鲜活的用户形象。这种用户形象，或称为用户画像，是智能服务设计的基础。移情图能够揭示用户表面的需求和深层次的痛点，帮助设计师理解用户在使用服务过程中的真实体验和情感反应，它超越了简单的数据收集，而是将用户视为有血有肉、有情感、有需求的个体，从而设计出更加贴近用户、更加人性化的服务。

其次需要指导设计决策。在智能服务设计的各个阶段，设计决策都需要以用户为中心。移情图作为用户需求的直观表达，为设计师提供了宝贵的决策依据，它帮助设计师将用户的想法、感受、言语和行为转化为具体的设计元素和功能，确保设计方向与用户需求的契合。通过移情图，设计师可以清晰地看到用户对服务的期望、担忧、使用习惯等，从而在设计过程中做出更加明智的决策。如果用户普遍对服务的响应速度有较高要求，设计师就需要在设计中优先考虑提高系统的响应速度；如果用户对于隐私保护有强烈的担忧，设计师就需要在服务中加入更多的隐私保护措施。移情图还能够帮助设计师在设计过程中发现潜在的问题和改进点，通过对比不同用户群体的移情图，设计师可以发现共性的需求和差异化的需求，从而设计出既满足大众需求又具备个性化的智能服务。

再次需要促进服务创新。智能服务的创新不仅在于技术的突破，更在于对用户需求的深刻理解和满足。移情图作为连接用户与设计师的桥梁，能够激发设计师的灵感和创意，推动服务的创新，当设计师深入用户的内心世界，理解他们的每一个细节时，他们往往会发现新的设计机会和解决方案，这些机会和解决方案可能来自用户的痛点、期望、使用习惯等各个方面。通过移情图，设计师可以将这些机会和解决方案转化为具体的设计元素和功能，从而创造出独特且富有创新性的智能服务。此外，移情图还能够促进团队之间的创新和协作，通过分享和讨论移情图，团队成员可以共同理解用户、发现机会、激发创意，形成更加完善和创新的设计方案。

最后需要优化用户体验。智能服务的最终目标是提供卓越的用户体验。移情图作为评估和优化用户体验的重要工具，能够帮助设计师持续改进服务质量和提高用户满意度。通过定期的用户研究和反馈收集，设计师可以更新移情图，反映用户最新的需求和期望，这些更新不仅包括了用户行为的变化，还可能涉及用户情感、认知层面的变化，通过对比新旧移情图，设计师可以清晰地看到用户的需求是如何演变的，以及服务应该如何相应地调整和优化。移情图还能够帮助设计师评估服务的实际表现与用户期望之间的差距，通过对比服务实际表现与用户移情图中的期望，设计师可以发现潜在的问题和改进点，从而及时对服务进行调整和优化。

2. 移情图在智能服务设计中的应用

在当今快速发展的智能服务领域，设计师们面临着前所未有的挑战：如何设计出既高效又人性化的服务，以满足用户日益增长且多变的需求。移情图，作为一种强大的用户研究与设计工具，正逐渐成为智能服务设计过程中不可或缺的一环。本文将深入探讨移情图在智能服务设计中的应用，包括其如何帮助设计师深入理解用户、指导设计决策、促进团队协作以及持续优化服务体验。

智能服务的核心在于“智能”与“服务”的结合，而服务的本质则是满足用户的需求。因此，深入理解用户是设计优质智能服务的第一步。在智能服务设计的初期阶段，设计师可以利用移情图来梳理用户研究的结果。通过访谈、问卷调查、观察等多种方法收集的数据，被精心组织并填入移情图的各个象限中。例如在“思考”象限中，设计师可以记录下用户对智能服务的期望、担忧和认知；在“感受”象限中，用户的情感体验，如使用服务时的愉悦、焦虑或挫败感，被一一捕捉；而“说”和“做”象限则分别记录了用户的直接反馈和与服务互动的具体行为。移情图不仅帮助设计师了解用户的显性需求，更重要的是，它揭示了用户的隐性需求和痛点。这些深层次的信息是设计出色智能服务的关键，因为它们往往指向了用户最真实、最迫切的需求。

理解了用户之后，如何将这些理解转化为具体的设计决策，是智能服务设计面临的下一个挑战。移情图在这里发挥了至关重要的作用。它作为一个桥梁，连接了用户研究与设计实践，帮助设计师将用户的想法、感受、言语和行为转化为具体的设计元素和功能。例如通过移情图，设计师发现用户对智能服务的响应速度有着极高的期望。这一发现可以直接指导服务界面的设计，确保系统能够快速响应用户的输入，提供即时的反馈。同样，如果用户表达了对隐私保护的担忧，设计师就需要在服务设计中加入更强的隐私保护措施，如数据加密、用户权限管理等。

智能服务的设计往往涉及多个团队和部门的协作，包括产品经理、设计师、开发人员、测试人员等。在这个过程中，确保团队成员对用户有共同的理解是至关重要的。移情图作为一个可视化的工具，能够有效地促进团队成员之间的沟通和协作。通过分享和讨论移情图，团队成员可以迅速建立起对用户的共同认知。这种认知不仅包括对用户需求的理解，还包括对用户情感、行为模式的洞察。这种共识为团队提供了共同的设计方向和目标，确保了设计的一致性和连贯性。同时，移情图也是激发团队创新的重要工具。当团队成员从用户的视角出发，尝试理解用户的每一个细节时，他们往往会发现新的设计灵感和解决方案。这些创新不仅满足了用户的需求，还提升了服务的整体质量和用户体验。

智能服务的设计并不是一次性的工作，而是一个持续迭代和优化的过程。随着用户需求的不断变化和技术的进步，设计师需要不断地对服务进行调整和优化。移情图在这个过程中扮演了重要的角色。通过定期的用户研究和反馈收集，设计师可以更新移情图，反映用户最新的需求和期望。这些更新不仅包括了用户行为的变化，还可能涉及用户情感、认知层面的变化。通过对比新旧移情图，设计师可以清晰地看到用户的需求是如何演变的，以及服务应该如何相应地调整。此外，移情图还可以作为评估服务效果的工具。通过对比服务实际表现与用户移情图中的期望，设计师可以评估服务的满意度和用户体验水平。这种评估不仅帮助设计师发现潜在的问题和改进点，还为服务的持续优化提供了有力的支持。

移情图在智能服务设计中发挥着至关重要的作用。它不仅帮助设计师深入理解用户、指导设计决策、促进团队协作，还支持服务的持续优化和迭代。在未来的智能服务设计中，移情图将继续作为设计师的得力助手，推动着智能服务向着更加人性化、智能化的方向发展。

苹果“健康”APP的目标用户是广大关注自身健康状况的人群，包括各个年龄段和不同健康状况的人。这些用户通常对健康数据有记录、分析和管理的需求，希望通过科技手段更好地了解自己的身体状况。为了深入了解目标用户的需求和痛点，苹果团队可能通过市场调研、用户访谈、用户反馈等方式收集了大量关于健康管理的数据。这些数据涵盖了用户对健康数据的关注点、使用习惯、期望的功能和痛点等方面。

拓展阅读

基于收集到的用户信息，苹果团队可以绘制移情图来进一步理解和分析用户需求。移情图可能包括以下几个象限：说（say），用户直接的话语，如“我希望能方便地记录我的运动数据”或“我希望 APP 能提醒我按时吃药”；想（think），用户的内心想法，如“我担心自己的睡眠质量不好”或“我希望通过数据了解自己的身体状况”；做（do），用户的实际操作，如“我每天都会打开 APP 查看我的步数”或“我会设置提醒来监测我的心率”；感觉（feel），用户的情绪状态，如“看到自己的运动数据有进步，我感到很开心”或“当我忘记记录数据时，我会感到焦虑”。

通过移情图，苹果团队能够更深入地理解用户的需求和痛点，从而指导“健康”APP 的设计决策。例如：界面设计，为了方便用户查看和管理健康数据，苹果团队设计了直观、简洁的界面，使用户能够快速找到所需信息；功能设置，根据用户的需求，苹果团队在“健康”APP 中设置了多种健康数据记录和分析功能，如步数、心率、睡眠质量等，并提供了个性化的健康建议；交互体验，为了提升用户的交互体验，苹果团队可能优化了 APP 的响应速度、操作流程等方面，使用户能够更加流畅地使用 APP。

在“健康”APP 的开发过程中，苹果团队不断通过用户测试和反馈来优化用户体验。移情图在这一过程中仍然发挥着重要作用。团队可以根据用户的反馈和移情图的分析结果，不断调整和优化 APP 的功能和界面设计，以确保 APP 能够真正满足用户的需求和期望。最终，苹果“健康”APP 凭借其全面的健康管理功能、直观简洁的界面设计和流畅的用户体验，赢得了广大用户的喜爱和好评。这款 APP 不仅帮助用户更好地了解和管理自己的健康状况，还通过科技手段提升了用户的生活质量。可见，移情图在智能服务设计中的运用是非常有效的。它能够帮助团队深入理解用户需求、指导设计决策并优化用户体验，从而推动智能服务设计的发展和创新。在苹果“健康”APP 的设计过程中，移情图发挥了重要作用，为 APP 的成功奠定了坚实的基础。

第二节　用户旅程与服务蓝图

智能服务设计中的用户旅程是一个核心概念，它描述了用户在与产品或服务进行交互的过程中所经历的所有步骤、阶段和体验。这一过程不仅涵盖了用户从发现产品、考虑使用、实际使用到后续的反馈和忠诚建立的全过程，还涉及了跨场景、跨渠道和跨终端的多个触点。用户旅程的设计是打造卓越客户体验的核心策略之一，它帮助企业深入理解用户需求和期望，从而优化产品和服务，提升用户体验。用户旅程是指用户在与产品或服务进行交互的过程中所经历的一系列阶段和触点。这些阶段通常包括意识、考虑、决策、购买、使用和忠诚等。每个阶段都伴随着用户特定的行为、需求和情感反应。用户旅程的重要性在于它提供了一个完整的互动框架，帮助企业从用户的视角出发，理解用户在整个过程中遇到的挑战、需求和期望。通过优化用户旅程，企业可以提供更加个性化、高效和愉悦的用户体验，从而提升用户的满意度和忠诚度。

一、用户旅程设计的核心步骤

第一，定义用户角色和目标。企业需要明确目标用户群体的特征，包括他们的背景、需求、偏好和目标，这有助于团队更好地理解目标用户，从而设计出更符合其期望的产品或服务。

第二，划分旅程阶段。根据用户的实际行为和需求，将用户旅程划分为不同的阶段，这些阶段可能包括新手引导期、兴趣激发期、技能进步期、考虑期、购买期、使用期和售后期等。每个阶段都代表用户在旅程中的一个关键点，企业需要确保每个阶段都得到充分的关注和优化。

第三，识别关键触点。确定用户在各阶段与产品或服务互动的所有关键触点，这些触点可能包括网站、应用、客户服务、社交媒体等线上和线下的接触点，识别并优化这些触点，对于提升用户体验至关重要。

第四，描绘用户情感和体验。记录和分析用户在每个阶段的情感体验如愉悦、困惑、满意等，这有助于团队理解用户的心理变化，并据此调整产品或服务的设计。

第五，识别痛点和机会点。通过深入分析用户旅程，找出用户体验中的问题区域和改进的机会，这些痛点和机会点将是后续优化的重点。

第六，制定优化策略。基于用户旅程的分析结果，制定具体的改进措施或设计新的用户体验策略，确保这些策略直接针对发现的痛点，并能够提升用户的整体满意度。

二、用户旅程设计的要点

在用户旅程的设计与优化中，理解并精准把握触点、行为、情感以及痛点是至关重要的。这四个关键要素构成了用户与服务或产品互动的全面体验，对于提升用户满意度、增强品牌忠诚度以及推动业务增长具有深远影响。

触点（touchpoints），即用户与服务或产品发生直接交互的节点，是用户旅程中不可或缺的一部分。它们可以是物理的，如实体店、产品包装；也可以是数字的，如网站、移动应用、社交媒体、电子邮件、客服热线等。在智能服务设计中，触点更是被赋予了更多的智能化和个性化特征，如基于AI的聊天机器人、智能推荐系统等。触点的设计直接关乎用户体验的好坏。一个优质的触点应该具备以下特点：首先是易访问性，用户能够轻松找到并使用触点，无论其身处何种环境或使用何种设备；其次是响应性，触点能够迅速响应用户的请求或操作，减少等待时间；再次是一致性，不同触点之间应保持设计风格和交互逻辑的一致性，确保用户体验的连贯性；此外还有个性化，根据用户的偏好和历史行为，触点能够提供定制化的内容和服务。触点的优化往往涉及多方面的考量，包括技术实现、用户界面设计、内容策略等。通过不断迭代和优化触点，企业可以显著提升用户体验，增加用户与品牌之间的互动频率和深度。

行为（behaviors），是用户在旅程中采取的具体行动，它们反映了用户的需求、偏好和决策过程。用户行为可以是显性的如点击、输入等；也可以是隐性的，如浏览、思考、比较等。数据分析和机器学习是智能服务设计的核心工具，用于获取并深入理解用户行为本身，这是成功设计和优化具体的服务流程、产品功能及用户界面的基础与关键。设计团队需要关注以下几个方面：一是行为路径，即分析用户从进入服务到完成目标所经历的步骤，找出可能的优化点；二是行为频率，即了解用户对不同功能或服务的使用频率，以决定资源分配的优先级；三是行为转化，即研究用户从一种行为状态转变为另一种行为状态（如从浏览到购买）的触发因素。通过深入理解用户行为，企业可以更加精准地定位用户需求，设计更加符合用户期望的服务体验。

情感（emotions），是用户在旅程中的心理反应和感受，它对于用户体验有着深远的影响。正面的情感（如愉悦、满足、惊喜）能够增强用户对品牌的忠诚度，而负面的情感（如沮丧、失望、愤怒）则可能导致用户流失。在智能服务设计中，关注用户情感至关重要。设计团队需要识别情感触发点，找出在服务过程中可能引发用户强烈情感反应的节点。在此基础上寻找设计情感共鸣，即通过服务设计引发用户的正面情感，如通过个性化的推荐、温馨的提示等方式。同时，有效管理负面情感，对于无法避免的负面情感，如用户遇到服务中断或错误时，设计团队应提供有效的解决方案，如快速响应的客服、清晰的错误提示和解决方案等。此外还需要通过精心设计的情感体验，企业可以建立与用户的深厚情感联系，提升品牌形象和用户忠诚度。

痛点（pain points），是用户在旅程中遇到的困难、挫折或不满的源头。它们可能是由服务流程的不合理、产品功能的缺失、界面设计的不友好等因素造成的。痛点的存在会严重影响用户体验，甚至导致用户放弃使用服务。识别和解决痛点是提升用户体验的关键。设计团队需要主动寻找痛点，通过用户调研、数据分析、用户测试等方式，主动发现服务中的痛点。同时深入分析痛点，了解痛点的根源，如技术限制、设计缺陷、用户需求未被满足等，并以此制定解决方案，针对痛点提出具体的解决方案，并进行测试和验证，确保方案的有效性。痛点的解决不仅能够提升用户体验，还能为企业带来竞争优势。通过不断优化服务，减少或消除痛点，企业可以赢得用户的信任和忠诚，实现业务的持续增长。

触点、行为、情感和痛点这四个关键要素相互关联、相互影响，共同构成了用户与服务或产品互动的全面体验。在智能服务设计中，设计团队需要深入理解这四个要素，以用户为中心，不断优化服务体验，提升用户满意度和忠诚度。通过精准把握触点、深入理解行为、关注情感体验和积极解决痛点，企业可以打造更加智能、个性化和人性化的服务体验，赢得用户的青睐和市场的认可。

三、用户旅程在智能服务设计中的运用

首先，用户旅程的起点是深入理解目标用户。在智能服务设计中，设计团队通过市场调研、用户访谈、数据分析等手段，收集用户的基本信息、使用习惯、偏好以及痛点等信息。这些信息被用来构建详细的用户画像，为服务的个性化、定制化设计提供基础。例如在智能家居服务中，通过了解用户的居住习惯、家庭成员构成以及日常活动规律，可以设计出更加贴合用户需求的智能家居控制方案。

其次，将用户旅程细分为多个阶段，有助于设计团队更精确地识别用户在不同阶段的需求和期望。在每个阶段，用户都会与服务发生一系列的触点交互。智能服务设计需要关注这些触点的优化，确保它们既易于使用又能提供个性化的服务。例如在在线购物平台中，通过 AI 技术实现的智能推荐系统可以根据用户的浏览历史和购买记录，为用户推荐符合其兴趣的商品，提高用户的购物体验和满意度。

再次，用户行为是用户旅程中的重要组成部分。在智能服务设计中，利用大数据和机器学习技术，设计团队可以深入分析用户的行为模式，预测用户未来的行为趋势。这有助于服务提供者提前调整策略，满足用户的潜在需求。例如流媒体服务平台通过分析用户的观看历史和偏好，可以预测用户可能感兴趣的新节目或电影，并提前进行推荐，增加用户的观看时长和满意度。

同时，情感在用户旅程中起着至关重要的作用。正面的情感体验能够增强用户对服务的忠诚度和满意度。智能服务设计应关注用户在每个阶段的情感变化，通

过服务设计引发用户的正面情感共鸣。例如在智能客服系统中，通过自然语言处理和情感识别技术，系统可以感知用户的情绪状态，并以更加人性化的方式回应用户的问题和诉求，提升用户的满意度和忠诚度。

然后，痛点是用户在旅程中遇到的困难和不满的源头。在智能服务设计中，识别并解决用户的痛点是提升用户体验的关键。设计团队需要通过用户反馈、数据分析等方式，主动发现服务中的痛点，并提出有效的解决方案。例如在移动支付服务中，通过优化支付流程、提高支付安全性以及提供便捷的售后服务，可以有效解决用户在支付过程中遇到的痛点，提升用户的支付体验和信任度。

最后，用户旅程是一个动态变化的过程。随着市场环境、用户需求以及技术的发展，用户旅程中的各个环节和触点都可能发生变化，因此，智能服务设计需要保持持续的迭代和优化。设计团队应建立有效的反馈机制，鼓励用户分享使用感受和建议，同时利用数据分析工具监测用户行为数据，及时发现并解决用户旅程中的问题，确保服务始终能够满足用户的需求和期望。

用户旅程在智能服务设计中发挥着至关重要的作用。通过深入理解用户的需求、行为、情感以及痛点，设计团队可以构建出更加个性化、智能化、人性化的服务体验。同时，通过持续的迭代和优化，确保服务始终与用户需求保持同步，推动业务的持续增长和创新发展。在未来的智能服务设计中，用户旅程将继续作为核心指导原则，引领着服务设计的方向和发展趋势。

拓展阅读

在当今数智时代，用户旅程分析已成为产品和服务设计的重要一环。携程旗下的 Trip.com 作为一个面向全球市场的一站式在线旅游服务供应商，通过深入理解和优化用户旅程，成功地将智能服务融入其业务场景中，极大地提升了用户体验和满意度。用户旅程的起点始于用户需求的洞察。携程 Trip.com 通过大数据分析和市场调研，深入了解用户的旅行偏好、消费习惯以及痛点。例如，对于家庭旅行者，他们可能更关注目的地的亲子活动和酒店设施的便利性；而对于商务旅行者，他们则可能更关注航班的准时性和酒店的商务设施。基于这些洞察，Trip.com 利用生成式人工智能技术，如 GPT-4 Turbo 等，为不同用户群体提供个性化的旅行建议和规划，从而满足他们的个性化需求。

在用户旅程的深化阶段，携程 Trip.com 通过智能服务提供无缝体验。例如，在行程规划阶段，用户可以通过 Trip.com 的智能旅行助手 TripGenie 进行复杂的行程规划。TripGenie 能够理解用户的模糊需求，如"我打算 8 月初带老人小孩一起到法国旅游，最好是能去哪个有薰衣草的地方"，并基于这些需求生成详细的旅行计划，包括旅行线路、行程、景点、机票 / 车票、酒店预订等。这种智能服务不仅节省了用户的时间和精力，还提高了旅行的满意度。

在用户旅程中，携程 Trip.com 也面临着多语言支持和高效客服的挑战。由于 Trip.com 的用户来自全球多个国家，他们使用不同的语言进行咨询和反馈。为了应对这一挑战，Trip.com 利用生成式人工智能技术，如 GPT-4 和 GPT-3.5-Turbo 等，构建了跨语种的客服机器人。这些机器人能够处理跨语种的文本，包括翻译、摘要、问答等任务，实现了用一套处理引擎处理全球多语种客户咨询的目标。这不仅提高了邮件响应速度，从小时级别提升到分钟级别，还显著提升了用户体验和满意度。

在用户旅程的终点，携程 Trip.com 通过优质高效的售后服务，巩固了用户的忠诚度。例如，在旅行结束后，用户可能会遇到一些售后问题，如行程变更、酒店退订等。Trip.com 的智能客服系统能够迅速响应用户的需求，提供解决方案，并通过数据分析预测用户可能遇到的问题，提前进行干预。此外，Trip.com 还利用生成式人工智能技术生成个性化的营销内容和推荐文案，根据用户的旅行历史和偏好，为他们提供下次旅行的建议，从而延长用户旅程，增加用户黏性。

从需求洞察到个性化服务，从无缝体验到痛点解决，再到优质高效的售后服务和持续优化，Trip.com 的每一步都体现了用户旅程在智能服务设计中的重要性和应用价值。未来，随着技术的不断进步和用户需求的不断变化，Trip.com 将继续深化用户旅程的应用，为用户提供更加智能化、个性化的旅行服务。

四、服务蓝图设计的核心概念

服务蓝图是智能服务设计中的一个核心概念，它是一种图形化的工具，用于全面、系统地描述和展示服务系统的结构、流程、参与者以及他们之间的相互作用关系。在智能服务设计的语境下，服务蓝图不仅关注服务的物理和数字化界面，更深入探索了服务背后的逻辑、技术支撑以及用户体验的每一个细节。服务蓝图可以被看作是一种“X 光片”式的视图，它穿透服务的表层，揭示了服务交付的深层次机制。它不仅仅描绘了客户直接可见的前台活动，如用户界面交互、客户服务响应等，还深入后台流程，包括数据处理、算法运算、系统维护等不为人知的环节。通过服务蓝图，设计者能够全面理解服务系统的运作方式，识别出影响用户体验的关键因素，并据此进行优化和创新。

构成服务蓝图的元素首先是客户旅程与前台交互。这是服务蓝图的起点，详细描绘了客户从初步了解服务、产生需求、进行搜索、选择服务、使用服务到反馈评价的全过程。客户旅程图通常包括客户的行动步骤、情绪变化、需求满足点以及可能的痛点或障碍，展示了服务提供者与客户直接互动的环节，如智能客服的聊天界面、移动应用的用户界面、自助服务终端的操作流程等。这些交互设计直接影响到客户的感知和满意度，因此是服务蓝图中的关键部分。

其次是后台流程与支持系统。这涵盖了支持前台交互和服务交付的所有内部活动，如订单处理、数据分析、库存管理、物流配送等。这些流程虽然客户不可见，但对服务质量和效率有着至关重要的影响。在智能服务设计中，后台流程往往通过自动化和智能化技术进行优化，提高处理速度和准确性。支持系统包括技术基础设施、数据管理系统、算法模型、云计算平台等，它们为前台交互和后台流程提供必要的支撑。例如，智能推荐系统依赖于大数据分析和机器学习算法来预测客户需求；智能客服系统则依赖于自然语言处理技术和知识图谱来提供准确的解答。

再次是关键触点与交互细节。服务蓝图特别标注出客户与服务系统交互的关键节点，这些触点往往是客户体验的关键所在。例如在电商平台上，关键触点可能包括商品搜索、购物车添加、支付流程、物流跟踪等。对于每个关键触点，服务蓝图都会详细描绘其交互流程、界面设计以及可能的改进方向。除了关键触点外，服务蓝图还会关注其他交互细节，如错误处理、异常反馈、帮助文档等。这些细节虽然看似微不足道，但往往能决定客户对服务的整体印象。

同时还包括参与者与角色定位。服务蓝图会列出所有参与服务交付的角色，包括客户、员工、合作伙伴、第三方服务商等。对于每个角色，服务蓝图都会明确其职责、权限以及与其他角色的互动关系，在服务蓝图中，每个参与者都有其明确的定位和作用。例如客户是服务的最终使用者，他们的需求和反馈是服务优化的重要依据；员工则负责执行服务流程，他们的技能和态度直接影响到服务质量；合作伙伴和第三方服务商则可能提供技术支持、物流服务或内容资源等。

最后是技术支撑与智能化元素。服务蓝图会展示服务系统所依赖的技术架构和组件，如数据库、服务器、API 接口等。这些技术支撑是服务稳定运行和持续优化的基础。在智能服务设计中，服务蓝图会特别强调智能化元素的应用，如人工智能算法、大数据分析、物联网技术等。这些元素能够提升服务的智能化水平，实现自动化处理、个性化推荐和预测性维护等功能。

五、服务蓝图在智能服务设计中的作用

服务蓝图在智能服务设计中扮演着举足轻重的角色，它不仅是连接客户需求与服务实现之间的桥梁，更是推动服务创新、优化用户体验、提升运营效率的关键工具。

第一，全面理解服务系统，促进跨部门协作。服务蓝图作为一种综合性的可视化工具，能够全面展现服务系统的内部结构、流程逻辑、参与者互动以及技术支持。在智能服务设计的初期阶段，服务蓝图帮助团队成员（包括设计师、开发者、运营人员、市场人员等）共同理解服务的全貌，明确各自的角色和职责。通过服务蓝图的绘制和讨论，不同部门之间的信息壁垒被打破，促进了跨部门之间的有效沟通和协作。这种跨部门的协作对于智能服务的成功至关重要，因为智能服务往往涉及复杂的技术架构、数据处理、算法模型以及用户界面设计等多个方面，需要团队成员紧密配合，共同解决问题。

第二，深入洞察客户需求，优化用户体验。服务蓝图以客户旅程为核心，详细描绘了客户从初步了解服务到最终使用服务的全过程。通过深入分析客户旅程中的每个步骤、情绪变化、需求满足点以及可能的痛点或障碍，服务蓝图帮助设计师和开发者深入洞察客户的需求和期望。在智能服务设计中，这种对客户需求的深入理解是优化用户体验的前提。基于服务蓝图的洞察，设计师可以针对性地优化用户界面设计、简化操作流程、提供个性化的服务内容，从而提升用户的满意度和

忠诚度。

第三，识别关键触点，推动服务创新。在服务蓝图中，关键触点标识了客户与服务系统发生实质性交互的那些具体环节，这些环节对于形成和决定客户对服务的整体体验具有极其重要甚至是核心的作用。在智能服务设计中，识别并优化关键触点对于提升服务质量和推动服务创新至关重要。通过服务蓝图，设计师可以清晰地看到每个关键触点的交互流程、界面设计以及可能的改进方向。例如，在智能客服系统中，关键触点可能包括用户提问的识别、智能回复的生成、问题解决的效率等。通过对这些关键触点的深入分析，设计师可以发现现有的不足和痛点，并引入新的技术或设计理念来优化触点体验，从而推动服务的整体创新。

第四，优化服务流程，提升运营效率。服务蓝图不仅关注客户可见的前台交互，还深入揭示了后台流程和支持系统的运作方式。在智能服务设计中，通过对后台流程的全面梳理和优化，可以显著提升服务的运营效率和质量。例如通过引入自动化和智能化的技术手段，可以简化订单处理流程、提高数据分析的准确性、优化物流配送路径等。这些优化措施不仅减少了人工干预和错误率，还缩短了服务响应时间，提升了客户的满意度。同时，服务蓝图还可以帮助组织识别出冗余或低效的环节，并进行流程再造或重组，进一步提高运营效率。

第五，支持持续评估与改进，确保服务质量。服务蓝图不仅是一个设计工具，还是一个评估和改进服务质量的依据。在智能服务运营过程中，组织可以定期回顾服务蓝图，对比实际服务表现与预期目标之间的差距。通过收集客户反馈、分析服务数据、评估关键指标等方式，组织可以及时发现服务中存在的问题和不足，并基于服务蓝图进行针对性的改进。这种持续评估与改进的过程是确保服务质量稳步提升的关键所在。

第六，促进技术创新与融合，引领行业发展趋势。在智能服务设计中，服务蓝图还是促进技术创新与融合的重要平台。通过深入分析服务蓝图中的技术支撑和智能化元素，组织可以发现新的技术应用场景和融合机会。例如将人工智能技术与物联网技术相结合，可以实现智能家居的智能化控制和管理；将大数据分析与用户行为模型相结合，可以提供更加个性化的服务推荐和营销策略。这种技术创新与融合不仅提升了服务的智能化水平，还引领了行业的发展趋势，为组织带来了更多的市场机遇和竞争优势。

服务蓝图在智能服务设计中的应用是广泛且深入的，它作为一种强大的可视化工具，帮助设计师、开发者和服务提供者全面理解服务系统，优化用户体验，提升运营效率，并推动服务创新。下面，我们将通过一个具体的智能零售服务设计的案例，来详细说明服务蓝图是如何在实际项目中发挥作用的。

假设我们正在为一家传统零售企业设计一套智能零售服务系统，旨在通过数字化和智能化的手段，提升顾客的购物体验，优化库存管理，提高销售效率，并增强企业的竞争力。在这个项目中，服务蓝图成为了我们团队的核心工具。我们深入研究了目标顾客群体的购物习惯、需求和痛点后，绘制出详细的客户旅程图。这个旅程图从顾客产生购物需求开始，一直到他们完成购买、收到商品并给出反馈为止，涵盖了整个购物过程中的关键步骤和情绪变化。基于客户旅程图，我们开始构建服务蓝图。服务蓝图不仅包含了顾客在前台可见的活动（如浏览商品、下单、支付、收货等），还深入后台流程，如商品库存管理、订单处理、物流配送、数据分析等。同时，我们还明确了各个参与者的角色和职责，包括顾客、店员、仓库管理员、物流人员以及系统后台的管理员等。

在服务蓝图的指导下，我们对前台交互进行了优化。例如我们设计了一个智能推荐系统，根据顾客的浏览历史和购买记录，为他们提供个性化的商品推荐。这个系统不仅提高了顾客的购物效率，还增加了他们的购买意愿和满意度。同时，我们还优化了支付流程，引入了多种支付方式，并简化了支付步骤，确保顾客能够快速、安全地完成支付。此外，我们还设计了一个智能客服系统，能够实时解答顾客的疑问，提供优质的售后服务。

服务蓝图还帮助我们优化了后台流程，提高了运营效率。例如，通过引入物联网技术，我们实现了对商品库存的实时监控和管理。当某种商品的库存量低于预设阈值时，系统会自动触发补货流程，确保商品始终充足。此外，我们还优化了订单处理流程。通过自动化和智能化的手段，我们能够快速处理大量的订单，减少了人工干预和错误率。同时，我们还利用大数据分析技术，对销售数据进行了深入挖掘和分析，为企业的库存管理和营销策略提供了有力的支持。

在服务蓝图中，我们特别标注了顾客与服务系统交互的关键触点。例如在智能推荐系统中，顾客与推荐结果的互动就是一个关键触点。我们通过对这个触点的深入分析，发现了一些潜在的优化空间。例如我们可以根据顾客的实时行为（如点击、停留时间等）来调整推荐结果，使其更加符合顾客的当前需求。基于这种洞察，我们推动了一系列的服务创新。例如，我们引入了实时推荐算法，能够根据顾客的实时行为数据来动态调整推荐结果。这种创新不仅提高了推荐的准确性，还增强了顾客的购物体验。

服务蓝图还为我们提供了持续评估与改进服务质量的依据。在项目上线后，我们定期回顾服务蓝图，对比实际服务表现与预期目标之间的差距。例如，我们发现顾客在支付过程中偶尔会遇到支付失败的问题。通过深入分析服务蓝图中的支付流程，我们定位了问题所在，并对支付系统进行了优化。这种持续的评估与改进过程确保了我们的服务质量能够稳步提升。

通过上述案例，我们可以看到服务蓝图在智能服务设计中的应用是全面且深入的。它不仅帮助我们全面理解服务系统、优化用户体验和运营效率，还推动了服务创新和持续改进。在未来的智能服务设计中，服务蓝图将继续发挥重要作用，引领我们走向更加智能化、个性化和高效化的服务未来。

第三节　原型设计与用户测评

原型设计（prototype design）在产品开发和用户体验领域扮演着至关重要的角

色。它是指在产品正式开发之前，通过创建一个初步的模型或样品，以展示产品的功能、界面、交互等关键特性。这一过程旨在直观地传达产品的核心理念，帮助团队及利益相关者更好地理解产品。原型设计可以概括地说是在产品面市之前的一个框架设计。它利用线框描述的方法，将产品的模块、元素、人机交互的形式等，以更加具体和生动的方式进行表达。原型设计不仅是交互设计师与产品经理（PM）、产品设计师（PD）、网站开发工程师沟通的最好工具，也是整个产品设计和开发过程中的一个关键环节。智能服务设计中的原型设计是连接创意与实现的关键桥梁，它融合了传统原型设计的核心理念与现代智能技术的特性，旨在构建一个能够模拟未来智能服务体验、验证设计假设并促进多方沟通的初步模型。这一过程不仅关注服务的界面与交互，更深入探索服务背后的逻辑、算法以及人工智能的集成方式，确保服务既智能又人性化。

一、智能服务设计中原型设计的特征

智能服务设计中的原型设计，作为连接概念构想与最终实施的关键阶段，能够将抽象服务理念通过大数据、物联网（IoT）等前沿技术，转化为具体、可体验、可测试的服务方案，旨在创造一个能够动态响应、学习优化并持续进化的服务体系。

首先是高度交互性与动态响应。智能服务的核心在于其能够根据用户行为、偏好、环境等因素实时调整服务内容和方式，因此，智能服务原型设计首要特征是强调高度交互性与动态响应能力。这要求原型不仅要模拟用户界面的静态布局，还要展示在不同情境下，服务如何基于AI算法动态生成内容、调整交互流程或提供个性化建议。例如，一个智能健康咨询原型可能需要根据用户的健康数据、历史查询记录以及当前情绪状态，动态调整回复的语气、内容和推荐的健康方案。

其次是情境感知与个性化定制。智能服务原型需具备情境感知能力，即能够识别并理解用户所处的环境、时间、设备类型等上下文信息，并据此提供定制化的服务体验。这种情境化的设计思维要求原型设计时充分考虑用户在不同场景下的需求差异，如工作场景下的高效便捷与休闲场景下的轻松愉悦。通过集成AI算法，原型可以模拟如何根据用户的偏好、行为习惯甚至情绪状态，自动调整界面布局、色彩主题、推送内容等，实现真正的个性化服务。

再次是数据驱动决策与优化。智能服务的设计与实施离不开大数据的支持。原型设计阶段就需要考虑如何收集、处理、分析用户数据，以及这些数据如何被用来优化服务体验、提升服务效率。原型应能展示如何基于用户反馈、使用数据和服务绩效指标，自动调整算法模型，实现服务的持续改进。例如，一个智能推荐系统原型应能模拟如何根据用户的历史浏览、购买记录以及社交网络信息，不断优化推荐算法，提高推荐的准确性和用户满意度。

然后是AI集成与自动化流程。智能服务的原型设计还需深入探索AI技术的集成方式，包括自然语言处理（NLP）、计算机视觉、机器学习等，以及这些技术如何与业务流程相结合，实现服务的自动化和智能化。原型应能展示AI如何辅助或替代人类完成重复性、低效率的任务，如自动客服、智能审核、预测分析等，同时保持或提升服务质量和用户满意度。此外，还需考虑AI决策的透明度和可解释性，确保用户能够理解并信任服务背后的逻辑。

最后是多渠道与跨平台兼容性。智能服务往往需要通过多种渠道（如移动应用、网页、智能设备）和平台（如iOS、Android、Windows）触达用户。因此，原型设计需考虑如何在不同设备和平台上提供一致且优化的用户体验。这要求原型具备跨平台设计的能力，能够展示服务在不同屏幕尺寸、分辨率、操作系统上的适配情况，以及如何利用AI技术实现跨渠道的无缝衔接和个性化体验。

智能服务设计中的原型设计是一个复杂而多维的过程，它不仅要求设计师具备传统原型设计的技能，还需深入理解AI、大数据、物联网等前沿技术，以及这些技术如何与用户体验设计相结合，创造出既智能又人性化的服务体验。通过精心设计的原型，团队可以更有效地沟通设计理念，验证服务假设，降低开发风险，最终为用户提供更加贴心、高效、安全的智能服务。

二、智能服务设计中原型设计的类型

智能服务设计中的原型设计是连接创意与实现、理论与实践的关键环节。它不仅需要展现服务的外观和功能，更要体现服务的智能性、交互性和动态响应能力。根据设计的深度、保真度以及展示的重点不同，智能服务设计中的原型可以划分为多种类型。

① 草图原型（sketch prototype）。草图原型是设计初期一种快速、低成本的表达方式，主要用于捕捉和传达设计的初步想法。在智能服务设计中，草图原型可以手绘或使用简单的软件工具（如白板应用、草图软件）绘制，重点在于快速勾勒服务流程、界面布局和关键交互点。虽然草图原型不涉及复杂的交互逻辑或视觉效果，但它能够帮助团队快速迭代想法，促进早期沟通和反馈。

② 线框图原型（wireframe prototype）。线框图原型是草图原型的进一步细化，它使用简单的线条和形状来模拟服务的界面结构和布局，但仍然不包含颜色、字体或详细的视觉设计。线框图原型在智能服务设计中尤为重要，因为它能够帮助设计师和开发人员清晰地理解服务的架构、导航流程和页面间的逻辑关系。此外，线框图原型也是进行用户测试和获取早期反馈的有效工具。

③ 交互原型（interactive prototype）。交互原型是智能服务设计中最为关键的一种原型类型，它模拟了用户与服务之间的实际交互过程。交互原型不仅展示了界面的静态布局，还包含了按钮点击、表单填写、滑动操作等动态交互行为，以及AI如何根据用户输入做出响应。通过使用原型设计工具（如Axure、Figma、Sketch等），设计师可以创建具有基本交互逻辑的原型，让用户能够“体验”服务，从而更深入地理解服务的流程、功能和智能特性。

④ 动态数据原型（dynamic data prototype）。动态数据原型是交互原型的进阶版，它特别适用于需要展示 AI 算法生成内容或动态数据处理能力的智能服务。这类原型能够模拟服务如何根据用户行为、偏好或外部数据源实时调整界面内容，如个性化推荐、实时数据分析等。动态数据原型要求设计师与数据科学家紧密合作，确保原型能够准确地反映服务在实际运行中的行为。

⑤ 视频原型（video prototype）。视频原型是一种通过录制屏幕操作或动画演示来展示服务流程和交互方式的原型类型。在智能服务设计中，视频原型特别适用于展示复杂的交互逻辑、AI 决策过程或服务的整体用户体验。视频原型可以是对交互原型的录制，也可以是专门制作的动画，它能够以直观、易于理解的方式向利益相关者、用户或开发人员传达设计的核心理念和预期效果。

⑥ 高保真原型（high-fidelity prototype）。高保真原型是接近最终产品或服务的外观和功能的原型，它包含了详细的视觉设计、动画效果、交互逻辑以及 AI 功能的模拟。高保真原型在智能服务设计中用于验证设计的可行性、用户接受度和市场潜力。通过高保真原型，设计师可以收集用户反馈，评估服务的易用性、吸引力和智能性，为最终的实施阶段提供有力的依据。

⑦ 模拟测试原型（simulation prototype）。模拟测试原型是专门用于测试和优化智能服务性能和可靠性的原型类型。这类原型通常部署在模拟环境中，能够模拟大量用户同时使用服务的情况，以及服务在极端条件下的表现。通过模拟测试原型，团队可以评估服务的响应时间、负载能力、故障恢复机制等关键性能指标，确保服务在实际部署后能够稳定运行。

⑧ 进化原型（evolutionary prototypc）。进化原型是指随着设计过程的推进和反馈的收集，不断迭代和进化的原型。在智能服务设计中，进化原型是设计思维的核心体现，它强调了原型作为设计过程中持续学习和改进的工具。进化原型不仅关注当前的设计问题，还着眼于服务的未来发展和可扩展性，确保设计能够适应用户需求的变化和技术的进步。

智能服务设计中的原型类型多样，每种类型都有其独特的价值和应用场景。设计师需要根据项目的具体需求、目标受众和可用资源，选择最合适的原型类型来传达设计理念、验证设计假设并推动设计的不断优化。通过精心设计的原型，团队可以更有效地沟通、协作和创新，最终创造出既智能又人性化的服务体验。

三、智能服务设计中原型设计的流程

智能服务设计中的原型设计是一个系统而细致的过程，旨在将抽象的服务理念转化为具体、可测试、可体验的设计方案。这一过程不仅涉及传统的设计思维和方法论，还深度融合了人工智能、大数据、用户体验设计等前沿领域的知识。

第一步是需求分析与定义。明确智能服务的设计目标，包括解决的具体问题、目标用户群体、期望的服务效果等。这一步骤是后续设计工作的基石，确保整个团队对项目的愿景有共同的理解。通过问卷调查、访谈、观察等方法，深入了解目标用户的需求、偏好、痛点以及使用场景。对于智能服务而言，还需特别关注用户对智能化功能的期望和接受度。研究市场上类似的智能服务，分析其功能特点、用户体验、技术实现等方面的优势与不足，为自家服务的设计提供借鉴和差异化定位。

第二步是概念设计。基于需求分析的结果，绘制服务蓝图，包括用户旅程图、系统架构图等，明确服务的整体流程、关键触点、后台逻辑等。确定智能服务包含的核心功能和特色功能，以及这些功能如何通过 AI 技术实现智能化、个性化、自动化。制定交互设计的基本原则，如简洁性、易用性、一致性、反馈机制等，确保服务在使用过程中能够给用户带来流畅、愉悦的体验。

第三步是原型制作。根据团队的技术能力和设计需求，选择合适的原型设计工具，如 Axure、Figma、Sketch、Adobe XD 等。对于智能服务，特别需要考虑工具对 AI 集成和动态交互的支持能力。首先制作静态原型，包括界面布局、元素设计、色彩搭配等。这一阶段主要关注视觉设计和信息架构，确保用户能够清晰地理解服务的内容和功能。然后在静态原型的基础上，添加交互逻辑，如按钮点击、表单提交、页面跳转等。对于智能服务，还需设计 AI 如何根据用户输入或行为做出响应的交互流程。利用 AI 技术（如机器学习模型、自然语言处理引擎）模拟服务中的智能化功能，如语音识别、推荐算法、自动客服等。这一步骤可能需要与数据科学家和 AI 工程师紧密合作。

第四步是用户测试与反馈。设计测试计划，包括测试目标、测试用户招募、测试场景设定、数据收集方法等。对于智能服务，特别需要关注 AI 功能的准确性和用户满意度。将原型交给目标用户进行测试，观察用户在使用过程中的行为、反应和遇到的问题，可以通过用户访谈、问卷调查、行为分析等方式收集反馈。对收集到的反馈进行深入分析，识别设计中的问题和改进点，根据反馈进行原型的迭代设计，不断优化用户体验和服务性能。

第五步是高保真原型与展示。在迭代设计的基础上，制作高保真原型，包括详细的视觉设计、动画效果、交互逻辑以及 AI 功能的深度模拟。高保真原型应尽可能接近最终产品的外观和功能，将高保真原型展示给团队内部、利益相关者或潜在用户进行评审，通过演示、讲解、讨论等方式，展示设计的亮点和创新点，并收集进一步的反馈和建议。

第六步是技术实现与上线准备。与高保真原型相对应，进行技术实现的工作，包括前端开发、后端开发、AI 算法集成等，确保设计的理念和功能能够在技术层面得到实现。在技术实现过程中和完成后，进行多轮测试，包括功能测试、性能测试、安全测试等，根据测试结果进行必要的优化和调整。完成所有测试和优化后，进行上线前的最后准备，包括数据迁移、服务器配置、用户引导等，确保服务能够平稳上线并为用户提供优质的服务体验。

第七步是持续监控与优化。上线后，持续监控服务的性能指标（如响应时间、稳定性、用户活跃度等）和用户反馈，利用大数据和AI技术进行数据分析，发现潜在的问题和改进空间。基于性能监控和数据分析的结果，以及用户反馈和市场变化，持续进行服务的迭代和优化。智能服务设计中的原型设计流程是一个涉及多领域知识、多角色协作的复杂过程，通过这一流程，可以确保智能服务在设计阶段就充分考虑用户需求、技术可行性和市场潜力，为最终的成功上线和持续运营奠定坚实的基础。

四、智能服务设计中原型设计的应用

智能服务设计中原型设计的应用是极为广泛且关键的，原型不仅是一种设计工具，更是连接创意、技术、用户与市场的桥梁。原型设计在智能服务的整个生命周期中扮演着至关重要的角色，从初期的概念验证到后期的用户测试，再到最终的产品迭代，都离不开原型的支持。

首先，在智能服务设计的初期，原型设计被用来快速验证设计概念的可行性。通过制作草图原型或线框图原型，设计团队能够迅速地将抽象的想法具象化，帮助团队成员（包括设计师、产品经理、开发人员、数据科学家等）建立对服务整体框架和核心功能的共同理解。这种视觉化的沟通方式极大地减少了误解和沟通成本，促进了团队间的有效协作。

其次，用户体验设计与优化。原型设计是用户体验设计的核心组成部分。在智能服务设计中，通过制作交互原型和高保真原型，设计师可以模拟用户与服务之间的真实交互过程，从而评估和优化服务的易用性、可访问性和吸引力。例如，通过模拟用户在不同场景下的操作流程，设计师可以发现潜在的导航障碍、操作复杂性问题或信息呈现不清的情况，并及时进行调整。原型还可以用于测试AI功能的响应速度和准确性，确保服务能够智能地理解用户意图并提供个性化的解决方案。

再次，用户测试与反馈收集。原型设计为用户测试提供了基础。在智能服务的设计过程中，定期进行用户测试是至关重要的，通过将原型交给目标用户进行测试，设计师可以观察用户在实际使用中的行为、反应和遇到的问题，从而收集宝贵的反馈。这些反馈不仅有助于验证设计假设的有效性，还能揭示出设计中未被发现的问题和改进点。基于用户测试的反馈，设计团队可以不断地迭代和优化原型，直至达到最佳的用户体验。

然后，做到技术实现与风险评估。原型设计在技术实现阶段也发挥着重要作用。通过制作接近最终产品的原型，开发团队可以更清晰地理解设计的意图和要求，从而更准确地估计技术实现的难度和时间成本。原型还可以用于进行技术风险评估，帮助团队识别潜在的技术挑战和瓶颈，并提前制定应对策略。对于智能服务而言，原型设计还能够促进AI算法与前端界面的有效集成，确保服务的智能化功能能够顺畅地运行。

最后，注重市场验证与产品推广。在智能服务推向市场之前，原型设计还可以用于市场验证和产品推广，通过制作具有吸引力的原型演示视频或互动演示，设计团队可以向潜在用户、投资者和合作伙伴展示服务的核心价值和创新点。这不仅有助于提升服务的知名度和吸引力，还能为市场推广和销售工作提供有力的支持。同时，市场反馈也可以为服务的进一步优化和迭代提供宝贵的参考。

此外，实现跨领域合作与知识共享。在智能服务的设计过程中，原型设计还促进了跨领域的合作和知识共享。通过制作和分享原型，设计师、开发人员、数据科学家等不同领域的专家可以更加紧密地协作和交流，共同推动服务的创新和发展。这种跨领域的合作不仅有助于提升服务的整体质量和性能，还能促进相关领域的知识和技术进步。智能服务设计中原型设计的应用是多方面的、全方位的，它不仅是一种有效的设计工具和方法论，更是推动智能服务创新和发展的重要力量，通过充分利用原型设计的优势和作用，设计团队可以更加高效地推动智能服务的设计、开发、测试、迭代和优化工作，为用户提供更加智能、便捷、个性化的服务体验。

拓展阅读

UberEats（优步外卖）是 Uber（优步）公司推出的一款独立送餐应用，旨在为用户提供便捷的外卖送餐服务（图 7-2）。自推出以来，UberEats 迅速在全球多个城市扩展，与数千家餐厅合作，为用户提供多样化的餐饮选择。在这样一个高度竞争的市场中，UberEats 的成功离不开其出色的智能服务设计和原型设计应用。

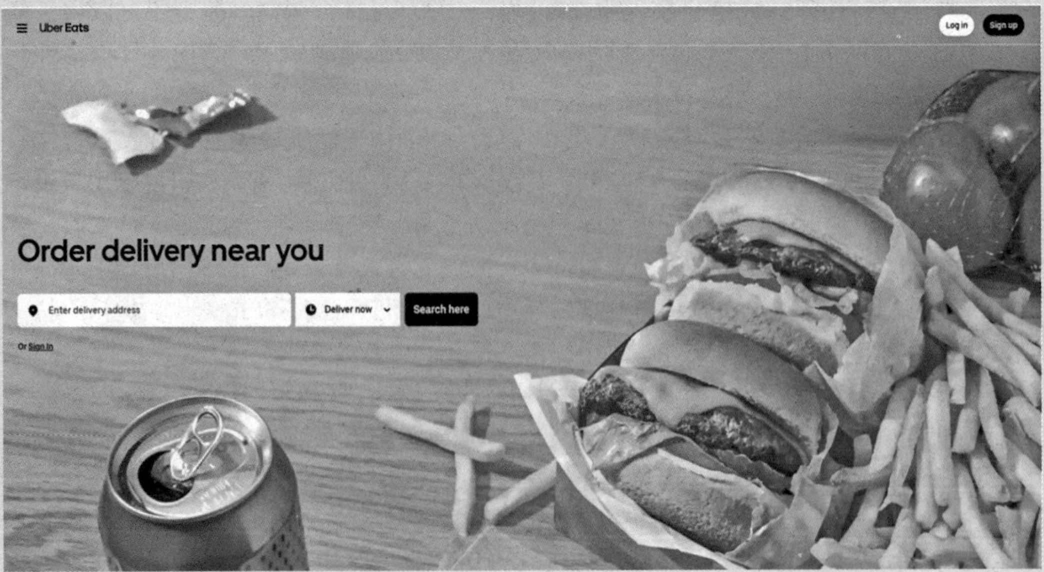

图 7-2

在开发初期，UberEats 团队首先进行了深入的市场调研和用户需求分析。他们发现，用户对于外卖送餐服务的需求主要集中在便捷、多样化的餐饮选择以及实时追踪订单状态等方面。基于这些需求，团队开始构思 UberEats 的核心功能和服务模式。他们制作了初步的线框图原型，展示了用户下单、餐厅接单、送餐员配送以及用户追踪订单状态等关键环节。这些原型帮助团队快速验证了服务概念的可行性和用户需求的满足程度。

在确定了核心功能后，团队开始着手界面设计。他们制作了高保真原型，详细展示了 APP 的各个页面布局、元素设计以及交互逻辑。例如，在餐厅列表页面，团队设计了清晰的筛选和排序功能，方便用户快速找到心仪的餐厅；在订单追踪页面，团队则通过实时更新的地图和进度条，让用户能够直观地了解送餐员的位置和预计送达时间。为了进一步优化用户体验，团队邀请了目标用户群体进行原型测试。他们观察用户在使用过程中的行为、反应和遇到的问题，并收集了大量的反馈。例如，用户发现下单流程中的某些步骤略显繁琐，或者订单追踪页面的信息呈现不够直观。基于用户测试的反馈，团队对原型进行了多次迭代优化。他们简化了下单流程中的冗余步骤，提高了用户操作的便捷性；同时，对订单追踪页面进行了重新设计，使其信息呈现更加直观和清晰。

UberEats 团队还集成了智能推荐算法，根据用户的浏览历史、购买记录和兴趣偏好，为用户推荐可能感兴趣的餐厅和菜品。这一功能在原型阶段就得到了充分的测试和验证，确保其能够准确理解用户需求并提供个性化的推荐服务。为了优化送餐员的配送效率和用户体验，团队还开发了实时数据分析系统。这一系统能够实时追踪送餐员的位置和订单状态，为送餐员提供最优的配送路线建议，并预测送达时间。这些功能在原型阶段就得到了充分的模拟和测试，确保其在实际应用中的准确性和可靠性。

五、智能服务设计中用户测评的概念与方法

1. 用户测评的概念

在智能服务设计中，用户测评是一个至关重要的环节。它旨在通过模拟真实用户的使用情境，评估智能服务在实际应用中的性能、可用性和用户满意度。用户测评是一种系统性地评估智能服务在实际用户手中的使用体验的方法。它通过收集和分析用户的反馈、行为数据以及满意度调查结果，来全面了解用户对智能服务的看法和需求，从而帮助设计团队优化服务、提升用户体验。

用户测评的重要性首先是深入了解用户需求，用户测评可以帮助设计团队从用户的角度出发，了解他们对智能服务的期望、需求和偏好。这对于设计团队来说，是优化服务、提升用户体验的重要参考。其次是评估服务性能，通过用户测评，设计团队可以评估智能服务在实际应用中的性能表现，如响应时间、准确率、稳定性等。这有助于发现服务中的潜在问题，并及时进行改进。再次是提升用户满意度，用户测评可以揭示用户在使用智能服务过程中遇到的问题和困扰，设计团队通过解决这些问题，可以提升用户的满意度和忠诚度。最后是指导服

务迭代优化，用户测评结果为智能服务的迭代优化提供了有力的数据支持。设计团队可以根据用户的反馈和需求，不断调整和优化服务，使其更加符合用户的期望。

2. 用户测评的方法

在智能服务设计的领域中，用户测评是确保产品贴合用户需求、提升服务质量的关键步骤。它通过多种方法和工具，系统地收集并分析用户在真实或模拟环境中的使用反馈，为设计团队提供宝贵的改进依据。用户测评方法主要分为定性研究和定量研究两大类，每种方法都有其独特的优势和应用场景，通常在实际项目中会结合使用，以获得更全面、深入的用户反馈。

首先是定性研究。定性研究侧重于深入理解用户的行为、态度、动机和体验，通常通过直接与用户互动来收集数据。其一，用户访谈，这是最直接且常用的定性研究方法。设计团队可以与目标用户进行一对一或小组访谈，了解他们对智能服务的看法、使用过程中的感受、遇到的困难及改进建议。深度访谈能够挖掘用户的深层次需求和潜在问题。其二，观察法，通过观察用户在自然状态下使用智能服务的过程，设计团队可以直观地了解用户的操作习惯、交互障碍及未被满足的需求。这种方法特别适用于发现用户行为中的非言语线索。其三，日记研究，要求用户在一段时间内记录他们使用智能服务的详细经历和感受。这种方法能够捕捉到用户在日常生活中的真实体验，尤其是那些即时反馈难以捕捉的细节。其四，焦点小组，组织一群用户围绕特定主题进行讨论，鼓励他们分享观点、经验和建议。焦点小组适合探索用户对智能服务功能的偏好、接受度及可能的改进方向。

其次是定量研究。定量研究则通过大规模的数据收集和分析，量化用户的行为模式和满意度，为设计决策提供客观依据。其一，问卷调查，设计包含一系列标准化问题的问卷，通过在线平台、邮件或面对面方式发放给大量用户。问卷调查可以迅速收集大量数据，用于统计分析和趋势识别。其二，A/B 测试，将用户随机分为两组，分别体验智能服务的不同版本（A 版和 B 版），然后比较两组用户的行为差异、满意度等指标，以确定哪个版本更优。其三，用户行为数据分析，利用智能服务后台收集的用户操作数据，如点击率、停留时间、转化率等，分析用户的行为模式、偏好及潜在问题。这种方法能够揭示用户行为的细微差异，为优化提供依据。其四，满意度评分，通过量表、评分卡等形式，让用户对智能服务的整体满意度、特定功能满意度等进行量化评价。满意度评分是衡量服务质量和用户满意度的直接指标。

用户测评在智能服务设计中扮演着至关重要的角色。通过综合运用定性研究和定量研究方法，设计团队可以深入了解用户的需求、偏好和体验，为智能服务的优化提供科学依据。成功的用户测评不仅依赖于科学的方法论，还需要设计团队具备敏锐的洞察力、严谨的执行力以及对用户需求的深刻理解，只有这样，才能确保智能服务真正满足用户的需求，实现持续的价值创造。

六、智能服务设计中用户测评的应用

在智能服务设计的广阔领域里，用户测评不仅是验证设计有效性的关键环节，更是推动服务持续优化与创新的重要驱动力。用户测评的应用贯穿于智能服务设计的全生命周期，从初期的概念构思到后期的迭代升级，每一步都离不开对用户反馈的精心收集与分析。

1. 用户测评在智能服务设计中的角色

在智能服务设计的初期阶段，用户测评帮助设计团队深入了解目标用户群体的真实需求、偏好及痛点。通过问卷调查、深度访谈等方法，设计团队可以收集到第一手的用户反馈，为服务的功能设计、界面布局、交互逻辑等提供坚实的用户基础。在设计出初步原型后，用户测评成为验证设计假设、发现潜在问题的关键手段。通过用户测试，设计团队可以观察用户在真实或模拟环境中的操作行为，了解用户对原型的接受度、理解程度及遇到的困难，从而及时调整设计，提升用户体验。智能服务上线后，用户测评继续发挥着重要作用。通过收集用户的使用数据、满意度反馈及问题报告，设计团队可以评估服务的性能指标（如响应时间、准确率、稳定性等），及时发现并解决服务中的问题，确保服务持续稳定运行。随着市场环境和用户需求的变化，智能服务需要不断迭代升级以适应新的挑战。用户测评在这个过程中提供了宝贵的用户反馈和市场洞察，帮助设计团队识别改进方向，探索创新点，推动服务持续进化。

2. 用户测评在智能服务设计中的应用场景

界面设计直接影响用户的视觉体验和操作便捷性。通过用户测评，设计团队可以了解用户对界面布局、色彩搭配、字体大小等元素的喜好，以及用户在交互过程中的流畅度和易用性感受，从而优化界面设计，提升用户体验。智能服务的核心在于其提供的功能和服务。用户测评可以帮助设计团队评估功能的实用性、有效性及用户满意度，发现功能上的不足或冗余，为功能的优化或新增提供依据。同时，用户测评还能揭示服务中的潜在问题，如响应速度慢、信息不准确等，促使设计团队及时改进。智能服务的个性化与定制化是提升用户体验的重要途径。通过用户测评，设计团队可以了解用户的个性化需求和偏好，为用户提供更加精准的服务推荐和定制化的服务体验。例如，基于用户的浏览历史、购买记录等数据，智能服务可以推送符合用户兴趣的内容或产品。对于复杂的智能服务，用户教育和培训是确保用户能够正确使用服务的关键。用户测评可以帮助设计团队了解用户在学习和使用服务过程中的难点和困惑，从而优化用户教育和培训的内容、方式和频率，提升用户的掌握度和使用效率。

3. 用户测评的实施策略

根据测评目的和用户需求，选择合适的测评方法（如问卷调查、用户访谈、A/B测试等）和工具（如在线调查平台、数据分析软件等），确保测评的准确性和有效性。在招募测评参与者时，应确保他们具有代表性，能够反映目标用户群体的多样性和特征，同时，要注意保护用户的隐私和数据安全。测评结果应及时反馈给设计团队和利益相关者，以便他们根据反馈进行迭代优化。此外，要建立持续的测评机制，定期或不定期地进行测评，确保服务始终符合用户需求。鼓励用户积极参与测评活动，为他们提供便捷的反馈渠道和奖励机制。通过培养用户的参与文化，可以激发用户的积极性和创造力，为智能服务的优化和创新提供更多灵感。

用户测评在智能服务设计中发挥着不可或缺的作用。它不仅帮助设计团队深入了解用户需求、验证设计假设、评估服务性能，还推动服务持续优化与创新。通过精心策划和实施用户测评活动，设计团队可以不断提升智能服务的用户体验和市场竞争力，为用户创造更多价值。

拓展阅读

淘宝作为中国最大的电商平台之一，一直以来都致力于为用户提供便捷、高效的购物体验。随着人工智能技术的不断发展，淘宝开始探索将 AI 技术融入智能服务设计中，以提升用户购物的智能化和个性化水平。在这个过程中，用户测评成为淘宝验证 AI 智能服务有效性、持续优化服务体验的重要手段。

在智能服务设计的初期阶段，淘宝通过问卷调查、深度访谈等方式，深入了解用户对智能服务的需求和期望。例如，淘宝发现用户在购物过程中经常面临选择困难，希望平台能够推荐更符合自己喜好的商品。基于这一需求，淘宝开始研发基于算法的推荐系统。在推荐系统上线前，淘宝进行了多次用户测评，通过模拟购物场景，收集用户对推荐商品的满意度、相关性等反馈，确保推荐系统能够准确捕捉用户需求，提升购物体验。

在设计出推荐系统的初步原型后，淘宝将其置于真实的购物环境中进行测试，邀请用户进行体验并提供反馈。在测试过程中，淘宝发现用户在浏览推荐商品时，对于商品图片的清晰度、描述信息的详细程度等方面有较高的要求。基于这一发现，淘宝对推荐系统的界面布局、商品展示方式等进行了优化，提升了用户的使用体验。推荐系统上线后，淘宝持续收集用户的使用数据、满意度反馈及问题报告，以评估系统的性能指标（如推荐准确率、用户点击率、转化率等）。通过数据分析，淘宝发现某些特定类别的商品推荐准确率较低，影响了用户的购物体验。针对这一问题，淘宝进一步优化了推荐算法，提升了推荐系统的整体性能。同时，淘宝还建立了用户反馈机制，鼓励用户在遇到问题时及时反馈，以便快速响应和解决。

为了进一步提升用户的购物体验，淘宝利用 AI 技术实现了个性化与定制化服务。例如，淘宝通过分析用户的购买历史、浏览记录等数据，为用户推送符合其兴趣的商品推荐。在推出这一功能前，淘宝进行了多次用户测评，通过模拟不同用户的购物场景，收集用户对推荐商品的满意度、相关性等反馈，确保推荐系统能够准确捕捉用户的个性化需求。上线后，淘宝持续收集用户反馈，对推荐算法进行微调，以提供更加精准的服务。

通过用户测评的应用，淘宝成功地将 AI 技术融入智能服务设计中，提升了用户购物的智能化和个性化水平。用户测评不仅帮助淘宝深入挖掘用户需求、验证设计假设、评估服务性能，还推动了服务的持续优化与创新。在未来，淘宝将继续深化用户测评在智能服务设计中的应用，不断探索新的技术和方法，为用户提供更加优质、便捷、个性化的购物体验。

数智时代

视觉媒体设计

Chapter 8

第八章

品牌全栈设计方法

第一节　品牌策划中的交互设计

品牌策划中的交互设计是连接品牌与用户之间的桥梁，它关乎如何创造一个既符合品牌形象，又能让用户在使用过程中感到愉悦和高效的界面与体验。在数字化时代，交互设计已经成为品牌塑造与传播不可或缺的一部分，它融合了艺术、技术、心理学和用户体验等多个领域的知识，旨在通过精心设计的互动方式，增强用户对品牌的认知、情感连接和忠诚度。交互设计关注的是人与产品、系统或服务之间如何通过交互行为来实现信息的交换和目标的达成。在品牌策划的语境下，交互设计不仅仅是关于界面布局、按钮位置和动画效果的设计，更是关于如何理解用户、预测他们的需求，并设计出能够满足这些需求的互动方式。它涉及用户研究、原型制作、测试反馈和迭代优化等多个环节。

一、交互设计在品牌策划中的重要性

交互设计在品牌策划中的重要性不容小觑，它是连接品牌与用户、塑造品牌形象、提升用户体验、增强品牌竞争力的关键环节。在数字化和智能化的时代背景下，交互设计已经超越了单纯的技术实现层面，成为品牌与消费者建立深厚情感联系、传递品牌价值、促进业务增长的重要策略。

1. 塑造独特的品牌形象

品牌形象是品牌策划的核心，而交互设计则是塑造这一形象的重要手段。通过精心设计的交互界面、流畅的交互流程和富有创意的交互元素，品牌可以传达其独特的价值观、个性和风格。例如苹果公司的简洁、直观、富有科技感的交互设计，就与其品牌形象紧密相连，成为其区别于其他品牌的重要标志。交互设计通过视觉、听觉、触觉等多种感官体验，帮助品牌在消费者心中留下深刻印象，从而建立起独特的品牌认知。交互设计中的每一个细节都是品牌形象的微观体现。比如，色彩选择不仅关乎美学，更是品牌情感的传达。红色可能代表激情与活力，蓝色则常被视为稳重与信任的象征。品牌应依据自身定位，选择与之相符的色彩搭配，以视觉语言强化品牌形象。此外，字体设计、动画效果、图标风格等，都是构建品牌视觉识别系统的重要组成部分，它们共同作用于用户的感官体验，形成对品牌的独特认知。

2. 提升用户体验，增强用户忠诚度

优秀的交互设计能够显著提升用户体验，使用户在与品牌互动的过程中感到愉悦、高效和满足。这种正面体验会转化为用户对品牌的好感和信任，进而增强用户忠诚度。例如，通过用户友好的界面设计、智能化的推荐系统、个性化的定制服务等，品牌可以为用户提供更加贴心、便捷的服务，满足用户的个性化需求。这种

以用户为中心的设计思路，不仅能够提升用户的满意度和忠诚度，还能够促进用户的口碑传播，为品牌带来更多的潜在客户。

优秀的用户体验往往源自对细节的极致追求。交互设计师需深入理解用户的使用场景，预测并解决可能的痛点。例如在电商网站中，简化购物流程、优化搜索功能、提供清晰的商品信息展示和便捷的售后服务，都能显著提升用户的购物体验。同时，响应式设计确保网站或应用在不同设备上都能良好展示，满足不同用户的需求。这些细节上的优化，虽看似微不足道，却能累积成用户对品牌的高度评价。

3. 促进品牌信息的传播与理解

交互设计在品牌信息的传播与理解方面也发挥着重要作用。通过巧妙的交互设计，品牌可以更加有效地传递其产品信息、品牌故事、价值主张等，帮助用户更好地理解品牌的核心价值和独特卖点。例如通过互动式的品牌介绍页面、产品演示视频、用户评价系统等，品牌可以以更加生动、直观的方式展示其产品和服务，吸引用户的注意力并激发其购买欲望。交互设计还可以通过社交媒体、在线社区等渠道，促进用户之间的交流和分享，进一步扩大品牌的影响力。在信息爆炸的时代，如何使品牌信息脱颖而出成为挑战。交互设计通过创意的互动形式，如故事讲述型网站、互动视频、360 度产品展示等，使品牌信息以更加生动、有趣的方式呈现，激发用户的好奇心和探索欲。同时，利用社交媒体平台的分享机制，鼓励用户主动传播品牌内容，形成病毒式营销效应。这种基于用户自愿分享的传播方式，不仅扩大了品牌的覆盖面，也增强了信息的可信度和说服力。

4. 增强品牌的差异化竞争优势

在激烈的市场竞争中，品牌需要不断寻找差异化竞争优势以脱颖而出。交互设计正是实现这一目标的重要手段之一。通过创新的交互设计，品牌可以为用户提供与众不同的互动体验，从而在众多竞争对手中脱颖而出。例如通过引入虚拟现实、增强现实等前沿技术，品牌可以为用户创造沉浸式的购物体验或产品演示，让用户感受到前所未有的惊喜和乐趣。这种创新的交互设计不仅能够提升品牌的知名度和美誉度，还能够为品牌带来更高的市场份额和利润空间。在同质化严重的市场中，创新是品牌脱颖而出的关键。交互设计通过引入新技术，如人工智能、虚拟现实、物联网等，为品牌创造独特的互动体验。例如，家具品牌利用 AR 技术，让消费者在家中就能预览家具摆放效果；美妆品牌通过 AI 试妆技术，让顾客在线体验不同妆容。这些创新不仅提升了用户体验，也展现了品牌的前瞻性和科技实力，为品牌赢得了差异化竞争优势。

5. 适应数字化和智能化的时代趋势

随着数字化和智能化的不断发展，用户的消费行为和习惯也在发生着深刻的变化。用户更加倾向于使用数字化、智能化的产品和服务来满足自己的需求。因此，品牌需要紧跟时代趋势，通过交互设计来适应这种变化。例如，通过移动应用、智能穿戴设备等渠道，品牌可以为用户提供更加便捷、个性化的服务；通过大数据分析、人工智能等技术手段，品牌可以更加精准地了解用户的需求和偏好，从而为用户提供更加定制化的产品和服务。这种适应数字化和智能化时代趋势的交互设计，不仅能够帮助品牌更好地满足用户的需求，还能够为品牌带来更多的商业机遇和发展空间。随着数字化转型的加速，用户期望获得无缝、个性化的数字体验。交互设计需确保品牌在所有触点（网站、APP、社交媒体、智能设备等）都能提供一致且高质量的服务。通过数据分析，了解用户偏好，实现个性化推荐；利用机器学习，优化用户界面的适应性，使服务更加智能化。这种全方位的数字化体验，增强了用户与品牌的连接，提升了品牌的数字化竞争力。

6. 促进品牌与用户的深度互动

交互设计还能够促进品牌与用户的深度互动，从而加深用户对品牌的认知和情感联系。通过设计有趣的互动活动、游戏化的用户体验、社交化的分享机制等，品牌可以吸引用户积极参与和投入，让用户在与品牌的互动过程中感受到乐趣和成就感。这种深度互动不仅能够提升用户对品牌的忠诚度和满意度，还能够为品牌带来更多的用户反馈和数据支持，帮助品牌更好地了解用户的需求和偏好，进一步优化产品和服务。交互设计还能促进用户之间的交流与分享，构建品牌社群。通过设计社交功能，如评论、点赞、分享、挑战赛等，鼓励用户参与并分享自己的体验，形成品牌口碑传播。同时，品牌应积极回应用户反馈，建立开放、透明的沟通机制，让用户感受到被重视和尊重。这种基于共同兴趣和价值观的社群，不仅加深了用户对品牌的忠诚度，也为品牌提供了宝贵的用户洞察，有助于持续优化产品和服务。

交互设计不是一次性的工作，而是一个持续优化与迭代的过程。通过用户测试、数据分析、用户反馈收集等手段，品牌可以及时发现并解决交互设计中存在的问题，不断提升用户体验。同时，随着市场环境、技术发展和用户需求的变化，品牌应灵活调整交互策略，保持品牌的创新性和竞争力。交互设计在品牌策划中具有重要的地位和作用，它是塑造品牌形象、提升用户体验、促进品牌信息传播与理解、增强品牌差异化竞争优势、适应数字化和智能化时代趋势以及促进品牌与用户深度互动的重要手段。因此，品牌在进行策划时，应充分重视交互设计的作用，将其融入品牌策划的各个环节中，为品牌创造更加独特的价值和竞争优势。

二、品牌策划中交互设计的运用策略

在品牌策划中，交互设计是连接品牌理念与用户体验的关键桥梁，它不仅关乎界面美观与功能实现，更是一种深度理解用户需求、创造独特品牌体验的艺术。

第一，明确品牌定位与目标用户。品牌需明确自身的定位、核心价值以及目标用户群体，交互设计应围绕这些核心要素展开，确保设计语言、功能布局、交互流程都能精准触达并吸引目标用户。例如针对年轻用户的品牌可能更倾向于采用活泼的色彩、简洁直观的界面设计和趣味性的互动元素。通过市场调研、用户画像构建等方法，深入了解目标用户的年龄、性别、兴趣、使用习惯等，为交互设计提供数据支持。

第二，构建一致的品牌体验。品牌体验的一致性是建立品牌识别度的关键。交互设计应确保品牌在所有接触点（如网站、APP、实体店、广告等）都能提供统一且高质量的用户体验，设计一套统一的视觉识别系统（VI），包括色彩、字体、图标等，确保品牌形象的连贯性。同时，制定交互设计规范，如导航结构、按钮样式、反馈机制等，确保用户在不同平台上都能获得熟悉的操作体验。

第三，优化用户旅程与交互流程。用户旅程图与交互流程图是理解用户行为、优化交互设计的重要工具。通过绘制用户从接触品牌到完成购买或参与活动的整个流程，识别潜在痛点与机会点。简化用户路径，减少不必要的步骤和决策点，提高转化率。例如在电商网站中，优化搜索功能、简化结账流程、提供清晰的错误提示和解决方案，都能显著提升用户体验。

第四，融入创新技术与趋势。紧跟技术发展趋势，将人工智能、大数据、虚拟现实、增强现实等创新技术融入交互设计中，为品牌创造独特的竞争优势。利用AI技术实现个性化推荐，提高用户满意度；通过VR/AR技术提供沉浸式体验，如虚拟试衣、产品演示等；运用大数据分析用户行为，优化界面布局和内容呈现。

第五，注重情感连接与故事讲述。交互设计不仅是功能性的，更是情感性的。通过设计富有情感共鸣的界面元素、互动环节和故事叙述，增强用户对品牌的情感连接。在品牌官网或APP中融入品牌故事、用户故事或社会责任项目，通过视频、动画、图文等形式展现；设计互动游戏或挑战，鼓励用户参与并分享个人经历，增强品牌与用户的互动与联系。

第六，强化用户反馈与持续优化。建立有效的用户反馈机制，鼓励用户提出意见和建议，是提升交互设计质量的重要途径。在应用中设置反馈入口，如意见箱、调查问卷、在线聊天等；定期分析用户反馈数据，识别问题并进行迭代优化；利用A/B测试等方法，比较不同设计方案的效果，选择最佳方案。

第七，培养跨领域合作团队。交互设计是一个涉及多学科的过程，需要品牌策划、用户体验设计、视觉设计、前端开发、数据分析等多领域人才的紧密合作。组建跨职能团队，确保各领域专家能够共同参与到项目策划、设计、开发和评估的全过程中；鼓励团队成员之间的知识共享和创意碰撞，促进创新思维和高效协作。

交互设计在品牌策划中的运用是一个系统工程，需要从品牌定位、用户体验、技术创新、情感连接、持续优化等多个维度综合考虑。通过明确目标、构建一致体验、优化流程、融入创新技术、注重情感连接、强化反馈机制、培养合作团队以及不断学习，品牌可以创造出既符合自身特色又能深深吸引用户的交互设计，从而在激烈的市场竞争中脱颖而出，建立强大的品牌影响力和用户忠诚度。

第二节　品牌策划中的实时设计

在快速变化的商业环境中，实时设计（real-time design）正逐渐成为品牌策划的关键组成部分。实时设计强调的是在品牌与消费者互动的过程中，根据即时数据和反馈，动态调整和优化品牌体验的能力。它要求品牌具备高度的灵活性、响应性和创新性，以适应不断变化的消费者需求和市场环境。以下是对品牌策划中实时设计的深入探讨。实时设计作为一种前沿的设计理念与实践，正在深刻地改变着品牌策划、产品开发、用户体验设计等多个领域。它强调在瞬息万变的市场环境中，设计不再是一次性的静态过程，而是持续、动态、即时响应的过程。实时设计要求设计师、品牌管理者和技术开发者紧密合作，利用先进的技术工具和方法，实时捕捉用户需求、市场趋势和技术变革，迅速调整和优化设计策略，以创造更加个性化、互动性和适应性强的产品或服务体验。

实时设计，顾名思义，是指在设计过程中，设计师能够即时获取并利用数据、反馈和情境信息，动态调整设计决策，以实时响应用户需求和环境变化的设计方法。它超越了传统设计流程的局限，将设计从静态的、线性的过程转变为动态的、循环的过程，强调设计的即时性、灵活性和迭代性。实时设计的核心在于“实时”二字，它要求设计师具备快速响应的能力，能够即时捕捉和分析各种信息，包括用户行为数据、市场趋势、技术革新等，然后将这些信息转化为设计决策，迅速调整和优化产品或服务。这种设计方式不仅提高了设计的效率和准确性，也增强了设计的创新性和适应性，使品牌能够在激烈的市场竞争中脱颖而出。

一、品牌策划实时设计的关键特征

实时设计，特别是在嵌入式系统设计和实时操作系统（RTOS）的上下文中，具有一系列关键特征，这些特征共同确保了系统的高效、稳定和可靠运行。

首先是实时性和可预测性。实时设计最显著的特征之一是其实时性和可预测性。实时系统需要在严格的时间约束下完成任务，确保对外部事件或请求的响应在规定时间内完成。这种特性对于如工业控制、医疗设备、航空航天、交通信号灯等领域至关重要。RTOS 通过任务调度算法，如优先级调度、时间片轮转和抢占式调度等，确保高优先级任务能够及时获得 CPU 资源，从而满足实时性要求。同时，RTOS 的可预测性保证了任务在规定时间内执行完毕，即使在资源紧张的情况下也能保证任务不会因为长时间延迟而错过其期望启动时间。

实时性指的是系统能够在规定的时间内对外部事件或请求做出响应的能力。在实时系统中，时间是一个关键资源，系统的性能和效率往往与其处理任务的速度和响应时间紧密相关。较短的响应时间意味着系统能够更迅速地处理任务，从而提高系统的整体性能。相反，如果系统响应时间过长，可能会导致任务超时或失败，进而影响系统的稳定性和可靠性。实时系统通常需要在高负荷下运行，处理大量并发任务。良好的实时性能可以确保系统在高负荷下仍然能够保持高效运转，避免任务堆积和延迟。这不仅可以提高系统的处理效率，还可以降低系统的能耗和成本。在实时系统中，用户体验与系统的实时性能密切相关。例如，在交互式实时系统中，如游戏或虚拟现实应用，较短的响应时间可以提供更流畅、更自然的用户体验。相反，如果系统响应时间过长，可能会导致用户体验下降，甚至影响用户的使用意愿。

可预测性是指系统能够对实时任务的执行时间进行判断，确定是否能够满足任务的时限要求。由于实时系统对时间约束要求的严格性，使可预测性成为实时系统的一项重要性能要求。在实时系统中，任务调度算法的选择直接影响系统的实时性和可预测性。一个可预测的任务调度算法能够确保高优先级任务及时获得 CPU 资源，并在规定的时间内完成执行。这不仅可以提高系统的处理效率，还可以降低任务超时的风险。相反，如果任务调度算法不可预测，可能会导致任务执行时间不确定，进而影响系统的稳定性和可靠性。可预测性对于提高系统的可靠性具有重要意义。在实时系统中，任何一项不可靠因素都可能导致系统产生难以预估的严重后果。一个可预测的系统能够提前判断任务的执行时间，并采取相应的措施来避免任务超时或失败。这不仅可以提高系统的稳定性，还可以降低系统故障的风险。可预测性还有助于提高系统的资源利用率。通过预测任务的执行时间，系统可以更合理地分配资源，避免资源浪费和冲突。这不仅可以提高系统的处理效率，还可以降低系统的能耗和成本。

其次是高可靠性和稳定性。由于实时系统往往面临极端环境和不可控因素，高可靠性和稳定性成为实时设计的重要特征。RTOS 通过优化算法和减少上下文切换次数，最大化地利用 CPU 周期，确保系统在高负荷情况下仍然维持高效运转。RTOS 还具备数据完整性的保护以及对故障恢复机制的支持，即使在错误发生的情况下也能继续正常工作。高可靠性和稳定性的保障在于多任务处理和并发性。实时设计支持多任务处理，允许系统同时管理多个并发运行的任务。RTOS 通过优先级调度机制，确保最重要或最紧急的任务得到及时执行。这种并发性不仅提高了系统的处埋效率，还增强了系统的响应能力。

再次是用户控制和灵活性。实时设计允许用户对系统的行为具有一定的控制能力，最简单的系统行为控制方法是按实时活动的重要或关键程度赋予其优先级，优先级高的任务优先获得系统资源。RTOS 还提供了灵活的内存管理机制，如分页或分段方式，以减少碎片化问题，并有效利用有限空间。这种灵活性使得 RTOS 能够适应不同类型的嵌入式平台和应用场景。在资源受限的环境中，高效资源利用是实时设计的重要目标。RTOS 通过优化算法和减少上下文切换次数，最大化地利用 CPU 周期，确保系统资源得到合理分配和利用。这种高效性不仅提高了系统的处理效率，还降低了系统的能耗和成本。

然后是良好的 API 接口和可扩展性。随着需求变化，嵌入式软件可能需要进行升级或修改。因此，RTOS 应具备良好的 API 接口，以便轻松地集成新的功能模块或驱动程序，同时保持整体结构的一致性和易于维护。RTOS 还应具备分布式和低延迟处理。在实时计算领域，分布式和低延迟处理成为实时设计的重要特征。实时计算系统通过分布式计算架构，将数据处理过程分布到多个节点上，并进行并行计算以提高处理速度。同时，实时计算系统还注重低延迟处理，确保从输入到输出的整个并行处理时间尽可能短，以满足实时性要求。

最后是数据处理和存储优化。实时设计还涉及数据处理和存储的优化。实时数据库通过压缩算法等技术手段，减少数据存储量并提高数据访问速度。实时系统还注重数据的组织方式，如点表信息、实时库和历史库等，以确保数据的高效管理和利用。当然，为了确保 RTOS 按需运行，实时设计还涉及实时监控和性能优化。通过集成性能监控工具，如查看进程状态、跟踪内存使用情况等，实时系统能够了解哪些地方可能存在瓶颈，并据此进行针对性的优化措施以提高整体性能表现。实时设计的关键特征包括实时性和可预测性、高可靠性和稳定性、多任务处理和并发性、用户控制和灵活性、高效资源利用、良好的API接口和可扩展性、安全性、分布式和低延迟处理、数据处理和存储优化以及实时监控和性能优化。这些特征共同确保了实时系统在各种应用场景中的高效、稳定和可靠运行。

二、品牌策划中实时设计的实践应用

品牌策划中的实时设计是一个复杂而精细的过程，它涉及对市场趋势、消费者行为、竞争对手动态等多方面的实时监控和快速响应。通过实时设计，品牌能够更准确地把握市场脉搏，及时调整策略，以应对快速变化的市场环境。

1. 市场调研与数据分析的实时性

市场调研是品牌策划的基石，它提供了品牌决策所需的关键数据和信息。在实时设计中，市场调研不再是一次性的活动，而是持续进行的过程。通过实时监控市场趋势、消费者需求和行为特征，品牌能够更准确地把握市场变化，为策略调整提供数据支持。实时设计依赖于大数据和人工智能技术的支持。品牌可以通过社交媒体、搜索引擎、电子商务平台等多种渠道收集大量数据，包括用户行为、购买记录、评论反馈等。然后，利用数据分析工具对这些数据进行实时处理和分析，提取有价值的信息和洞察。在实时设计中，品牌需要密切关注竞争对手的动态，包括新产品发布、营销策略调整、市场份额变化等。通过实时竞争态势监测，品牌能够及时发现竞争对手的优势和劣势，为自身策略调整提供参考。

2. 品牌定位与策略的实时调整

品牌定位是品牌策划的核心环节，它决定了品牌在消费者心中的形象和地位。在实时设计中，品牌定位需要根据市场变化和消费者反馈进行实时调整，以确保品牌始终与市场需求保持同步。品牌可以通过社交媒体、在线调查、客户反馈等方式收集实时市场反馈，了解消费者对品牌的认知、态度和需求。这些反馈为品牌定位的实时调整提供了重要依据。在实时设计中，品牌需要保持策略的灵活性，根据市场变化和消费者反馈进行实时调整。例如，当发现某个营销策略效果不佳时，品牌可以迅速调整策略，尝试新的营销手段或渠道。

3. 品牌传播与互动的实时性

品牌传播是品牌策划的重要环节，它决定了品牌如何与消费者建立联系和互动。在实时设计中，品牌传播需要更加注重实时性和互动性，以确保品牌信息能够及时传达给消费者，并引发消费者的积极参与和反馈。实时内容营销是品牌传播的重要手段之一。品牌可以根据当前热点、节日、事件等实时创作相关内容，并通过社交媒体、博客、新闻稿等渠道进行传播。这种内容不仅具有时效性，还能够引发消费者的兴趣和共鸣。社交媒体是品牌与消费者互动的重要平台。品牌可以通过社交媒体实时回应用户的评论、提问和反馈，建立积极的互动关系。同时，品牌还可以利用社交媒体进行实时营销活动，如在线直播、限时优惠、互动游戏等，吸引消费者的关注和参与。

4. 品牌体验与创新的实时性

品牌体验是消费者与品牌互动过程中所形成的整体感受和评价。在实时设计中，品牌需要注重品牌体验的实时性和创新性，以提供独特、个性化的消费体验，满足消费者的多元化需求。通过实时数据分析和消费者画像技术，品牌可以为消费者提供个性化的服务。例如根据消费者的购买历史和偏好推荐相关产品、提供定制化的优惠活动等。这种个性化服务能够增强消费者的满意度和忠诚度。在实时设计中，品牌需要保持创新的精神和能力，不断推出新产品、新服务和新体验。通过实时关注市场趋势和消费者需求，品牌可以迅速捕捉到创新的机会点，并进行快速迭代和优化。这种实时创新能力能够为品牌带来持续的竞争优势和增长动力。

5. 品牌监测与评估的实时性

品牌监测与评估是品牌策划的重要环节，它能够帮助品牌了解自身在市场中的表现和效果。在实时设计中，品牌监测与评估需要更加注重实时性和准确性，以便及时发现问题并进行调整。品牌可以通过实时数据监测系统收集和分析品牌在市场中的表现数据，包括销售额、市场份额、消费者反馈等。这些数据为品牌评估和调整策略提供了重要依据。品牌需要对营销策略和活动的实时效果进行评估和分析。通过对比不同渠道、不同时间段的效果数据，品牌可以发现哪些策略和活动更加有效，并及时进行调整和优化。这种实时效果评估能够确保品牌策略始终与市场需求保持同步。

三、品牌策划中实时设计的技术支持与应用场景

实时设计作为 种高效的设计协作方式，需要一系列技术支持来确保设计流程的顺畅、设计成果的实时更新以及团队成员之间的无缝协作。

1. 品牌策划中实时设计的技术支持

首先是实时协作与同步技术，包括：

① 云端平台。实时设计通常基于云端平台进行，设计师和其他团队成员可以在任何地点通过浏览器访问设计文件，实现远程协作。云端平台提供了实时同步功能，确保所有成员看到的都是最新版本的设计文件。

② 版本控制。为了应对多人同时编辑可能带来的版本冲突问题，实时设计平台通常内置版本控制功能。设计师可以回溯到之前的某个版本，比较不同版本之间的差异，并合并修改。

其次是高效的设计工具集，实时设计平台需要提供强大的矢量图形编辑能力，包括钢笔工具、形状工具、颜色填充、渐变效果、描边样式等。这些工具应支持精

细的调整和自定义，以满足设计师对图形效果的高要求。设计师需要能够方便地对文本进行排版，包括调整字体大小、字重、行距、字距等。同时，平台还应支持多种字体的导入与使用，以及文本特效的添加（如阴影、描边等）。

再次是原型制作与交互设计，实时设计平台应支持从设计稿快速生成交互原型。设计师可以通过设置页面之间的跳转链接、元素的交互行为（如点击、滑动、长按等）以及过渡动画效果，将静态的 UI 设计转化为可交互的原型。制作好的交互原型应能够在多种设备上进行预览，包括电脑、手机和平板等。设计师可以通过生成分享链接或二维码的方式，将原型发送给团队成员、客户或用户进行测试和反馈。

然后是资源与插件生态，实时设计平台应内置大量的设计资源，如图标素材、模板文件、背景图片等。这些资源应涵盖各种风格和类型，方便设计师快速搭建 UI 框架；为了满足不同设计师和团队的多样化需求，实时设计平台应支持众多插件的安装与使用。这些插件可以涵盖从设计效率提升（如自动布局插件、切图插件等）到功能拓展（如数据填充插件、动效插件等）等多个方面。

此外还有实时通信与协作工具，实时设计平台应集成即时通信工具，方便团队成员之间的实时沟通和协作。设计师可以在设计过程中直接与其他成员交流想法、反馈意见或协调工作进度；为了促进团队之间的有效沟通，实时设计平台应提供评论与标注功能。团队成员可以在设计稿上直接添加评论或标注，指出需要修改或注意的地方，设计师收到通知后即可进行相应的调整。

2. 品牌策划中实时设计的应用场景

① 广告设计与市场营销。在快速变化的市场环境中，广告设计师需要迅速响应市场需求，调整广告内容和风格。实时设计允许设计师即时修改广告素材，如图片、文字、颜色等，以适应市场趋势和消费者偏好的变化，此外可以支持动态广告创意的生成。例如根据用户的浏览行为、地理位置、时间等信息，实时生成个性化的广告内容，提高广告的吸引力和转化率。

② 用户界面（UI）与用户体验（UX）设计。在 UI/UX 设计中，实时设计允许设计师快速制作原型，并根据用户反馈进行迭代优化。设计师可以即时调整界面布局、交互方式、动画效果等，以提升用户体验。实时设计平台通常支持跨平台设计同步功能，即设计师可以在一个平台上进行 UI 设计，并实时同步到其他平台（如 iOS、Android、Web 等）。这有助于确保多平台设计的一致性和协调性。

③ 社交媒体与数字营销。社交媒体平台上的内容需要保持新鲜感和时效性。实时设计允许营销团队即时创作和发布内容如图片、视频、海报等，以吸引用户的关注和互动。实时设计平台通常集成数据分析功能，营销团队可以根据实时数据（如浏览量、点赞数、评论数等）分析内容效果，并据此调整营销策略。

④ 产品设计与开发。在产品设计中，实时设计可以促进跨部门（如设计、工程、市场等）之间的协同工作。设计师可以即时分享设计稿，并获取其他团队成员的反馈和建议，以便快速调整和优化产品设计。实时设计平台可以集成实时数据源

（如传感器数据、用户行为数据等），并将其可视化展示在产品设计中。这有助于设计师更好地理解产品在实际使用中的表现，并进行相应的优化。

⑤ 实时数据可视化。实时设计可以用于创建动态的数据可视化仪表板，帮助企业实时监控业务指标（如销售额、库存量、客户满意度等）。这有助于决策者快速发现问题和机会，并制定相应的策略。在金融市场分析中，实时设计可以用于展示实时股票行情、汇率走势等金融数据。投资者可以根据实时数据做出更明智的投资决策。

⑥ 教育与培训。在教育领域，实时设计可以用于创建实时互动课堂。教师可以即时分享教学材料（如 PPT、视频等），并与学生进行实时互动和反馈。实时设计平台支持多人协作学习功能，学生可以在平台上共享学习资料、讨论问题，并进行实时反馈和修改。这有助于提高学生的协作能力和学习效率。

⑦ 建筑设计与城市规划。在建筑设计和城市规划领域，实时设计可以用于创建实时三维建模和渲染效果。设计师可以即时调整建筑模型、材质、光照等参数，并实时查看渲染效果。结合虚拟现实（VR）和增强现实（AR）技术，实时设计可以为建筑设计师和城市规划师提供沉浸式的设计体验。他们可以在虚拟环境中实时查看和修改设计方案，并与团队成员进行实时交流和协作。

⑧ 实时游戏设计与开发。在游戏开发中，实时设计可以用于创建动态的游戏场景和角色。设计师可以即时调整游戏元素（如地图、建筑、角色等）的位置、大小、颜色等属性，并实时查看游戏效果。实时设计平台可以集成玩家行为分析功能，游戏开发者可以根据实时数据（如玩家活跃度、留存率、付费行为等）分析玩家行为模式，并据此调整游戏设计和营销策略。

由此可见，实时设计在广告设计与市场营销、UI/UX 设计、社交媒体与数字营销、产品设计与开发、实时数据可视化、教育与培训、建筑设计与城市规划、实时游戏设计与开发等多个领域都有广泛的应用场景。实时设计以其高效、灵活和实时的特点，为各行各业的设计和创新提供了强大的支持。

拓展阅读

在竞争激烈的科技市场中，品牌策划的成功与否往往决定了企业能否脱颖而出。小米公司，作为中国科技企业的代表，通过实时设计的应用，不仅提升了品牌的市场响应速度，还增强了团队协作效率和用户体验，从而实现了品牌的快速成长和市场的广泛覆盖。

小米的产品设计一直以简约、时尚、高性能著称。实时设计在小米的产品设计过程中发挥了关键作用。小米的设计师们通过实时设计平台，可以快速创建和修改产品原型，并与团队成员实时分享和讨论。这种高效的协作方式使得小米能够快速响应市场需求，推出符合用户期望的产品。例如，在小米手机的设计过程中，设计师们可以在实时设计平台上快速调整手机的外观、界面、交互方式等。团队成员可以即时提供反馈和建议，从而加速设计迭代和优化过程。这种实时设计的应用，不仅提升了小米手机的设计质量，还增强了用户体验，使得小米手机在市场上获得了广泛好评。

小米的品牌传播策略同样离不开实时设计的支持。小米通过实时设计平台，可以快速制作和发布各类品牌宣传素材，如广告海报、视频、动画等。这些素材能够迅速吸引消费者的关注，传达小米的品牌理念和产品优势。例如，在小米发布新品时，设计师们可以在实时设计平台上快速制作宣传海报和视频，展示新品的独特功能和设计亮点。这些素材可以即时发布在小米的官方网站、社交媒体平台等渠道，迅速吸引消费者的关注和讨论。通过实时设计的支持，小米能够确保品牌传播的一致性和时效性，提升品牌的市场影响力。

小米一直致力于提升用户体验，而实时设计在用户体验优化中发挥了重要作用。小米通过实时设计平台，可以快速收集和分析用户反馈，了解用户对产品的真实需求和期望。设计师们可以根据用户反馈，实时调整产品界面、交互方式等，以提升用户体验。例如，在小米 MIUI 系统的更新过程中，设计师们会通过实时设计平台收集用户对当前系统的反馈和建议。他们根据这些反馈，实时调整系统的界面布局、交互方式等，以提升用户的操作便捷性和满意度。通过实时设计的支持，小米能够不断优化用户体验，增强用户对品牌的忠诚度和满意度。

小米的团队协作同样离不开实时设计的支持。小米通过实时设计平台，打破了部门之间的壁垒，实现了跨部门的高效协作。设计师、工程师、产品经理等团队成员可以在实时设计平台上实时分享和讨论工作进展，协同解决问题。例如，在小米开发新功能的过程中，设计师、工程师和产品经理可以在实时设计平台上实时分享设计方案、技术实现方案和市场调研结果。团队成员可以实时讨论和修改方案，确保新功能符合市场需求和用户体验。通过实时设计的支持，小米能够迅速响应市场变化，推出创新的产品和服务，保持品牌的竞争力。

小米的营销活动同样充分利用了实时设计的优势。在营销活动的策划和执行过程中，小米的设计师们可以通过实时设计平台快速制作和发布各类营销素材，如海报、视频、动画等。这些素材能够迅速吸引消费者的关注，提升营销活动的效果。例如，在小米举办线上发布会时，设计师们可以在实时设计平台上快速制作发布会背景、PPT 等素材，并与团队成员实时分享和讨论。这种高效的协作方式使得小米能够快速响应市场需求，推出符合用户期望的营销活动，提升品牌的市场影响力。

小米公司在品牌策划中成功应用了实时设计，提升了产品设计的创新性、品牌传播的一致性、用户体验的满意度、团队协作的效率以及品牌创新的持续性。实时设计使得小米能够快速响应市场变化，优化产品设计，提升用户体验，实现跨部门的高效协作，为小米的成功奠定了坚实的基础。其他企业也可以借鉴小米的成功经验，将实时设计应用于品牌策划中，以提升自身的市场竞争力。

第三节　品牌策划中的多屏战略

一、多屏时代的概念、特征与变革

1. 多屏时代的概念与特征

多屏时代，是指人们日常生活中接触和使用的屏幕数量与种类显著增加，这些屏幕包括但不限于手机、电脑、平板电脑、电视、智能手表、智能眼镜等。在这个时代，屏幕不仅仅是信息显示的媒介，更是人机交互的重要接口，它们共同构建了一个多元化、立体化的信息传播和交互环境。

多屏时代最显著的特征之一就是屏幕数量与种类的多样化。除了传统的电视、电脑屏幕外，手机、平板电脑、智能手表、智能眼镜、车载屏幕、户外大屏等各种新型屏幕设备层出不穷，它们各自具有独特的功能和使用场景，共同构成了人们日常生活中不可或缺的一部分。在多屏时代，信息的获取与分享变得前所未有的便捷和无缝化。用户可以随时随地通过任何一块屏幕访问互联网，获取全球范围内的新闻、资讯、娱乐内容等。同时，社交媒体和即时通信工具的普及，使得用户可以轻松地将感兴趣的内容分享到不同的屏幕设备上，实现信息的快速传播和互动。

多屏时代带来了人机交互方式的深刻变革。传统的键盘、鼠标等输入方式逐渐被触控、语音、手势等更加自然、直观的方式所取代。同时，随着人工智能技术的不断进步，屏幕设备能够更加智能地理解用户的意图和需求，提供更加个性化的服务和体验。例如，智能音箱可以通过语音指令播放音乐、查询天气等；智能眼镜则可以将虚拟信息叠加到现实世界中，为用户提供更加沉浸式的体验。在多屏时代，屏幕内容的个性化与定制化成为了一个重要的趋势。通过大数据和人工智能技术的运用，屏幕设备能够分析用户的浏览历史、兴趣爱好等信息，为用户推荐更加符合其需求的内容和服务。例如，视频网站可以根据用户的观看记录推荐相似类型的视频；电商平台可以根据用户的购物习惯推荐相关的商品。

多屏时代还带来了跨屏互动与多屏协同工作的新体验。用户可以在不同屏幕设备之间实现信息的无缝切换和协同工作。例如用户可以在手机上浏览商品信息，然后在电脑上完成购买流程；或者在家中通过电视观看直播节目，然后在手机上进行互动评论。这种跨屏互动与多屏协同工作的方式极大地提升了用户的使用体验和工作效率。随着技术的发展，不同屏幕设备之间的界限逐渐模糊，融合与集成成为了一个重要的趋势。例如智能电视不仅具备了传统电视的功能，还集成了互联网、游戏、购物等多种应用；智能手机则成为了人们日常生活中不可或缺的一部分，集成了通信、娱乐、支付等多种功能。这种融合与集成的方式使得屏幕设备的功能更加全面和强大。

多屏时代对人们生活方式产生了深远的影响。一方面，屏幕设备为人们提供了更加便捷、丰富的娱乐和信息获取方式；另一方面，过度依赖屏幕设备也带来了一系列问题，如视力下降、睡眠障碍、社交障碍等。因此，如何在享受多屏时代带来的便利的同时，保持健康的生活方式成为了人们需要面对的一个重要课题。多屏时代也为商业领域带来了广阔的应用拓展空间。企业可以通过各种屏幕设备与用户进行互动和营销，提升品牌知名度和用户黏性。例如，通过智能电视投放广告；通过手机 APP 进行用户行为分析和精准营销；通过车载屏幕提供导航和娱乐服务等。这些应用拓展不仅为企业带来了更多的商业机会，也为用户提供了更加便捷、丰富的服务体验。

多屏时代是一个充满机遇与挑战的新时代。屏幕设备的多样化、信息获取与分享的无缝化、人机交互方式的革新、屏幕内容的个性化与定制化、跨屏互动与多屏协同工作、屏幕设备的融合与集成以及屏幕对人们生活方式的影响和商业领域的应用拓展构成了多屏时代的主要特征。在这个时代，我们需要不断适应和应对变化，充分利用多屏时代的优势，为人们的生活和工作带来更多的便利和乐趣。

2. 多屏时代带来的变革

多屏时代人机交互的变革体现在多个方面，这些变革不仅改变了我们与数字世界的互动方式，也深刻影响了我们的日常生活和工作模式。

首先是交互设备的多样化与普及。在多屏时代，人机交互的设备不再局限于传统的电脑和电视，而是扩展到了手机、平板电脑、智能手表、智能眼镜、车载屏幕、智能家居控制面板等多种设备。这些设备各具特色，满足了人们在不同场景下的交互需求，使得人机交互更加便捷和灵活。随着技术的进步，人机交互的方式也发生了重大变革。触控、语音、手势、眼动等新型交互方式更加直观、自然，降低了用户的学习成本，提高了交互效率。同时，多模态交互技术也开始兴起，即整合多种交互方式，为用户提供更加丰富和灵活的交互体验。

其次是个性化与智能化服务的提升。多屏时代的人机交互更加注重个性化和智能化。通过大数据分析和人工智能技术，系统能够学习用户的行为习惯、偏好和需求，从而提供更加个性化的服务和界面配置。例如智能家居系统可以根据用户的习惯自动调整家居环境；智能推荐系统可以根据用户的浏览历史和购买记录推荐相关内容。这种个性化服务不仅提高了用户的满意度，也增强了用户对设备的黏性。基于大数据和人工智能技术的个性化推荐系统可以根据用户的浏览历史、购买记录、兴趣偏好等信息，为用户推荐符合其需求的内容和服务。智能助手如 Siri、小爱同学等已经成为多屏时代人机交互的重要组成部分，它们可以协助用户完成日程管理、信息查询、设备控制等多种任务。多屏时代的设备能够感知用户所处的环境和情境，如时间、地点、活动状态等，从而提供更加贴心的服务和提示。

再次是跨设备无缝交互的实现。在多屏时代，不同设备之间的界限逐渐模糊，用户可以在不同设备之间实现无缝交互。例如，用户可以在手机上浏览网页，然后在平板电脑上继续阅读；或者在家中通过智能电视观看电影，然后在手机上查看相关信息。这种跨设备无缝交互的实现，使得人机交互更加连贯和流畅，提高了用户的使用体验。虚拟现实和增强现实技术的融入，为多屏时代的人机交互带来了全新的可能性。通过 VR 技术，用户可以沉浸在虚拟世界中，与数字内容进行互动；通过 AR 技术，虚拟元素可以与现实世界无缝结合，为用户提供更加丰富和沉浸式的交互体验。这些技术在教育、游戏、设计等多个领域都有广泛的应用前景。

然后是隐私保护与数据安全性的挑战。随着人机交互的深入和普及，用户数据的安全性和隐私保护成为了一个重要的问题。多屏时代的人机交互设备收集了大量的用户数据，如何保护这些数据不被泄露和滥用，成为了一个亟待解决的问题。因此，加强隐私保护和数据安全性的技术研发和法律法规建设，是多屏时代人机交互变革中不可或缺的一部分。为了适应多屏时代的特点，人机交互设计也在不断优化。设计良好的人机交互系统需要遵循一些核心原则，如可用性、直观性、一致性等。同时，还需要考虑不同设备之间的兼容性和用户体验的连贯性。通过用户测试和反馈，设计师能够不断优化系统，提升用户的参与感和操作便利性。

最后是商业模式的创新。多屏时代的人机交互变革也为商业模式带来了创新机遇。企业可以通过多屏互动、跨屏营销等方式，提升品牌知名度和用户黏性。同时，基于大数据和人工智能技术的个性化推荐系统，也可以帮助企业更精准地定位目标用户，提高营销效果。多屏时代人机交互的变革体现在交互设备的多样化与普及、交互方式的创新与融合、个性化与智能化服务的提升、跨设备无缝交互的实现、虚拟现实与增强现实技术的融入、隐私保护与数据安全性的挑战、人机交互设计的优化以及商业模式的创新等多个方面。这些变革不仅改变了我们与数字世界的互动方式，也为我们带来了更加便捷、丰富和智能的生活体验。

二、多屏时代给品牌策划带来的影响

在多屏时代，用户的注意力变得更加分散，他们会在不同时间、不同地点、不同场景下使用不同的屏幕设备，这导致用户的行为更加碎片化，品牌需要更加精准地把握用户的兴趣和需求，以在众多的屏幕中吸引用户的注意力。同时，多屏化也意味着用户可以在多个屏幕之间切换和互动，品牌需要构建跨屏的营销体系，确保在不同屏幕上的品牌形象和信息的一致性。多屏时代，品牌与用户之间的触点变得更加多样化和复杂化，除了传统的广告、促销等营销手段外，品牌还需要通过社交媒体、移动应用、在线视频等多种渠道与用户进行互动。这些触点不仅形式多样，而且相互交织，形成了一个复杂的网络。品牌需要在这个网络中找到合适的触点，通过精准的内容和互动方式吸引用户的注意力，提升品牌知名度和用户黏性。

多屏时代，数据成为了品牌策划的核心资源。通过大数据分析，品牌可以更加精准地了解用户的行为和偏好，从而制定更加有效的营销策略。例如通过分析用户在社交媒体上的互动数据，品牌可以了解用户对产品的反馈和需求，进而优化产品和服务。同时，数据驱动的精准营销还可以帮助品牌实现个性化推荐和定制化服务，提升用户的满意度和忠诚度。

多屏时代，品牌需要在多个屏幕之间实现整合营销，以确保品牌形象和信息的一致性。这要求品牌在策划营销活动时，不仅要考虑单一屏幕的效果，还要考虑跨屏之间的协同和互动。例如品牌可以通过电视广告吸引用户的注意力，然后通过社交媒体和移动应用进行深度互动和转化。跨屏整合营销不仅可以提升品牌曝光度，还可以提高营销效果和用户参与度。

在多屏时代，用户更加注重内容的质量和创意。品牌需要通过优质、有趣、有价值的内容吸引用户的注意力，提升品牌知名度和用户黏性，这要求品牌在策划营销活动时，不仅要注重广告的形式和创意，还要注重内容的策划和制作。例如品牌可以通过制作微电影、短视频、直播等多种形式的内容，与用户进行互动和沟通，传递品牌价值和理念。社交媒体在多屏时代中扮演着越来越重要的角色。品牌需要通过社交媒体与用户进行互动和沟通，了解用户的需求和反馈，提升品牌知名度和用户黏性。同时，社交媒体也是品牌进行口碑营销和危机公关的重要渠道。品牌需要积极利用社交媒体平台，与用户建立紧密的联系和互动关系，提升品牌的社会影响力和美誉度。

多屏时代带来了许多新的技术手段和创新营销方式。例如，虚拟现实、增强现实等技术的应用，为品牌策划带来了更多的可能性和创意空间。品牌可以通过这些新技术手段，打造沉浸式的用户体验和互动场景，提升品牌知名度和用户参与度。多屏时代给品牌策划带来了许多挑战，如用户行为的碎片化、品牌触点的多样化、数据驱动的精准营销等。为了应对这些挑战，品牌需要不断创新和优化策划策略。例如品牌可以通过建立用户画像、优化数据分析模型、加强跨屏整合营销等方式，提升品牌策划的效果。同时，品牌还需要注重团队建设和人才培养，提升团队的创新能力和执行能力。

随着多屏时代的不断发展，品牌策划的未来趋势将更加侧重于数字化、智能化、个性化。品牌需要不断适应新技术和新环境的变化，通过数据分析和人工智能等技术手段，深入了解用户需求和行为模式，制定更加精准的营销策略。同时，品牌还需要注重用户体验和互动沟通，打造具有情感共鸣和社交属性的品牌形象，提升品牌的社会影响力和美誉度。多屏时代给品牌策划带来了深远的影响和变革。品牌需要不断创新和优化策划策略，以适应新技术和新环境的变化，提升品牌知名度和用户黏性。

针对多屏时代给品牌策划带来的挑战，可以做出以下解决方案。

首先是用户行为分析与精准定位。通过收集和分析用户在不同屏幕上的行为数据，如浏览记录、搜索关键词、购买行为等，构建详细的用户画像。这有助于品牌深入了解用户的兴趣、偏好和需求，为精准营销提供依据。借助大数据分析工具，对海量用户数据进行挖掘和分析，发现用户行为模式和趋势，为品牌策划提供数据支持。例如，通过分析用户在社交媒体上的互动数据，了解用户对品牌和产品的反馈和需求。此外，对品牌所处的网络平台进行深入挖掘，了解并掌握消费者及潜在顾客群体的需求，明确消费定位。结合消费者的个人爱好，制定节约、实用、效果明显的最佳消费方案。利用多屏时代的优势，结合互动式、创新式等途径在消费者心中建立品牌认知结构。针对顾客反馈，及时调整和完善产品生产，使之能够越来越符合市场需求发展方向，提升消费者信任度，并建立长期合作关系，从而确保消费者能够始终保持高度忠诚度。

其次是跨屏整合营销策略。确保在不同屏幕上的品牌形象和信息的一致性，提升品牌的认知度和信任度。例如在电视广告、社交媒体、移动应用等多个渠道上保持品牌标识、口号和视觉风格的一致性。根据用户在不同屏幕上的行为特点和偏好，制订跨屏整合营销计划。实现内容在不同屏幕间的同步传播，确保信息的连贯性和一致性。整合电视、社交媒体、移动应用等多种渠道，形成统一的营销渠道体系。策划跨屏互动活动，如“手机下单，电脑端支付享优惠”等，引导用户在不同屏幕之间互动。

再次是内容营销策略。注重内容的质量和创意，制作有趣、有价值、能引起共鸣的内容，吸引用户的关注和分享。例如制作微电影、短视频、直播等多种形式的内容，展现品牌故事和核心价值。根据不同平台的特点和用户群体，制定差异化的内容分发策略。例如在微博上发布短平快的内容吸引用户的快速关注，在微信公众号上发布深度文章提升用户的黏性。此外，在不同社交媒体平台上建立品牌账号，形成社交媒体矩阵，扩大品牌的曝光度和影响力。通过社交媒体与用户进行互动和沟通，及时回应用户的反馈和疑问，增强用户的参与感和忠诚度。例如，开展线上问答、投票、抽奖等活动，吸引用户积极参与。

然后是技术创新与应用。智能技术打造沉浸式的用户体验和互动场景，提升品牌的吸引力和竞争力，借助人工智能算法进行用户行为预测和个性化推荐，提高营销效率和用户满意度。利用智能客服、智能推荐等智能化营销工具，提高营销效率和用户体验。例如通过智能客服系统自动回复用户的常见问题，减轻人工客服的压力；通过智能推荐系统根据用户的兴趣和行为推荐相关内容和产品。利用数据分析工具对用户行为数据进行实时监测和分析，为策略调整提供数据支持。

最后是团队建设与持续优化。建立跨部门协作机制，加强市场、销售、技术等部门之间的沟通和协作，形成合力，共同推动品牌策划的实施。培养复合型人才，注重培养既懂品牌策划又懂数字营销、数据分析的复合型人才，为品牌策划提供有力的人才支持。例如通过内部培训、外部引进等方式，提升团队成员的专业素养和创新能力。同时，建立用户反馈机制，及时收集和分析用户对品牌策划的反馈和意见，为持续优化和迭代提供依据。定期评估与调整，定期对品牌策划的效果进行评估和分析，根据市场变化和用户需求及时调整策略和方向，确保品牌策划的有效性和适应性。此外，建立完善的数据收集系统，通过部署网站分析工具、社交媒体监测工具等收集用户行为数据并建立用户画像，基于数据分析结果指导品牌策划的决策过程，确保策略的科学性和有效性。

针对多屏时代给品牌策划带来的挑战，品牌可以从用户行为分析与精准定位、跨屏整合营销策略、内容营销策略、技术创新与应用、团队建设与持续优化等方面入手，制定具体的解决方案，以应对多屏时代带来的机遇和挑战。

拓展阅读

爱施德公司，作为一家在电子产品分销领域具有深厚底蕴的企业，近年来在多品牌战略和多屏时代的品牌策划上取得了显著的成效。通过精准的市场定位、跨屏整合营销、内容创新以及社交媒体互动，爱施德不仅成功提升了品牌影响力，还实现了市场占有率的显著增长。爱施德公司最初以代理三星电子产品而闻名，但公司高层领导意识到，单一品牌代理模式难以应对市场变化和风险。因此，从 2007 年下半年开始，公司决定实施多品牌战略，逐步引入索尼爱立信、酷派等其他品牌，以丰富产品线，满足不同消费群体的需求。在多品牌战略的实施过程中，爱施德公司进行了深入的市场调研，分析了不同消费群体的行为、偏好和需求。例如，针对中高端消费者，公司选择了索尼爱立信品牌，强调产品的时尚设计和卓越性能；而对于追求性价比的消费者，公司则选择了酷派品牌，以实惠的价格和实用的功能吸引他们。

随着多屏时代的到来，爱施德公司意识到，传统的单一渠道营销已经无法满足市场需求。因此，公司决定实施跨屏整合营销策略，将电视、电脑、手机等多个屏幕作为营销渠道，实现信息的全方位覆盖。爱施德公司利用电视广告的广泛传播力，制作了一系列高质量的广告片，展示不同品牌产品的特点和优势。这些广告片在黄金时段播出，有效吸引了消费者的关注。公司在新浪微博、微信公众号、抖音等社交媒体平台上建立了品牌账号，定期发布产品信息、活动预告等内容，与消费者进行互动。通过社交媒体营销，爱施德公司成功拉近了与消费者的距离，提升了品牌的认知度和美誉度。

在品牌策划中，爱施德公司非常注重内容的创新。公司认为，优质的内容不仅能够吸引消费者的关注，还能够提升品牌的形象和影响力。首先是短视频营销，爱施德公司制作了一系列短视频，展示不同品牌产品的使用场景和效果。这些短视频在社交媒体平台上广泛传播，吸引了大量用户的观看和分享。其次是直播营销，公司利用直播平台的互动性和实时性，邀请网红主播进行产品推荐和试用。通过直播营销，爱施德公司成功吸引了年轻消费者的关注，提升了品牌的知名度和销量。再次是内容定制化，根据不同消费群体的需求和偏好，爱施德公司提供了定制化的内容服务。例如，针对游戏爱好者群体，公司推出了游戏手机专题内容；针对商务人士群体，公司则提供了高端商务手机的相关资讯和评测。

爱施德公司非常注重社交媒体互动，通过积极回应用户的评论和提问，增强了用户的参与感和忠诚度。公司在社交媒体平台上定期举办互动活动，如问答竞赛、抽奖活动等。通过这些活动，爱施德公司成功吸引了用户的积极参与，提升了品牌的曝光度和美誉度。公司建立了完善的用户反馈机制，及时收集和分析用户对产品和服务的反馈意见。通过用户反馈机制，爱施德公司能够及时发现问题并进行改进，提升了用户的满意度和忠诚度。

此外，在品牌策划中，爱施德公司非常注重技术创新与应用。通过引入新技术手段，公司成功提升了品牌的影响力和竞争力。爱施德公司利用 VR 技术为消费者提供了沉浸式的购物体验。消费者可以在家中通过 VR 设备试用手机产品，感受产品的外观、性能和使用效果。这种创新的方式不仅吸引了消费者的关注，还提高了用户的购买意愿和满意度。公司通过大数据分析工具对用户行为数据进行实时监测和分析。通过数据分析结果，爱施德公司能够更准确地了解用户需求和偏好，为产品开发和营销策略的调整提供了有力支持。

爱施德公司通过多品牌战略和多屏时代的品牌策划成功实现了市场占有率的显著增长和品牌影响力的提升。通过精准的市场定位、跨屏整合营销、内容创新以及社交媒体互动等手段，公司成功吸引了消费者的关注并提升了用户的满意度和忠诚度。同时，公司还注重技术创新与应用以及团队建设与人才培养工作为品牌策划的成功实施提供了有力支持。在未来发展中，爱施德公司将继续秉持创新精神并不断优化品牌策划策略以应对市场变化和挑战并实现持续稳健的发展。

三、品牌策划中多屏战略的具体应用

在当今数字化时代，消费者与品牌的互动不再局限于单一的屏幕或平台，而是跨越了电视、电脑、平板、手机乃至智能手表等多种设备。这种“多屏”现象不仅改变了人们的生活方式，也深刻影响了品牌策划的方式。多屏战略，作为品牌在新时代下的重要营销策略，旨在通过整合不同屏幕资源，实现品牌信息的全方位、无缝传播，增强用户体验，提升品牌影响力。

首先是理解多屏生态与用户行为。品牌需要深入理解多屏生态下的用户行为模式。用户在一天中的不同时间、不同场景下会使用不同的设备，如早晨可能通过手机浏览新闻，工作时使用电脑处理事务，晚上则可能通过电视放松娱乐。品牌需识别这些触点，理解用户在不同屏幕上的偏好和需求，从而制定针对性的传播策略。

其次是跨屏内容整合与个性化传播。在多屏环境中，保持品牌信息的一致性是基础。无论是视频广告、社交媒体帖子还是电子邮件营销，都应确保品牌视觉元素、核心信息的一致性，以强化品牌形象。同时，根据屏幕特性调整内容格式。例如，手机屏幕上适合简短、直观的信息，如短视频或快讯；而电脑屏幕则更适合长文、深度报告或互动体验。此外，利用大数据和 AI 技术，分析用户行为数据，实现内容的个性化推荐。如在社交媒体上基于用户的浏览历史推送相关产品或服务信息，提高内容的相关性和吸引力。

再次是跨屏互动体验设计。设计跨屏互动体验，让用户在不同设备间切换时能够顺畅继续之前的活动。比如，用户在手机上看了一半的视频，可以无缝过渡到电视或平板上继续观看。开展跨屏互动活动，如扫码参与线上抽奖、通过电视直播参与社交媒体讨论等，增强用户的参与感和品牌忠诚度。利用增强现实和虚拟现实技术，创造独特的跨屏互动体验。例如通过手机扫描产品包装上的二维码，即可在 AR 环境中查看产品的 3D 模型或体验虚拟试穿 / 试用。此外，借助社交媒体与 UGC（用户生成内容）的力量，社交媒体是多屏战略中不可或缺的一环，它不仅提供了品牌与消费者直接沟通的渠道，也是 UGC 的重要来源。品牌应鼓励用户在不同平台上分享使用体验，利用 UGC 作为品牌传播的“口碑”效应。同时，通过社交媒体广告、KOL 合作等方式，扩大品牌影响力，引导更多用户参与互动。

最后是数据驱动的策略优化。集成多屏数据，包括浏览量、点击率、转化率等，进行综合分析，了解不同屏幕和渠道的效果，为策略调整提供依据。在多屏环境中进行 A/B 测试，比较不同广告创意、投放时间、目标人群等条件下的效果，持续优化营销策略。基于多屏数据构建精细化的用户画像，包括年龄、性别、兴趣偏好、购买习惯等，为个性化营销提供数据支持。

参考文献

[1] 海德格尔．存在与时间［M］．陈嘉映，王庆节，译．北京：三联书店，1987.

[2] 鲁道夫・奥伊肯．生活的意义与价值［M］．万以，译．上海：上海译文出版社，2005.

[3] 让・鲍德里亚．消费社会［M］．刘成富，全志钢，译．4 版．南京：南京大学出版社，2014.

[4] 让・鲍德里亚．符号政治经济学批判［M］．夏莹，译．南京：南京大学出版社，2009.

[5] 莫里斯・梅洛 - 庞蒂．知觉现象学［M］．姜志辉，译．北京：商务印书馆，2001.

[6] 尼古拉・尼葛洛庞帝．数字化生存（20 周年纪念版）［M］．胡泳，范海燕，译．北京：电子工业出版社，2017.

[7] 唐纳德・A. 诺曼．设计心理学［M］．梅琼，译．北京：中信出版社，2010.

[8] 斯科特・M. 戴维斯，迈克尔・邓恩．品牌驱动力［M］．李哲，刘莹，译．北京：中国财政经济出版社，2007.

[9] 牧口长三郎．价值哲学［M］．马俊峰，江畅，译．北京：中国人民大学出版社，1989.

[10] Joost Grootens. Blind Maps and Blue Dots［M］. Zürich：Lars Müller Publishers，2021.

[11] 亨利・基辛格，埃里克・施密特，丹尼尔・胡滕洛赫尔．人工智能时代与人类未来［M］．胡利平，风君，译．北京：中信出版集团，2023.

[12] 尼克．人工智能简史［M］．北京：人民邮电出版社，2017.

[13] 约瑟夫・希发基思．理解和改变世界：从信息到知识与智能［M］．唐杰，阮南捷，译．北京：中信出版集团，2023.

[14] 伊恩・诺布尔，拉塞尔・贝斯特利．视觉设计方法［M］．刘小林，陈晶，译．沈阳：辽宁科学技术出版社，2010.

[15] 顾江．文化产业研究［M］．南京：南京大学出版社，2006.

[16] 李立新．设计价值论［M］．北京：中国建筑工业出版社，2011.

[17] 王受之．世界现代设计史［M］．北京：中国青年出版社，2002.

[18] 於兴中．数字素养：从算法社会到网络 3.0［M］．上海：上海人民出版社，2022.

[19] 衣俊卿．文化哲学十五讲［M］．2 版．北京：北京大学出版社，2015.

[20] 魏东．计算视觉设计［M］．北京：中国传媒大学出版社，2023.

[21] 马艳红．数字媒体创意设计与品牌策略研究［M］．北京：中国书籍出版社，2024.

[22] 张凯，杨成立．从图像叙事到技术叙事：包装设计叙事形态转型研究［J］．艺术设计研究，2023（4）：107-110，106.

[23] 张凯．试论人工智能视觉艺术的接受转向及其原因［J］．艺术传播研究，2024（3）：49-58.

[24] XU J，XU L J，LIU K，et al. SSDNet：A Semisupervised Deep Generative Adversarial Network for Electroencephalogram-based Emotion Recognition［J］. Journal of Mechanics in Medicine and Biology，2024.

[25] XU J，XU L J，ZHANG K，et al. A Digital Animation Generation Model Based on Cycle Adversarial Neural Network［J］. Journal of Physics：Conference Series，2024.